잠들기 전에 읽는
쇼펜하우어

잠들기 전에 읽는
쇼펜하우어

Schopenhauer,
Arthur

예저우 지음 | 이영주 옮김

오렌지연필

Schopenhauer

독일의 위대한 철학가 아르투르 쇼펜하우어는 '의지'를 철학의 근거로 삼아 서양 현대철학을 열었다. 그는 평생 인생 문제를 연구했는데, 그가 견지한 비관주의적 태도 때문에 사람들에게 거부당하기도 했다. 하지만 이성적으로 깊이 있게 살펴본다면, 쇼펜하우어의 비관주의적 사상과 관념은 우리의 생활과 인생에 긍정적으로 작용한다는 것을 알 수 있다.

쇼펜하우어는 철학가인 동시에 사상가이다. 그는 인성(人性)의 관점에서 인류 행위의 동기를 세 가지, 즉 이기(利己), 악독(惡毒), 동정(同情)으로 나누었다. 이는 각각 자신의 행복, 타인의 고통, 타인의 행복을 바라는 행위다. 누구나 살아가는 데 행위 동기를 하나 내지는 여러 개씩 가지고 있다. 이와 관련하여 쇼펜하우어는 인간의 본성을 적나라하게 드러냈다.

그의 몇몇 사상과 관점을 배워볼 가치가 바로 여기에 있다.

쇼펜하우어는 사람의 인생은 고통과 비참함 그 자체라고 했다. 그는 사람뿐만 아니라 모든 생명의 본질을 다 고통이라고 보았다. 그런데 요즘 사람들 중 상당수가 이유를 불문하고 고통스러워하고 있고 스스로를 불행하다고 생각한다. 그래서 항상 의기소침해하고, 심한 경우 스스로 목숨을 끊기도 한다. 다행히 쇼펜하우어는 우리에게 고통에서 벗어나는 방법을 제시해주었다. 과연 어떻게 해야 마음속 고통을 없앨 수 있는 걸까?

인생에는 마음속 고통 말고도 우리의 성장을 가로막는 장애물이 많다. 더군다나 오늘날에는 인간의 잔악성을 보여주는 사건이 정말 많이 일어나고 있다. 사기, 교활함, 모략, 유혹 등이 우리 생활 곳곳에 포진한 채 우리를 불안하게 만든다. 우리가 아무리 선량하고 공정하려고 해도, 사회란 누군가의 잔악성에 휘둘릴 수밖에 없는 구조인 것이다. 사회 구성원으로서 우리는 반드시 사람들과 소통해야 한다. 그렇다면 타인의 잔악성을 막아낼 방법은 무엇일까?

모두들 화려한 인생을 꿈꾸지만, 누구나 그러한 삶을 살 수 있는 건 아니다. 대다수는 아무리 노력해도 세상의 부귀영화를 누리지 못한다. 우리는 평범하고 담백한 인생을 살고 싶어 하지만 막상 자신과 타인의 차이를 목격하는 순간, 마음속에서 불행이 꿈틀댄다. 이럴 때 우리는 어떻게 대처해야 할까?

한밤중에 홀로 있을 때, 고독을 느낄 것이다. 아무도 도와주지 않는 취업 전쟁을 치를 때, 고독을 느낄 것이다. 친구가 배신하고 떠났을 때, 고독을 느낄 것이다. 이렇듯 고독은 우리 생활 곳곳에 있으며, 평생 우리를 따라다닌다. 고독은 우리에게 무력감과 유감, 심지어 두려움까지 느끼게 한다. 그렇다면 고독해졌을 때 그것을 즐기는 법을 익혀야 할까?

쇼펜하우어는 "평범한 사람은 시간을 어떻게 소모할지에 관심이 있지만, 재능이 있는 사람은 어떻게든 시간을 활용한다"라고 말했다. 시간은 사람의 일생에서 가장 귀한 재화이며 모든 사람에게 공평하게 주어져 있다. 그 시간을 잘 활용하면 부자나 사상가나 위대한 사람이 된다. 반면 같은 시간을 쓰고도 누군가는 가난뱅이에 실패자, 술주정뱅이가 된다. 왜 사람마다 다른 결과를 맺는 걸까?

이와 같은 질문의 답을 쇼펜하우어의 사상 안에서 찾을 수 있다. 이 책은 현대인이 주로 겪는 인생 문제를 쇼펜하우어의 사상 및 관념과 결합하여 서술했다. 이를 통해 오늘날 일상의 당면 문제를 해결함으로써 모두가 최대의 행복을 누리는 방안을 제시했다.

Chapter 1
당신의 사상이 당신의 세계를 결정한다

Chapter 2
인생은 고통이지만 행복으로 전환할 수 있다

Chapter 3
세상 모든 것을 다 가질 수 없다면 담담해져라

Chapter 4
본래 험악한 인성을 수양으로 억눌러라

고독을 피할 수 없다면 즐겨라

붙잡아둘 수 없는 시간을 충분히 이용하라

Chapter 7
타인에게 현혹되지 말고 독립적으로 사고하라

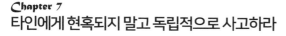

Schopenhauer,
Arthur

Chapter 1

당신의 사상이
당신의 세계를 결정한다

고난이 닥쳤을 때 사람의 반응을 보자면, 상당수는 습관적으로 '신(神)'에게 의지한다. 하지만 쇼펜하우어는 고난을 혼자 힘으로 헤쳐 나아가야 할 새로운 전환점으로 보았다.

독립적이고 자주적인 사람이 되는 건 대단히 중요한 일이다. 계속 누군가에게만 의지하려 하면 그 대상이 누구든 상관없이 결과는 실패로 귀결된다. 반면 타인에게 의존하는 버릇에서 벗어나면, 혼자서도 적극적으로 사고하면서 자신만의 방식으로 살아갈 수 있게 된다.

당신의 사상이
당신 눈앞에 펼쳐질 세상을 만든다

Schopenhauer

음울하고 걱정만 하는 사람은 상상 속에서 재난이나 고뇌를 경험하고 극복한다. 반면 쾌활하고 무사태평한 사람은 현실에서 재난이나 고뇌를 경험한다. 그러므로 매사를 비판적으로 보고 최악의 경우만 생각하는 사람은 실망감 때문에 충격받는 경우가 드물다. 반면 매사의 밝은 면만 보는 사람은 원하는 대로 이루어지지 않는 경우가 많다.

'철학자의 사상은 인간을 적극적이고 긍정적인 방향으로 이끌어주어야 한다.'

대다수의 사람이 이렇게 생각한다. 실제로는 그렇지 않은데 말이다. 그래서 일반인들은 철학자의 사상을 이해하지 못한 채 그들을 이상한 사람 정도로 치부한다. 비관주의자로 유명한 쇼펜하우어도 이런 취급을 받았다.

▼

쇼펜하우어는 부유한 집안에서 태어났지만 그의 삶은 전혀 순탄치 않았다. 어느 순간부터 사람들은 그의 강연을 듣지도, 책을 찾지도 않았다. 그는 성공을 열망했기에 그런 자신의 운명을 한탄하고 분노했으며 초조해했다. 그러던 어느 날, 이러한 행동이 모두 부질없음을 깨닫고 말했다.

"내 저작물이 지극히 홀대받은 것은 다음의 사실을 의미한다. 아마도 내가 오늘날을 살아가는 데 실패자이거나, 아니면 현실과 동떨어져 있기 때문일 것이다. 이유야 어찌 되었건 남은 건 함묵(緘默)뿐이다."

그 당시 쇼펜하우어의 재능을 부정한 사람은 없었을 것이다. 다만 당시 독일 부르주아 계급과 그의 사상이 맞지 않았던 것일 뿐이다. 혁명의 열기가 끓어오르고 희망차고 진취적인 기상이 가득한 나라의 분위기를 상상해보라. 과연 그곳에 비관주의 철학이 발붙일 수 있었을까? 그럼에도 쇼펜하우어는 자신의 사상을 고수하고 끊임없이 독서하며 내면을 성장시켜 나갔다.

독일 혁명은 결국 실패로 막을 내렸다. 혁명을 다시 일으킬 용기마저 모두 사그라진 채로 말이다. 그러자 이전에는 무시당했던 심리 상태가 사람들을 파고들었다. 사람들은 비관적으로 변했고 현실에 안주하려 했으며, 혁명에 대한 실망감도 날로 커져갔다. 이러한 분위기 속에서 1852년, 쇼펜하우어의 《여록과 보유(Parerga und paralipomena)》가 출판되었다. 이 책을 기점으로 쇼펜하우어의 이전 저서가 재조명되었다. 사람들은 쇼펜하우어를 통해 꿈에서 깨어나 현실을 직시하기 시작했다. 아울러 자신들이 겪고 있는 심리 상태를 이미 30년도 전에 쇼펜하우어가 이야기했음을 알고 난 후, 그를 대철학자로 추대했다.

쇼펜하우어의 비관은 자포자기 상태가 아니며, 내면을 지속적으로 성장시켜 나아가는 것이다. 이는 장팡위(張方宇)의 《홀로 있을 때의 통찰(單獨中的洞見)》에서 나온 구절과 일맥상통한다.

'당신의 내면을 계속 성장시키면 언젠가는 땅을 뚫고 나올 수 있다. 하지만 외면만 계속 키워나간다면 언젠가는 더 깊이 파묻힐 수 있다.'

청나라 초기의 소설가 겸 극작가인 포송령(蒲松齡)이 지은 판타지 소설 《요재지이(聊齋志異)》에서도 비슷한 의미의 구절이 나온다.

'귀신을 만나면 귀신과 싸워라. 이기면 좋겠으나, 이기지 못해도 그것과 견주어는 보았으니 이 역시 비긴 것이다.'

이렇게 행동해야 하는 이유에는 매우 단순한 진리가 숨어 있다. 비관적으로 생각했던 일일수록 오히려 결과가 더 좋으며, 반면 낙관적이었을수록 오히려 우울한 결과를 낳는다는 것이다.

대부분의 사람은 적극적이고 낙천적이어야 행복한 삶을 살 수 있다고 생각한다. 그러나 낙관적인 태도로 일관하는 사람일수록 막상 어려움에 직면하면 어쩔 줄 몰라 우왕좌왕한다. 프랑스 계몽사상가이자 작가인 볼테르도 '행복은 꿈에 불과하지만 슬픔과 상처는 현실이다'라고 하지 않았던가. 이는 쇼펜하우어의 '삶은 고통이다'와 일맥상통한다. 그러니 누군가가 행복한 삶을 살았는지 알고 싶다면, 그가 행복을 얼마만큼 누렸는지를 따지기보다 액운을 몇 번이나 피해 갔는지를 보아야 할 것이다. 중국 송나라의 문인 소동파의 삶을 예로 들어 과연 그가 행복한 삶을 살았는지 살펴보자.

소동파는 평생 떠돌이로 살았다. 관직에서 쫓겨난 후 복직할 기회가 있었지만 결국 무산되었다. 강직한 성품 때문에 모함을 받아 옥살이도 해야 했다. 그는 하옥되기 전 자신이 죽을 것임을 예상하며 이렇게 말하기도 했다.

"예전부터 지병으로 고생했는데, 결국 감옥에서 죽는 게 나의 본분인가 보구나."

죄를 시인하고 감옥에 들어간 소동파는 죽을 날만 기다리고 있자니 이루 말할 수 없이 슬프고 처량했다. 하지만 시간이 지날수록 그는 차분함을 되찾았다. 몇 달 후, 석방된 그는 황주로 귀양을 갔다. 아이러니하게도 소동파는 유배지에서 만고에 남을 걸작을 많이 남겼다.

'근심 걱정을 하면 부지런히 살게 되며, 안일함을 추구하면

게을러져 살아갈 수 없게 된다.'

이는 쇼펜하우어뿐만 아니라 유명 문인, 학자 들이 견지한 삶의 태도이기도 하다. 중국 송나라의 정치가이자 문인인 구양수(歐陽脩)도 《오대사령관전지서(五代史伶官傳之序)》에서 '근심과 근면은 나라까지 부흥시킬 수 있으나, 편안함과 쾌락만 추구하면 망신당할 수 있다'라고 지적한 바 있다. 그는 또한 《맹자(孟子)》〈고자 하(告子下)〉에서 '하늘은 누군가에게 큰 임무를 맡기기 전에 반드시 그의 포부를 시험하며, 힘들고 굶주리게 하며, 궁핍하게 하며……'라고 했다.

비관적인 생각으로 적극 사고하라

쇼펜하우어의 비관주의는 소극적 염세주의를 벗어나 오히려 적극성을 띠고 있다. 쇼펜하우어의 비관주의가 환영받는 이유는 그것이 상당 부분 능동적인 사고를 거쳐 도출되었기 때문이다.

고난이 닥쳤을 때 사람의 반응을 보자면, 상당수는 습관적으로 '신(神)'에게 의지한다. 하지만 쇼펜하우어는 고난을 혼자 힘으로 헤쳐 나아가야 할 새로운 전환점으로 보았다.

독립적이고 자주적인 사람이 되는 건 대단히 중요한 일이다. 계속 누군가에게만 의지하려 하면 그 대상이 누구든 상관없이 결과는 실패로 귀결된다. 반면 타인에게 의존하는 버릇에서 벗어나면, 혼자서도 적극적으로 사고하면서 자신만의 방식으로 살아갈 수 있게 된다.

낙관적인 의지로 비관적인 생각을 지탱하라

비관주의자인 동시에 낙관주의자라고 한다면 모순일까? 이는 실제로는 지극히 훌륭한 인생관이라 할 수 있다. 중국의 소설가 루쉰(魯迅)의 경우, 삶과 죽음에 대해 적극적이면서 동시에 부정적인 모순된 태도를 보여준 바 있다. 그렇다고 이해할 수 없을 정도로 난해하지는 않다. 루쉰이 친구와 나눈 대화를 한번 보자.

"뒹굴거리면서 소일하니, 너무 무료하고 도무지 살아 있다는 느낌이 들지 않더군. 그래서 늘 이런 생각을 하지. 아무런 일도 하지 않으면서 몇 년을 더 사느니, 차라리 무슨 일이든 바삐 하면서 몇 년 덜 사는 게 낫다고 말일세. 어차피 결과는 같지 않은가. 몇 년 더 산다고 한들 결국에는 아무것도 한 게 없으니."

얼핏 보면, 납득하고 이해하기 어려운 생각이다. 하지만 삶과 죽음을 대하는 루쉰만의 모순되고 독특한 생각을 여실히 보여주는 대목이다.

가급적 나쁜 쪽으로 생각하라

간략히 예를 들어보겠다.

똑같은 임금을 받는 A와 B가 있다. A는 항상 월급의 1/3을 저축한다. 급하게 쓸 데가 생겼을 때 사용하기 위해서다. 또한 A는 미래에 어떤 일이 닥칠지 모른다는 생각에 늘 돈을 아껴 쓴다. 한 발 더 나아가 A는 모아놓은 돈으로 투자를 한다. 많은 액수는 아니지만, 그래도 그의 소득을 더 늘려주고 있다.

한편 B는 일생을 일단 즐기고 보자는 주의다. 항상 긍정적으로 생각하며, 월급의 대부분을 놀고먹는 데 사용한다. 가끔은 지출이 수입을 초과하기도 한다. 그런 B에게 친구들은 필요할 때를 대비해 돈을 모아두라고 조언한다. 하지만 B는 오히려 이렇게 반박한다.

"아직 일어나지도 않은 일 때문에 골머리 앓지 말자. 뭐든 긍정적으로 생각해야지. 때가 되면 다 저절로 해결돼."

어찌 보면 B의 생각도 옳다. 그런데 B는 두 가지 잘못을 저지르고 있다. 바로 지나치게 낙관적이라는 점과 정작 자신이 원하는 게 무엇인지 모르고 있다는 점이다.

비관적이라고 해서 매일 가슴이 먹먹할 정도로 슬퍼하거나 고통스러워하며 사는 건 아니다. 또한 낙관적이라고 해서 헤실헤실 웃으며 하늘에서 무언가가 뚝 떨어지기만을 기대하면서 사는 것도 아니다. 그런데도 비관적이 되라고 하는 이유는 비관을 통해 사고하고, 의심하며, 부정하는 것을 배울 수 있어서다. 이로써 삶의 진리를 깨닫고 수많은 삶의 선택지 중 자신에게 가장 적합한 삶의 방식을 선택할 수 있다.

비관적인 시각으로 세상을 살펴보길 바란다. 그러면 삶이 덜 버거워질 것이다.

동떨어진 고상함은
그릇된 생각을 낳는다

Schopenhauer

그 누구도 그 무엇도 안중에 두지 않으면서, 언제나 환영이나 환상만 보는 사람은 철학적인 재능이 없는 것이다.

쇼펜하우어는 고독했지만, 그렇다고 스스로를 잘났다거나 고상하다고 여기지는 않았다.

쇼펜하우어가 열다섯 살 되던 해, 그의 아버지가 말했다.

"선택하렴. 일 년 동안 엄마 아빠와 함께 유럽 일주를 할지, 아니면 네가 하고 싶은 공부를 할지 말이다. 단, 여행을 선택하면, 여행이 끝나는 즉시 장사 일을 도와야 한단다."

유럽 전역 여행은 열다섯 살 소년에게는 크나큰 유혹이었다. 그렇다. 쇼펜하우어는 유럽 일주라는, 이후로는 다시없을 기회를 선택했다.

▼

쇼펜하우어는 여행하면서 흥미롭게 다가왔던 사람들과 사건들을 기록했는데, 이때부터 그의 비관주의 사상이 싹튼 것으로 보인다. 그의 여행 기록에는, 그가 인류의 참상에 얼마나 많은 관심을 보였는지 잘 드러나 있다. 이를테면 전쟁이 임박한 시점에 사람들이 느끼는 공포감, 피난, 런던 거리에서 본 좀도둑, 파리 거리에 누구나 볼 수 있도록 설치해둔 단두대, 힘들게 일하는 노예 등등에 대한 대목이 그러하다.

쇼펜하우어는 유럽을 여행하며 직접 목격한 고통에 깊은 인상을 받은 사실, 그리고 그것들이 자신의 인생과 사상에 심오한 영향을 미친 점에 대해 다음과 같이 언급했다.

"열일곱 살의 나는 학교에서는 가르쳐주지 않은 인생의 참상을 잊지 않으려 단단히 움켜쥐었다. 마치 젊은 시절의 고타마 싯다르타가 질병, 고통, 노쇠, 사망을 보았을 때처럼 말이다."

많은 사람이 철학가라면 당연히 대중과 동떨어진 세계에 있어야 한다고 생각한다. 그리고 철학가는 대화를 나눌 때, 일반인은 이해하기 힘든 심오하면서도 전문적인 단어를 사용하며 가끔 상대를 무시하는 느낌을 풍겨야 한다고 생각한다. 하지만 이는 편견일 뿐이다. 철학가는 기인일 수는 있어도, 혼자서만 고상하다고 여기는 사람은 아니다. 쇼펜하우어만 보아도 이를 알 수 있다. 만약 그가 자신의 시대 상황에 녹아들지 않았다면, 한평생 사상을 만들어낼 수 없었을 것이다. 다시 말해, 그의 눈에 들어온 것이 환영이나 환상이 아닌, 실존하는 사람과 사물이었기에 그가 사상적 기반을 마련할 수 있었던 것이다.

누군가는 자신을 무척 대단하다고 여겨, 일상이나 특정 분야에서 고작 자그마한 성취 하나 이룬 것을 들어 자신이 최고인 양 안하무인으로 행동한다. 또 누군가는 스스로를 무척 특별하다고 생각해, 자신의 능력이 남보다 월등하며 자신이 세상에서 제일 고상한 줄 안다. 게다가 늘 자신의 재능이 발휘되는 순간 모두가 감탄해 마지않는 상황을 상상한다. 그야말로 그릇된 생각일 뿐이다. 이들이 정말로 고상한 존재라면, 연꽃처럼 진흙탕에서 나고 자랐어도 주변 환경에 더럽혀지지 않았을 것이다.

정반대의 경우도 생각해볼 수 있다. 어떤 사람은 자신이 고상하지 않다는 걸 나타내기 위해 일부러 잘못된 방향을 선택하기도 한다. 그런데 나쁜 사람과 어울리면 나쁜 물이 든다고, 이는 득(得)보다 실(失)이 더 많은 선택일 뿐이다.

쇼펜하우어는 사람이 세상을 살아가려면 혼자 지내거나, 비속해져야 한다고 했다. 위대한 영혼을 지닌 철학자 쇼펜하우어는 타인과의 빈번한 왕래를 즐기는 대신, 홀로 명상하는 삶을 택했다.

역사 속 유명인사 중에는 쇼펜하우어처럼 고독한 삶을 살면서도 혼자서만 고매한 것처럼 행동하지 않아 후대의 귀감이 된 사람이 많다. 중국 명나라 때 관리였던 청백리 해서(海瑞)가 그렇다. 강직하고 공정했던 해서는 여러 사람의 심기를 건드려 원한을 샀다. 그러자 해서의 주변 사람 중 일부는 불이익을 받을 것이 두려워 일부러 그와 거리를 두었다. 하지만 해서는 초지일관 백성을 위한 목소리를 냈으며, 관리들을 감찰하는 동안 무수히 많은 일을 해결했다. 세상을 떠난 해서의 운구가 고향으로 가는 길목에는 하얀색 옷을 입고 하얀색 모자를 쓴 사람들로 가득했다. 고인의 마지막 가는 길을 배웅하기 위해 백성들이 상복을 차려입고 몰려온 것이었다.

물론 사람들 사이에서 고독함을 유지한다고 하여, 자기만 고상하거나 고매하다는 잘못된 생각을 지녀서는 안 된다. 관우처럼 말이다. 전장에서 수차례 혁혁한 공을 세운 관우에게는 치명적인 약점이 하나 있었다. 바로 자기 자신만 고고한 줄 아는 것이었다. 결국 관우는 이 약점 때문에 형주 공방전에서 패하고 맥성에서 탈출하다가 최후를 맞았다.

물이 너무 맑으면 물고기가 살 수 없다

《후한서(後漢書)》〈반초전(班超傳)〉에 이런 말이 있다.

'지금의 군주는 성정이 엄격하고 조급하다. 그런데 물이 너무 맑으면, 큰 물고기가 살 수 없다.'

▼

세상사에 완전히 물들면 세속적인 사람이 된다. 반대로 세상과 완전히 단절된 채로 살면 삶에 생기라고는 찾아볼 수 없을뿐더러 삶의 추진력도 잃고 만다. 그런데 쇼펜하우어는 이 양극단의 상태를 자유자재로 오갔고 그 덕분에 냉정하게 수수방관만 하지도, 그렇다고 시류에 휩쓸리지도 않았다. 이러한 면모는 그의 일기에도 잘 드러나 있으며, 이러한 사상적 성취는 그의 저작으로 탄생했다.

남과 동떨어져 지내는 것도 적당히 해야 한다

자기만 고결한 줄 알고 남과 전혀 어울리지 않으면 안하무인이 될 수 있다. 물고기는 물을 떠나서는 살 수 없다. 쇼펜하우어는 '그들은 반드시 세속의 남녀 사이에서 생활해야 했다. 하지만 그들은 속인들 사이에서 머문 적이 없었다'라고 지적한 바 있다.

여기서 '그들'은 인류의 진정한 인도자를 의미한다. 쇼펜하우어는 인도자들이 어쩔 수 없이 혼자서 지내는 상태를 선택했기 때문에 오히려 고독을 지속하기 힘들었다고 말한다. 그런데 요즘 젊은이들은 창조적으로 차별화를 꾀하기 위해서가 아니라 단순히 남들과 달라 보이기 위해 타인과 어울리지 않기도 한다.

제때 사람들 속으로 들어가자. 그리고 그들 안에서 일정 부분 홀로 있는 상태를 유지해보자. 사람들이 당신에게 하는 말이 진짜이기를 기대할 필요도 없다. 이로써 '사람 무리와 섞여 지내지만, 무리의 완전한 일부가 되어서는 안 되며, 사람들과는 최대한 객관적인 관계만을 유지하라'는 쇼펜하우어의 말을 실천으로 옮겨보자.

지혜는
실천을 위한 것이다

Schopenhauer

지혜가 이론으로만 그치고 실천으로 이행되지 않는다면, 그 지혜는 화려하게
핀 장미에 불과하다. 아무리 농염한 색상과 짙은 향을 내뿜고 있어도, 시들어
버리면 씨앗조차 남기지 못하기 때문이다.

쇼펜하우어의 아버지는 자기 아들이 상인이 되기를 바랐
다. 하지만 쇼펜하우어는 자신이 진정으로 무엇을 원하며, 어
떤 선택을 해야 하는지 잘 알고 있었다.

쇼펜하우어가 아홉 살이 되자, 그의 아버지는 아들을 상인
으로 거듭나게 해줄 사립학교에 입학시켰다. 여기에서 쇼펜
하우어는 돈 계산과 상업적인 서한 작성법, 토지의 이윤 등등
을 배웠다. 하지만 그는 이러한 수업들에 전혀 흥미를 느끼지
못했다. 결국 자신은 상인의 삶을 원하지 않는다는 사실만 더

명확히 알게 되었을 뿐이다. 심지어 상인이 되기 위해 교육받고 있는 자신의 삶을 혐오했다.

그즈음부터 쇼펜하우어는 대부분의 시간을 문학과 철학 서적을 읽는 데 쏟아부었다. 그의 아버지는 이 상황을 두고 골치 아파했다. 그의 어머니도 아들에게 보낸 편지에 '수업과 관련 없는 책들은 잠시 손에서 내려놓으렴. 너는 벌써 열다섯 살이나 되었고, 독일어, 프랑스어 그리고 영어로 된 일부 책들을 충분히 읽지 않았니'라고 부탁할 정도였다. 그러던 어느 날 쇼펜하우어가 다니던 학교의 교장이 그의 부모에게 "쇼펜하우어가 철학에 푹 빠져 있으며, 열정이 대단한 것으로 보아 학자가 되는 편이 더 낫겠습니다"라고 조언했다. 결국 쇼펜하우어가 이미 집 안의 서고에 있는 철학과 문학, 역사 방면의 책을 모두 완독했음을 안 그의 아버지는 아들의 독서 열정을 인정하기에 이르렀다.

쇼펜하우어는 '억지로' 학교 수업을 받는 동안, 수단과 방법을 가리지 않고 자신에게 주어진 시간을 독서에 할애했다. 그렇게 억지로 입문한 상인의 삶은 아버지의 죽음과 함께 끝이 났다. 이제 쇼펜하우어는 학자가 되는 공식 과정을 밟게 되었는데, 그의 저서에 나타난 고통관이나 철학 사유방식 등에는 그가 겪은 과거의 경험이 고스란히 녹아 있다.

철학에서 지혜를 발휘한 쇼펜하우어. 만약 그가 끝내 상인이 되었다면, 상인으로서의 삶을 계속 이어갔을지는 알 수 없다. 하지만 이 세상이 위대한 철학자 한 사람을 잃었을 것만큼은 분명하리라.

말한 것과 실제 행동이 일치하지 않는 삶을 산다고 생각해보자. 아무리 재주가 넘치더라도 이런 삶은 헛수고에 불과할 것이다. 배운 것을 실천으로 옮겨야만 큰 성공도 거둘 수 있는 법이다. 《순자(荀子)》〈유효(儒效)〉의 '알기만 하고 행하지 않으면, 아무리 많이 알아도 반드시 곤궁하다'라는 구절처럼 말이다.

그런데 머리를 파묻고 공부를 하면서도 바깥세상 일에 전혀 관심이 없다고 해보자. 그러면 책 속 내용을 청산유수처럼 읊을 수는 있을 것이다. 하지만 백 번 듣는 것보다 한 번 보는 게 낫다는 속담처럼, 결국 아무 의미도 없지 않을까? 아무리 많은 책을 본들 알맹이를 빠뜨린 채 책을 읽는 것에 불과하다. 그리고 책 속의 내용이 어떻다는 사실만 알 뿐, 정작 왜 그렇게 되는지는 알지 못한다. 즉, 제아무리 재능과 지식이 남들보다 뛰어난들 이론이 실천을 따라잡지 못한다면, 이는 단순히 화려한 수사만 늘어놓은 행위일 뿐 실질적인 의의는 결여될 수밖에 없다.

세상의 위인들은 모두 지행합일(知行合一)을 생활화했다. 마르크스도 '사람의 사유가 객관적 진리를 지니고 있는지의 여부는 이론의 문제가 아닌 실천의 문제다'라고 지적했다. 그렇기에 마르크스의 사상이 내놓은 관점에는 일정한 객관성과 진리가 담길 수 있었던 것이다.

쇼펜하우어의 저서가 사랑받은 이유도 대다수 사람이 생각하고 있던 마음의 소리를 말했기 때문이다. 비록 그의 비관론을 많은 이가 거부한다 해도 다음의 사실만큼은 부인할 수 없을 것이다. 바로 쇼펜하우어의 사상이 진리와 궤를 같이하고 있다는 점, 게다가 당시 사회 및 현대사회와도 상당히 자연스럽게 어우러지고 있다는 점 말이다.

스탈린은 말했다.

"실천과 괴리된 이론은 공허한 이론이다. 하지만 이론을 이정표로 삼지 않은 실천은 맹목적인 실천이다."

삶의 천태만상을 느껴보라

생명의 의미가 단순히 삶과 죽음에만 머물러 있지 않듯, 쇼펜하우어의 아버지는 삶과 죽음에 관해 아들에게 대단히 깊은 인상을 남겨주었다. 1805년, 중병으로 고생하던 쇼펜하우어의 아버지가 자살로 생을 마감했다. 아버지의 죽음으로 쇼펜하우어는 여러 감정을 한꺼번에 느끼게 되었다. 그는 자신이 겪은 복잡한 감정을 '모든 자살은 그의 가족에게 두려움, 양심의 가책, 분노를 남긴다'라는 말로 표현했다. 그리고 부친

사망 후, 쇼펜하우어의 저서에 등장하는 모든 주제와 관점, 사상에는 그의 아버지가 있었다. 그의 대다수 저서에서 아버지가 드리운 그림자를 쉽게 찾아볼 수 있는 것이다. 예를 들어, 다음과 같은 구절이다.

'나의 모든 공을 이 고결하고 걸출한 영혼에게 돌리며……만약 누군가 내 작품에서 한 가닥 기쁨이나 위안 혹은 지침을 찾았다면, 내 아버지의 이름자를 기억해주었으면 한다. 아울러 하인리히 쇼펜하우어가 없었더라면, 아르투르 쇼펜하우어도 일찌감치 백 번이나 사라졌을 것임을 알아주기 바란다.'

쇼펜하우어가 철학자로서의 길을 걸을 수 있었던 데는 끊임없는 독서가 중심 역할을 했다. 그는 독서를 통해 얻은 이론을 눈으로 삼아 인간 삶의 천태만상을 보고 느꼈다. 그의 저서에 표현된 세상이 허구적이거나 정신적인 세계에만 존재하는 게 아님을 느낄 수 있는 것은 그 때문이다. 그의 세상은 실제로 존재하고 있으며, 실제 삶을 가장 이성적인 시각으로 관찰하고 살펴 표현한 것이다.

느낌의 변화에 따라
사물도 변한다

Schopenhauer

사물 자체는 변하지 않는다. 변하는 것은 사람의 감각뿐이다!

자신이 누비는 무대의 크기는 마음의 잣대만큼 커진다. 그러므로 자신의 세계가 의미 있는 일들로 가득 찰 때, 세상은 비로소 천편일률에서 벗어나 다채로워진다. 쇼펜하우어는 말했다.

"사물 자체는 절대 사람에게 영향을 미치지 않는다. 사람들이 사물에 대한 자신의 견해에 영향을 받을 뿐이다."

쇼펜하우어는, 개인의 행복은 그 사람에게 내재된 소질과 많은 관련을 맺고 있다고 보았다. 심지어 개인의 행복은 내면의 행복을 얻을 수 있는지에도 직접 영향을 미친다고 했다. 그래서 쇼펜하우어는 다음과 같이 지적했다.

▼

'즐거움이나 내면의 고통은 무엇보다 그 사람의 감정과 의욕, 생각이 빚어낸 산물이다.'

쇼펜하우어는 외부 사물은 사람의 행복에 간접적인 영향만 줄 뿐이며, 내면의 소질이 무엇보다 중요하다고 생각했다. 다시 말해, 똑같은 사물과 똑같은 상황일지라도 사람에 따라 각기 다르게 영향을 받으며, 설령 모두 같은 환경에 처해 있더라도 사람마다 각기 처한 세계가 다르다는 뜻이다. 이는 쇼펜하우어의 '한 사람과 직접 관련된 것은, 그 사람이 사물에 대해 지니는 견해와 감정 및 활동 의도다'라는 말과 일맥상통한다. 그렇다. 한 사람의 세계가 어떠한지는, 오로지 그 사람의 세상에 대한 이해에 따라 결정된다. 그래서 사람마다 두뇌 및 정신적인 상태에 차이가 있으므로, 이 세계는 다를 수밖에 없다.

두 명의 수재가 과거 시험을 치르기 위해 상경했다. 그런데 한 명은 떨어지고 한 명은 붙었다. 이런 결과가 나온 이유는 뭘까? 그 원인은 시험 전날 상경하는 길목에서 마주친 '관(棺)' 때문이었다. 떨어진 사람은 시신을 넣는 관을 보자마자 '재수 없다'고 생각했다. 그는 시험장에 들어선 후에도 전날의 불길한 느낌을 떨쳐버리지 못했고, 답안 작성에 집중하지 못했다. 한편 합격한 사람은 무덤에 들어갈 '관'을 보고 동음으로 시작하는 단어를 연상했고, '관직(官職)에 오르고 돈을 벌겠구나'라고 생각했다. 이렇게 긍정적으로 생각한 덕분에 시험장에서도 답안 작성이 수월했고, 평생소원이던 과거 급제를 이룰 수 있었다.

사실 오늘날에도 이와 유사한 상황이 자주 발생한다. 좌절을 맛보았을 때 넘어진 그 자리에서 일어나지 못하는 사람이 있는가 하면, 벌떡 일어나 재기를 꿈꾸고 노력해 성공하는 사람도 있다. 강적을 만났을 때도 어떤 사람은 잔뜩 움츠린 채 도전조차 하지 않지만, 어떤 사람은 강적을 발판 삼아 더 높이 올라가려 시도한다. 이처럼 행동하는 당사자가 눈앞의 사물을 이해하는 방법에 따라 일의 발전 방향이 결정된다. 아무리 같은 상황에 처해 있더라도 각자 이해하는 바에 따라 완전히 다른 결과가 발생하는 것이다.

이처럼 사물에 대한 이해가 일에 대한 결과를 직접적으로 결정한다. 아무리 빈궁하고 경박하고 천박한 상황에 놓였을지라도, 얼마든지 풍부하고 다채로우며 비범한 의의를 찾아낼 수 있는 것이다. 그리고 이는 주로 각자의 생각으로써 결정된다.

성공한 사람은 풍부한 경험을 쌓으며 호화로운 삶을 산다. 이들에게서 우리가 부러워해야 하는 것은 겉으로 보이는 삶이 아니라 이들을 성공으로 이끈 비범한 재능이어야 한다. 하지만 생각의 가난함과 우둔함 때문인지, 사람들은 성공한 사람의 겉모습, 즉 표상(表象)만 눈에 담는다.

똑같은 일을 놓고 우울한 사람은 비극을, 낙관적인 사람은 재미있는 점을 보며, 냉담한 사람은 무시하고 제 갈 길만 간다. 즉, 아무리 멋진 풍경을 마주하고 있어도 풍경이 주는 멋을 이해하는 안목을 지니지 못했다면 그 사람은 평범한 풍경을 마주하는 셈이며, 심한 경우 그것이 풍경인지조차 모를 것이다. 반면 아무리 평범한 풍경일지라도 낭만적인 사람은 감동이 밀려오는 부분을 찾아낼 것이다. 이는 대단히 흥미진진하고 재미있는 일을 고지식하고 딱딱한 사람이 묘사했을 때 무미건조한 사건이 되어버리는 것과 같은 이치다.

지금까지의 내용을 종합해봤을 때, 세르반테스에게 경의와 찬사를 표하지 않을 수 없다. 그가 《돈키호테》를 집필하고 완성한 곳이 감옥 안이었기 때문이다.

쇼펜하우어는 '개인이 얻을 수 있는 것은 그의 행복에 속하며, 그것은 처음부터 이미 그 사람의 개성에 따라 정해진다'라고 했다. 개인이 행복할 수 있는지 여부는 그 사람의 개성과도 깊이 관련되어 있다는 뜻이다. 그런데도 대부분의 사람은 운, 재화, 아니면 남의 눈에 비친 자기 모습에서 행복을 찾는다.

운이란 언제든 좋아지는 때가 있다. 그렇지만 운에 기대지 않고 운 자체에 얽매이지 않으려면, 자신의 내면을 풍요롭게 만들어야 한다. 한편, 아무리 큰 부를 지녔더라도 진정으로 행복하지 않다면, 이는 내면이 결핍되어 있는 것이다.

느긋하게 생각하는 게 중요하다

꿀벌과 모기는 모두 하루하루 바삐 살아간다. 그런데 사람들은 꿀벌은 사랑하고 아끼는 데 반해 모기는 보는 족족 때려잡는다. 모기와 벌이 어떤 일을 하느라 바쁜지가 중요하지, 정작 바쁜지 여부는 중요하지 않음을 알 수 있는 대목이다. 행복한지 여부를 결정하는 건 개인의 사물 이해와 직결되어 있다. 어떤 이는 매일 바삐 사는데도 마지막에는 공허한 결과만 남는 경우가 있다. 이는 그가 근면하지 않아서가 아니라 사물의 본질에 문제가 생겼기 때문이다.

사물 그 자체만 놓고 보면 좋고 나쁨을 가를 수 없다. 그런데 사람은 각자 다른 세계관을 지니고 있어, 똑같은 일을 두고도 각기 다른 마음가짐을 갖는다. 이 마음가짐은 오로지 사물을 대하는 개인의 시각과 사유 습관에 따라 결정된다. 그러므로 계속 변화하는 외부 환경 속에서 우리가 할 수 있는 일이란 자신의 생각을 바꾸는 것뿐이다. 즉, 끊임없이 배우면서 긍정적인 방향으로 문제를 바라보아야 하는 것이다.

정신세계를 풍족하게 하라

중국 소설가 바진(巴金)이 친구의 말을 인용하여 말했다.

"우리는 쌀만 먹고 살 수 없다."

부를 좇는 건 잘못된 일이 아니다. 그렇지만 바진의 지적처럼 금전보다는 정신세계가 더 중요하다. 이는 오늘날 부자들의 마음이 점차 공허해지고 갈수록 행복을 느끼지 못하는 원인이기도 하다. 오늘날 부자들은 자신의 정신세계는 완전히 무시한 채, 부만 좇고 있다. 그 결과 돈을 더 많이 가질수록 더욱 불행해지는 결과를 낳은 것이다.

중국 동진의 시인 도연명(陶淵明)은 쌀 다섯 되 때문에 허리를 굽히지 않았다는 일화에서 보듯 경제적으로 궁핍한 삶을 살았다. 하지만 그는 '동쪽 담벼락에 있는 국화를 따고 저 멀리 남산을 바라본다네(采菊東籬下 , 悠然見南山)'라는 구절처럼, 무릉도원과 같은 전원의 삶을 즐김으로써 모두가 부러워하는 마음의 평화와 안정을 누렸다.

도연명처럼 정신세계를 풍요롭게 해보자. 시간이 날 때마다 유용한 책도 읽어두자. 자신의 마음도 평화롭게 만들어보자. 그리고 색다른 시각으로 문제를 대해보자. 이때 자신의 느낌에 변화가 생겼다면, 과거와는 다른 무언가를 발견할 수 있을 것이다.

나 자신을 알라

Schopenhauer

거울에 자신의 모습을 비춰볼 때, 영원히 낯선 사람의 시선으로 자신을 살필 수는 없다. 자신의 자의식이 '내가 보고 있는 건 또 다른 자아가 아닌, 나 자신의 자아야'라고 끊임없이 속삭이며 일깨워주기 때문이다.

많은 부모가 둘째 아이를 다룰 때 아이와 정확히 소통하지 못한다. 더 심한 경우 아예 소통조차 안 하기도 한다. 그 결과 수많은 비극이 잉태된다.

중국의 배우 황레이(黃磊)는 둘째 아이를 갖기 위해 준비하는 과정에서 딸의 의견을 물었다고 한다. 인터뷰 진행자가 만약 딸이 동생이 생기는 걸 반대한다면 어떻게 대처할 것이냐고 묻자 그가 대답했다.

"딸에게 '여동생하고 너는 똑같아. 너만 특별한 거 아냐!'라고 말했어요."

개인의 개성이나 특징이 유난히 강한 사회에서 우리는 저마다 '차별화'를 추구하며, '특별'한 사람이 되고 싶어 한다. 이로써 자신의 존재감을 증명하려 한다. 그런데 이 때문에 문제도 발생한다. 특별한 사람이 되어가려는 욕망에, 점점 더 많은 사람이 자아를 잃고 진정한 자신의 모습을 찾아볼 수조차 없게 변하고 있는 것이다.

황레이는 딸에게 '특별하지 않다'고 말했다. 그는 자신 역시 '특별하지 않다'는 점을 인지하고 있는 것이다. 그 덕분에 황레이는 배우라는 직업과 평범한 일상 사이를 오가는 데 전혀 스트레스를 받고 있지 않는 것 같다.

대중에게 요즘의 황레이는 배불뚝이에 앞치마를 두르고 맛있는 음식을 뚝딱 만들어내는 사람이다. 과거 장발을 멋지게 흩날리며, 문학청년을 연기하던 황레이는 전혀 찾아볼 수 없다. 이런 변화에 일반인들은 유감스러울 수도 있지만 황레이는 현재의 자신을 즐기고 있으며, 한 발 더 나아가 일상적이고 소소한 일에 열중하고 있다. 게다가 방송에 나와 살아가면서 느낀 바를 가끔씩 터놓고 얘기하니, 사람들도 그에게서 오히려 더 큰 호감을 느낀다.

그런데 이런 결과는 모두 황레이가 자기 자신에 대해 아주 잘 알고 있었기에 가능했다. 즉, 자신에 대해 잘 알았기에 또 다른 자신을 즐길 수 있었던 것이다.

▼

과거 로커로 활동했던 정쥔(郑钧)은 황레이와 전혀 다른 모습을 방송에서 보여준 바 있다. 결혼해 아이 아빠가 된 그는 자신의 아들과 함께 리얼리티 쇼에 출연했는데, 가정생활 중에 어쩔 줄 몰라 하는 모습을 보였다. 그 모습에서 정쥔이 자신의 젊은 시절을 버리지 못한 게 드러났다.

황레이가 귀담아들을 만한 아주 멋진 말을 했다.

"난 반드시 비관적이어야 한다고 생각해. 냉정하고 진실하게 말하자면, 우리 인생은 딱 한 번뿐이잖아. 그러니 평소에 겪는 가장 평범한 느낌이 우리에게는 가장 소중한 행복이라고 생각해."

황레이의 비관주의는 어느 한편으로는 쇼펜하우어의 사상과 딱 맞아떨어진다.

'끝이 곧 시작'이라는 말을 들어봤을 것이다. 그런데 시작이 곧 끝이 아닌 적이 있었던가? 1년 사계절, 봄이 가고 가을이 오고, 계절이 네 번이나 갈마들며 변화무쌍하게 변한다. 그런데 아무리 동일한 나무요, 똑같은 꽃일지라도 절대로 과거의 나뭇잎과 꽃일 수는 없다.

누군가는 사람이 선하게 변한다고 말했다. 정말 그렇다. 우리는 매일 변하고 있다. 그런데도 오랫동안 과거에만 머물러 있다면, 현실에 버림받을 것이다. 자신의 과거가 아무리 멋지고 찬란하며 삶이 편하고 만족스러웠을지라도, 그 모든 것은 신기루일 뿐이다. 현재 자신의 모습을 바라보며 물어본 적 있는가? '오늘의 나는 현재의 삶에 어울리는 사람인가?'라고 말이다. 늘 과거에 머물러 있고 여기에 문제가 따라오는 이유는 아마도 현재의 생활에 만족하지 못해서일 것이다.

계속 과거에 빠져 있는 것은 어느 정도 그 상태에서 즐거움을 느끼기 때문이다. 하지만 이는 가짜 행복임을 알아야 한다. 즉, 나뿐만 아니라 자신도 속이는 행위인 것이다.

자기 자신을 무시하지 말고 믿어라

쇼펜하우어는 자신의 천재성과 재능을 확신하고 있었다. 한번은 그가 다른 사람들에게 거드름을 피운다는 인상을 줄 정도로 자신이 뛰어나다는 사실을 드러냈다. 괴테는 쇼펜하우어의 어머니 요한나의 부탁으로, 친구인 희랍 교수에게 편지를 보냈다.

'젊은 쇼펜하우어는 여러 차례 전공과 직업을 바꾼 것 같다네. 자네는 그가 얼마나 많은 성취를 이루었는지 금세 판단할 수 있을 것 같아. 나와의 우정을 생각해서라도 그에게 자네의 시간을 좀 내주기 바라네.'

쇼펜하우어는 자신의 재능에 대해 이렇게 말할 정도였다.

"나의 지성은 나에게 속한 것이 아니라 세계에 속해 있는 것이다."

▼

쇼펜하우어의 천재성은 학자가 된 후 더욱 급성장했다. 그리고 몇 년 후, 쇼펜하우어의 박사 논문은 대문호 괴테에게 크나큰 감명을 선사했다. 쇼펜하우어의 나이 겨우 스물여섯이었다.

로마 시대의 정치가이자 철학가인 키케로(Marcus Tullius Cicero)는 '온전히 자기 자신에게 의지하며, 자신을 받아들이는 사람은 필경 가장 충만한 행복을 느끼게 된다'라고 했다. 키케로의 말처럼 자신을 믿기 위해서는 자신을 정확히 알아야 한다. 그러려면 매일 끊임없이 변화하는 자신을 받아들이는 것부터 익혀야 한다.

과거와 작별하는 법을 배워라

혼자 조용히 있는 시간을 많이 가지는 것은 절대 나쁜 일이 아니다. 누구든 인생의 밑바닥을 경험할 수도, 좌절을 극복하지 못할 수도, 재기를 준비할 수도 있다. 그런데 이는 모두 과거사를 대표하는 것으로, 여기서 헤어나지 못하면 현실을 제대로 볼 수 없다. 그러니 자신만을 위한 공간을 마련해 심도 있게 사색해야 한다. 이로써 자신에게 주어진 길을 어떻게 나아가야 하는지를 똑똑히 볼 수 있다.

사람은 내면 깊은 곳의 자신과 대화할 때 비로소 자신의 잠재력에 자극을 줄 수 있다. 쇼펜하우어는 천재였지만, 몇십 년

▼

이라는 긴 세월 동안 정작 아무도 그를 찾지 않았다. 그의 고독이 얼마나 깊었는지 알 수 있는 대목이다. 그런데도 쇼펜하우어는 오히려 이렇게 말했다.

"내가 적막함을 선택한 것이지, 적막함이 날 선택한 것은 아니다."

사람은 매일 다른 모습으로 살아간다. 그런데도 여전히 어제의 일로 고통스러워하고 있다면, 이렇게 생각해보라. 오늘은 또 오늘만의 고통이 있을 거라고 말이다.

요즘 많은 젊은이가 학교나 직장에서 반짝 능력을 발휘한 후, 그 후광만 믿고 우쭐해한다. 그런데 환경이 바뀌고 자신을 향한 박수 소리가 줄어들고 친구도 사라졌을 때, 심지어 주변에서 비웃는 소리마저 들었다면, 우쭐해하던 과거의 자신을 과감히 버려야 한다.

많은 사람이 자신을 자랑스러워할 만한 자격을 갖추고 있다. 하지만 자신을 자랑스러워하는 걸 그만둘 수 있을 때에만 외로움과 적막 속에서도 진정한 자신을 발견할 수 있다.

욕망과 수요는
인류의 본능이다

Schopenhauer

인류는 철저히 욕망과 욕구의 화신이다.

쇼펜하우어는 욕망과 욕구에 대해 이렇게 말했다.

"사람들은 욕망으로 얻는 쾌감을 강화하기 위해 자신의 욕구를 끊임없이 늘려간다. 그래서 사치, 화려한 외양…… 또는 이런 것들과 관련된 사물을 중시하는 것이다."

쇼펜하우어의 이론에서는 사람은 욕구 덩어리지만, 이 욕구를 충족시키는 건 쉽지 않다고 말한다. 그리고 일단 욕구가 충족되면 고통이 없는 상태가 되지만, 곧바로 또 다른 마수(魔手), 즉 '무료함'이라는 녀석에게 사로잡힌다고 했다. 이와 관련해 쇼펜하우어는 말했다.

"생존 그 자체는 가치가 없다. 왜냐하면 무료함이라는 녀석

▼

이 생존 자체에 대해 공허함과 무미건조함을 느끼도록 만들기 때문이다. 인간의 본질과 존재는 삶을 갈구하는 데 있다. 그리고 만약 삶 자체에 긍정적인 가치와 진실한 내용이 정말로 담겨 있다면, 무료함이 끼어들 여지가 없을 것이다."

삶을 돌이켜 즐거웠던 적을 꼽아보라. 어떤 원대한 목표를 이뤘을 때에는 만족감을 느꼈겠지만, 목표를 실현함과 동시에 그 만족감이 곧장 소실되어버리지 않았던가.

직위와 명성이 높은 한 사람이 있다. 그는 만인이 부러워하는 삶을 살고 있지만, 행복한 줄 몰랐다. 더군다나 그는 욕망이 끝도 없었다. 그가 어느 날 수도승에게 물었다.

"대사님, 어떻게 해야 제 욕망을 억누를 수 있을까요?"

대사는 그에게 가위 하나를 건네주었다.

"문 앞에 있는 키 작은 나무를 당신이 원하는 모양으로 잘라보세요."

그는 대사의 말에 따랐다. 향 하나가 다 탔을 무렵, 그는 온통 땀으로 뒤범벅인 상태였다. 대사가 물었다.

"느낌이 어떤가요?"

"많이 가뿐해졌습니다. 하지만 마음을 휘감고 있는 욕망은 내려놓으려 해도 그렇게 되지 않습니다."

대사가 말했다.

"오늘은 이만 돌아가세요. 그리고 내일 와서 다시 하세요."

▼

다음 날, 그는 또 나무를 다듬었다. 그리고 셋째 날, 넷째 날…… 한 달이 지나자, 관목은 어느새 멋진 모양을 갖추었다. 그가 말했다.

"이제는 평온한 마음으로 나뭇가지를 자를 수 있게 되었습니다. 하지만 이곳을 떠난 후, 저의 욕망이 다시 시도 때도 없이 튀어나오려 하겠지요."

대사가 웃으며 말했다.

"당신이 다듬은 나무를 보러 다시 오세요. 가지는 잘라냈어도, 나뭇가지는 다시 자랄 테니 말입니다. 이 새로 자란 나뭇가지가 바로 당신이 말한 욕망이지요. 완전히 제거할 수 없는 겁니다. 당신이 할 수 있는 일이란, 그것들을 잘 잘라내는 것뿐이지요. 당신이 욕망을 그대로 방치한다면, 욕망은 가지가 아무렇게나 자라버린 관목과 다름없겠지요. 모양도 갖추지 못할 테고, 게다가 누가 봐도 흉측할 거예요. 반면 자주 그것들을 다듬어준다면, 아름다운 풍경을 이룰 것입니다."

사람은 누구나 욕망을 갖고 있다. 그 욕망은 끊임없이 튀어나온다. 욕망하던 것 하나를 이루면 또 다른 욕망이 튀어나오는 것이다. 게다가 사람의 욕망은 끝도 없을뿐더러 종류도 다양하다. 그러니 메울 수 없는 욕망을 시시각각 잘라내고 정리해주어야만 욕망에 속박되지 않는다.

사실, 우리는 어려서부터 욕망을 지니고 있었다. 이를테면

▼

급우보다 더 좋은 성적을 받기 위해 밤을 지새우며 공부하지 않던가. 하지만 아동기 때 인간의 욕망은 매우 한정적이다. 아직 인지 능력이 본성을 점거하고 있어서다. 즉, 순수한 눈망울로 세상 모든 것을 신기하게 바라보기 때문에 어떤 것을 얻고자 하는 의지가 크지 않다.

그런데 나이가 들면서 사람은 더 많은 것을 좇기 시작한다. 이때 점유, 강탈 등등의 행동도 불사한다. 그러니 나이가 들수록 직면하는 고통도 많아질 수밖에 없다. 욕망을 충족시킬 수 있는지 여부를 떠나, 이루고자 하는 것이 많아진 것 자체에서 고통을 느낄 것이기 때문이다. 쇼펜하우어의 말처럼 말이다.

"생명은 욕망이다. 욕망은 만족시키지 못하면 즉시 고통이 된다. 하지만 만족은 즉시 무료함을 낳는다."

때에 따라 욕망도 변하는 것으로 보아, 욕망은 인간의 본능이라 할 수 있다. 그러므로 우리는 욕망을 강제로 억누르기보다는 그것을 제대로 이해해야 할 것이다.

욕구가 죄일까?

사람에게는 욕구가 있어 욕망도 생겨난다. 따라서 욕구는 곧 죄다. 그렇다면 욕구를 어떻게 끊어야 할까? 그리고 욕구를 끊어내면 죄도 함께 사라지는 걸까?

'홀로 지내는 이' 대부분은 사실, 인생에서 깨달음을 얻은 철인이다. 그들은 고독하게 홀로 기다릴지언정 무료한 사교 모임에 참여하지 않는다. 그 대신 이들은 쇼펜하우어처럼 가장 평화로운 방식으로 자신의 목표를 이룬다. 하지만 쇼펜하우어 같은 경지에 다다를 수 있는 이가 과연 몇이나 될까? 우리와 같은 필부필부(匹夫匹婦) 입장에서는 욕망을 제거하는 게 아니라 선택적으로 받아들여야 할 것이다. 그리고 악독하고 질 낮은 방법으로 자신의 욕망을 충족시켜서도 안 된다. 부정한 방법으로 욕망을 이루려 한다면, 죄책감을 느끼고 더 심한 경우 그것이 고통으로 변할 것이기 때문이다.

자신을 잃어서는 안 된다

사람이 부를 추구한 것은 더 좋은 삶을 누리기 위해서였다. 사람들은 더 좋은 삶을 위해 잠마저 줄여가며 힘들게 일했다. 어떻게 하면 자신의 재화를 늘릴 수 있는지 끊임없이 계산했으며, 재화 축적 외의 일에는 눈과 귀를 닫아버렸다. 즉, 정신세계가 텅텅 빈 지경이 된 것이다. 정신세계가 너무 요원한 대상이 되어버리자 사람들은 정신세계를 대체할 자극제를 찾아나섰고, 이로써 짧은 정신적 쾌락을 추구하게 되었다. 별 의미 없는 오락 행위가 그들 입장에서는 정신세계의 대체재가 된 셈이다. 그런데 이는 정말 어리석기 짝이 없는 생각이다. 오늘날 많은 젊은이가 향락을 쫓느라 생명의 본질을 간과하고 있

▼

다. 게다가 유혹을 이겨내지 못해 겉보기에만 멋진 것을 선택한다. 실제로는 인생을 낭비하고 있는 것이다.

삶은 우리에게 여러 선택지를 주었다. 그런데도 어떤 이들은 줄기차게 사치와 쾌락만 쫓고, 탐욕과 욕망에 흔들리며, 자기 자신조차 잃어가고 있다. 자신의 가치와 목표 따위는 까마득히 잊은 채 말이다. 그러면 결국 '겉으로는 번드르르해 보여도 속으로는 곪아 문드러진' 비극적인 상태로 변할 뿐이다. 그런데 이러한 비극은 부유해질수록 왜 마음이 점점 더 공허해지는지 설명해주기도 한다. 자신에게 있을 건 다 있는데도 행복을 느끼지 못한다면, 이는 올바른 길로 인도해줄 생각이 결핍되어 있어서다.

욕망을 이해하는 방법을 터득하라

욕망과 욕구는 인류의 본질이자 천성이다. 이는 개인의 가장 내재적이고 기본적인 요소다. 철학과 영적인 분야를 연구한 인도의 작가 지두 크리슈나무르티(Jiddu Krishnamurti)는 인간의 욕망에 대해 이렇게 지적했다.

"욕망이라는 것을 이해하지 않으면, 사람은 질곡과 공포에서 영원히 벗어날 수 없다. 당신이 자신의 욕망을 파괴했다면, 당신은 스스로의 삶도 파괴한 것이다. 욕망을 왜곡하고 억눌렀다면, 당신은 비범한 아름다움을 파괴한 것일 수 있다."

욕망은 원치 않고 필요 없다고 해서 사라지지 않는다. 다시 말해, 이것은 '부정'에 대한 욕망에 불과하다. 또한 마음의 평정을 유지하고 아무것도 원치 않는다 해서 욕망이 없다고 할 수 없는 것이다. 결국 형태만 바꾼 똑같은 욕망이기 때문이다.

그러니 욕망을 수치스러운 것이라고 여기지 말 것이며, 정당한 욕구라면 최선을 다해야 할 것이다. 쇼펜하우어처럼 말이다. 그는 철학을 추구하면 더 고독해질 뿐이라는 걸 알면서도 고집스레 이어갔다. 이는 모두 쇼펜하우어가 자신과의 대화에서 욕망이 가장 본능적인 것임을 터득했기에 가능했다.

무엇보다
건강이 제일이다

Schopenhauer

사람들은 늘 건강을 담보로 신체 외적인 것을 취하는 잘못을 저지른다.

많은 사람이 신체 외적인 것을 얻기 위해 자기 몸을 혹사한다. 그나마 건강을 더 중요하게 생각하는 사람도 있지만, 여전히 요행을 바라는 심리를 지닌 이가 적지 않다. 그런데 건강을 잃으면 모든 걸 잃은 것이다. 쇼펜하우어도 건강에 대해 의견을 분명히 드러낸 바 있다. 그는 재화와 지위 등 신체 외적인 것에 대해서는 매우 담담한 태도를 보였다.

물론 부의 가치를 부정하는 사람은 없을 것이다. 불행과 재난이 닥쳤을 때, 부와 지위는 가장 견실한 버팀목이 되어줄 수 있기 때문이다. 그래도 부가 쾌락 추구나 무절제한 낭비를 위해 사용되어서는 안 된다. 즉, '부=행복'이라는 공식으로 생각하지 말아야 하며, 돈의 양과 행복은 정비례하지 않음을 명심해야 한다.

쇼펜하우어는 다음과 같이 지적했다.

"마음을 유쾌하게 만들어주는 것은 부가 아닌, 건강이다."

그러므로 신체 이외의 것을 지나치게 중시하는 것은 매우 현명하지 못한 행동이다.

어느 상인이 배에 타고 있었다. 그가 타고 있던 배가 곧 해안가에 다다르려 하는데, 갑자기 폭풍이 몰아치고 파도가 거세게 일어 배가 뒤집히려 했다. 배에 있던 사람들은 황급히 바다로 뛰어들어 있는 힘껏 해안까지 헤엄쳤다. 하지만 상인은 보따리를 놓치지 않으려 움켜쥐고 있던 탓에 아무리 수영을 해도 몸이 앞으로 나아가질 않았다. 그러자 이미 해안에 무사히 도착한 사람들이 크게 소리쳤다.

"그 보따리부터 버려요! 그래야 헤엄을 치지!"

하지만 상인은 그들의 말을 무시했다. 잠시 후, 파도가 거세게 한 차례 출렁이더니, 이내 상인을 집어삼키고 말았다. 상인이 죽고 나서야, 사람들은 그가 목숨과 맞바꾸려 했던 보따리의 정체를 알게 되었다. 바로 금은보화였다.

매일 컴퓨터를 마주하고 일하는 사람이 있다. 그는 연장 근무를 하느라 한밤중까지 업무를 보는 때가 많았다. 수면 시간도 하루 평균 고작 다섯 시간 정도였고 고강도 업무 때문에 몸

상태도 예전보다 많이 나빠졌다. 늘 두통에 시달리거나 목이 아팠다. 친구들이 그에게 일을 쉬엄쉬엄 하라고 충고했지만, 그는 이렇게 받아쳤다.

"지금은 몸이 부서져라 일할 때야. 일이 중요하니까."

자기 몸을 소중히 여길 줄 모르는 사람은 건강 그 자체를 누릴 수 없다. 쇼펜하우어는 사람의 운명이 세 가지 항목에서 근본적으로 차이가 난다고 보았다. 첫째는 사람 그 자체이며, 둘째는 신체 이외의 것, 셋째는 타인의 평가라고 했다.

이 중에서 운명에 대해 더욱 근본적이면서도 철저한 영향을 미치는 사항은 첫째 항목인 '사람 그 자체'다. 사람 그 자체에는 건강, 역량, 외모, 기질, 도덕적 품성, 정신과 지적 능력 및 잠재적 발전 능력이 포함되어 있다. 그리고 건강이 최우선 순위다. 건강은 기타 외적인 것의 장점을 모두 압도해버릴 만큼 중요하다. 게다가 모두들 행복지수는 대개 건강에 좌우된다고 말하지 않던가.

건강과 신체 외적인 것을 수치화했을 때, 건강이 '1점'이라면, 재화와 지위, 권력, 명예 등 쟁취하려는 모든 것은 전부 '0점'이다. 그런데 사람에게 '0점' 항목이 있을 때 행복해지려면, '1점'이라는 가치가 아직 남아 있어야 한다. 한편 '1점'이라는 가치가 사라진다면, '0점'의 항목이 아무리 많아도, 결국에는 아무것도 없는 상태일 뿐이다.

▼

그러므로 건강을 유지했을 경우에만 행복이 찾아온다. 건강을 잃으면 신체 외적인 모든 좋은 것이 본래의 의의를 잃는다. 게다가 질병에라도 걸리면 정신과 생각, 감정, 기질 등도 모두 영향을 받는다. 그러므로 건강이 최우선이라는 말은 결코 빈말이 아니다. 많은 이가 '0점'의 항목을 얻기 위해 너무나 쉽게 자신의 건강을 헌납하는데, 더 이상 이와 같은 잘못을 범하지 않기를 바란다.

일하는 시간과 쉬는 시간을 규칙적으로 바꾸어보자

옛말에 '해가 뜨면 일하고, 해가 지면 쉰다'라고 했다. 무릇 대자연의 규율을 위반하면, 그에 상응하는 벌을 받게 되어 있다. 그러니 다급히 해결해야 할 일이 아니라면, 일에서 손을 떼고 충분히 수면을 취해보자. 분명 더욱 정력적으로 일할 수 있게 된다. 그런데 요즘 젊은 사람들은 나이와 체력만 믿고 자신의 건강을 마구잡이로 혹사한다. 쓸데없는 저녁 만남은 지양하고 집으로 돌아와 음악을 듣거나 독서를 하며 휴식을 취해보자. 가급적 스마트폰도 꺼두자. 그리고 편안한 마음으로 잠자리에 들어보자. 그러면 다음 날 아침, 활력이 넘치는 자신을 만날 것이다.

건강한 식습관을 유지해보자

이른 아침 거리에는, 한 손에는 서류를, 또 한 손에는 토스트를 든 채 분주히 지나가는 사람이 많다. 빠르게 걸으면서 동시에 아침 식사까지 해결하는 것이다. 이는 대단히 나쁜 식습관이다. 어떤 사람들은 잠도 안 자고 끼니까지 거르며 일을 한다. 또 실연으로 폭음과 폭식에 빠진 이들도 있다. 이렇게 건강을 망치는 것은 대단히 어리석은 짓이다. 결국 얼마 버티지 못하고, 일도 마치기 전에 몸부터 먼저 무너질 것이기 때문이다. 음식 섭취를 할 때는 절제가 필요하지만, 하루 세 끼를 제때 챙겨 먹는 것이 중요하다.

운동을 하라

매일 일정량의 운동을 하면 다른 일도 더 잘할 수 있게 된다. 쇼펜하우어도 창작에 힘쓰는 시간 외에는 자신의 건강을 유지하는 데 많은 관심을 기울였다. 정기적으로 신체검사를 받는 것은 물론, 음식 섭취도 규칙적으로 했다. 그가 건강을 얼마나 중요시했는지는 다음의 구절을 보면 잘 알 수 있다.

'신체 건강을 유지하려면, 욕구에 따른 방탕한 행위와 사람을 불쾌하고 격하게 만드는 감정 변화, 장시간 긴장된 상태를 지속시키는 정신적 피로만 피하면 된다. 그리고 매일 두 시간씩 집 밖에서 몸을 빠른 속도로 움직여주는 운동을 해야 한다.

또한 열심히 냉수로 몸을 씻고 음식도 조절해야 한다.'

　쇼펜하우어는 식사 후 긴 산책로를 걷곤 했다. 게다가 걸으면서 자주 혼잣말을 했다. 이 모든 것이 그에게는 몸과 마음을 편안히 해주는 좋은 운동이었던 것이다.

자신의 가치에
확고한 믿음을 지녀라

Schopenhauer

자신의 탁월한 재능과 독특한 가치를 흔들림 없이 굳건히 믿어야 긍지를 가질 수 있다.

쇼펜하우어는 여러 권의 저서에서 자신의 재능에 대해 언급했다. 그만큼 자신의 재능을 확신했다는 뜻이다. 그리고 학자가 된 후에는 괴테로부터 찬사를 받았을 정도로, 천부적인 재능을 제대로 발휘했다. 쇼펜하우어는 자신이 어떤 사람인지 정확히 인식하고 있었으며, 철학에도 일찌감치 흥미를 보였다. 그의 아버지가 상인이 되길 바랐음에도, 쇼펜하우어는 끊임없이 독서를 하며 학자가 되는 꿈을 놓지 않았다. 그리고 아버지가 세상을 떠난 후에는 곧장 학자가 되려는 과정을 밟았다. 만약 그가 아버지의 뜻에 따랐다면, 성공한 상인이 되었을지도 모른다. 의식주 걱정 없이 아버지가 모아놓은 재산으로, 별다른 노력이나 어려움 없이도 원하는 것을 다 얻을 수 있었을 것이다. 하지만 쇼펜하우어는 그 삶을 선택하지 않았다. 그는 자신이 상인이 될 수 없는 이유를 다음과 같이 토로했다.

"희소한 재능을 지닌 사람이 억지로 돈 버는 일에 동원되는 것은, 마치 아름다운 문양으로 장식된 비싼 꽃병을 주방용 그릇으로 쓰는 것과 같다."

우리의 일생은 매우 짧다. 그러므로 누군가를 위해 살 여유 따위는 없으며, 타인이 우리의 생각을 좌지우지하게 만들어서도 안 된다. 우리는 대부분 옳은 선택을 하며 살아가고 있다. 하지만 외적 힘이 개입되면, 점차 자신의 결정에 의심을 품기 시작하고 오랫동안 간직해온 꿈들을 포기하기에 이른다. 결국 가슴을 치며 후회한다.

어느 대형 기업에서 프로젝트 매니저 선발 공고를 냈다. 1차 심사를 총 다섯 명이 통과했다. 2차는 필기와 면접이었다. 필기시험 주제를 접한 응시자 모두 진지하게 답안을 써 내려갔다. 그런데 최종적으로 한 사람에게만 면접의 기회가 주어졌다. 면접 대상자는 필기시험 문제 중 하나가 이상하다는 걸 지적한 유일한 지원자였다. 그 덕분에 그는 제대로 된 답안을 제출할 수 있었다. 그렇다면 다른 지원자들은 어떤 심정으로

▼

답안을 작성했을까? 그들도 잠시 머뭇거렸지만 자신들이 응한 곳이 대기업이니만큼, 필기시험 문제에서 실수를 저지를 리 없다고 생각했다. 결국 그들은 잘못된 답안을 작성해 탈락하고 말았다. 즉, 외부적 영향에 쉽게 휘둘리는 사람은 자신의 가치를 확신하지 못하므로 성공하기 힘들다는 게 기업의 판단이었다.

사람들은 기회의 대부분을 이런 식으로 잃어버린다.

자신의 가치를 확고히 믿은 인물 중 브라질의 룰라 대통령을 꼽을 수 있다. 그는 대통령에 당선되기 전, 경선에서 네 번이나 떨어졌다. 그러자 친구들뿐만 아니라 가족마저도 그를 대통령감이 아니라고 말했다. 하지만 룰라는 의지를 굽히지 않았다. 오히려 자신의 가치에 대한 확신을 앞세워 하나씩 단계를 밟아 드디어 대통령이 되었다. 그의 선택이 옳았는지는 그가 대통령에 당선된 사실만으로도 충분히 증명되었다고 하겠다. 대통령이 된 룰라는 국가 창조를 위한 거대한 가치를 마련했을 뿐만 아니라, 자신의 가치도 증명해 보였다. 만약 그가 주변인들의 권고를 받아들여 대통령이 되는 꿈을 포기했다면, 브라질은 정치 역사상 우수한 대통령 한 명을 잃었을 것이다.

이탈리아 르네상스 시대의 과학자이자 철학가인 조르다노 브루노(Giordano Bruno)도 자신의 신념을 굽히지 않은 위인 중 한 명이다. 그는 무한우주론을 펼쳐 로마 교황청으로부터 이단 혐의로 유죄 판결을 받아 화형에 처해졌지만, 끝내 자신의 관점을 굽히지 않았다. 결국 그는 후대 지식인들에 의해 신원이 복권되고 업적을 인정받았다.

이렇듯 자신만이 본인의 운명을 주재할 수 있다. 그러니 타인에게 자신의 운명을 결정하도록 맡겨서도, 더욱이 타인의 의견 때문에 자신의 초심을 바꾸어서도 안 된다.

자신이 옳다고 확신하라

쇼펜하우어는 '충족 이유율의 네 겹의 뿌리에 관하여'라는 제목으로 박사 논문을 썼다. 그런데 그의 어머니는 제목이 이상하다며, 제목을 바꾸라고 했다. 하지만 쇼펜하우어는 어머니의 권유에 다음과 같이 반박했다.

"언제부턴가 어머니의 책을 찾는 사람은 사라졌지만, 제 논문은 아직도 찾아보는 사람이 있습니다."

이렇듯 쇼펜하우어는 어머니가 논문의 시장성(市場性)을 지적하자, 확실하게 불만을 표하며 제목을 고수했다. 실제로도 그의 안목이 정확했다는 것이 증명되었다. 100년이 지난 지금도 이 논문이 여전히 출판되고 있기 때문이다.

세상일의 대부분은 옳고 그름의 경계가 명확하지 않다. 물론 이 논리는 자신이 하려는 어떤 일이 타인에게 손해를 입히면서 자신에게 이득을 주지는 않는다는 전제하에서다. 그런데 확고한 믿음과 신념이 없는 사람은 제대로 된 안목을 지닐 수도 없고, 가치를 가늠하지도 못한다. 굳건한 의지를 지녀야 하는 이유가 여기에 있다.

마윈은 자신의 가치를 확신한 덕분에 오늘의 영예를 얻을 수 있었다. 그가 알리바바를 창업했을 때 성공을 의심하는 사람도 많았고 욕하거나 조롱의 대상으로 삼는 이도 있었다. 하지만 마윈은 전혀 개의치 않았다. 그 결과 그는 기적을 일구었으며, 인터넷 비즈니스계의 리더로 우뚝 솟았다.

자신의 가치를 높여라

쇼펜하우어의 저서가 출간 당시부터 사랑받은 건 아니다. 오히려 반대였다. 사람들로부터 지속적으로 무시당하고 조롱받았던 것이다. 그는 초조함에 사로잡혔지만 그 순간이 지나자 도리어 자신감으로 가득 차올랐다. 그는 계속 글을 썼다. 아무도 쇼펜하우어를 찾지 않고 심지어 출판사도 그의 저서를 폐지처럼 버렸지만, 집필을 향한 그의 열정은 사그라지지 않았다. 말년의 쇼펜하우어는 여러 권의 저서를 출간한 학자가 되어 있었다.

진정으로 가치 있는 것은 절대로 사장되지 않는다. 설령 냉대받더라도 잠시뿐, 언젠가는 그 가치를 인정받아 귀히 대접받는다. 쇼펜하우어는 자신의 재능을 상당히 신뢰했다. 더군다나 미래의 사상가들에게 자신이 지대한 영향을 미칠 것이라는 예언도 했다. 그리고 정말로 그리되었다. 그가 옳았던 것이다. 니체, 톨스토이, 아인슈타인 등 여러 위인의 저서에 정도는 달라도 모두 쇼펜하우어의 그림자가 어리게 된 것이다.

우리는 타인을 통제할 수는 없다. 하지만 자기 자신은 통제할 수 있으며, 이로써 생각을 변화시켜 인생의 가치를 실현할 수 있다. 쌀 한 그릇의 가치를 생각해보자. 평범한 사람이 쌀 한 그릇의 가치를 산정한다면, 세 식구가 함께 먹을 수 있는 밥 한 끼 정도가 될 것이다. 머리를 조금 더 굴릴 줄 아는 사람이라면 쌀을 물에 불려 대추와 구기자, 계피를 넣은 후 커다란 잎으로 감싸 쪄낼 것이다. 조금 더 고급스러운 요리로 탄생시킨 것이다. 그런데 이 사람보다 더 머리가 좋은 상인의 손에 쌀 한 그릇이 들어간다면 상인은 쌀을 발효시켜 맛난 술로 빚을 것이며, 이로써 쌀의 가치는 훨씬 높아질 것이다.

즉, 쌀 한 그릇의 가치가 얼마나 되는지 알고 싶다면 그것을 활용할 방법을 보아야 한다. 당신이 한 그릇의 쌀이라면, 어떻게 자신의 가치를 만들어나가겠는가? 일반적으로 가공에 들이는 시간이 짧을수록 가치도 낮아지게 마련이다. 반면 가공 시간이 늘어나면 그에 따른 위험이나 스트레스가 늘어나고 가공물의 최종 형태도 원형과 많이 달라지겠지만, 최종 가치는 훨씬 높아진다.

원래는 가치가 동일했던 돌 두 덩어리도, 하나는 계단의 디딤돌이 되고 다른 하나는 사람들이 숭배하는 불상이 될 수 있다. 쌀 한 그릇의 의미와 동일한 것이다. 불상은 수천수만 번 공구로 쪼고 연마하는 과정을 거치지만, 계단의 디딤돌은 가장자리 정도만 다듬는 과정을 거친다. 가치를 높이기 위해 자신을 가공해야 한다는 사실을 알았다면, '연마'되는 고통쯤은 두려워하지 말아야 할 것이다.

모든 고통은
자신이 자초한 것이다

Schopenhauer

바꿀 수 없는 불행과 이미 맞닥뜨렸을 때, 우리는 자신이 다음과 같이 생각하도록 놔둬서는 안 된다. '그 일에는 본래 다른 결말이 있었을 수도 있다'라고 말이다. 더욱이 우리가 이 불행을 애초에 막을 수 있었다고 가정해서도 안 된다. 이와 같은 생각은 고통을 견딜 수 없는 지경까지 끌어올려 자신을 괴롭히기만 할 뿐이다. 이미 발생한 일은 모두 필연적인 것이기에 피할 수 없다고 여겨야 한다.

인생에는 매 순간마다 해야 할 일이 있다. 그런데 '지나간 순간'에 지나치게 얽매여 있다면, 이는 사서 고민하는 것에 불과하다. 쇼펜하우어는 말했다.

"현재라는 시간에는 현실의 내용이 들어 있으며, 우리는 오로지 이 현재라는 시간에서만 존재한다. 그러므로 우리는 즐겹게 현재를 받아들여야 한다. 그리하여 참아낼 수 있고, 직접적인 번뇌나 고통이 없는 찰나를 의식적으로 향유해야 한다."

하지만 현실에서는 희망이 물거품이 되어 침울해하는 이가 너무 많다. 어떤 이들은 끊임없이 자신의 미래를 걱정한다. 그러다가 상태가 더 심각해져, '현 시점'을 엉망진창으로 만들어 그 무엇과도 비견할 수 없는 고통을 겪는다.

사실, 모든 일은 일정 부분 필연적으로 발생한다. 즉, 당신이 멈추라고 한다 하여 멈추는 게 아니다. 일이 예상한 대로 흘러가지 않으면 답답하고 기분이 나쁠 것이며, '만약 그때 그렇게 했더라면……'이라는 생각을 떨쳐버릴 수 없을지 모른다. 하지만 인생에는 가정이 통하지 않음을 기억하기 바란다. 쇼펜하우어에게 고통은 더 이상 영향을 주지 못했다. 그가 인생의 지혜를 터득했기 때문이다. 그는 모든 기정사실을 받아들임으로써 원망도, 분노도, 후회도 하지 않았다. 쇼펜하우어는 말했다.

"우리는 매 순간 인내할 수 있는 현재를 소중히 여겨야 한다. 이 현재에는 가장 평범해서 이상할 것이 없는 날, 우리가 아무것도 느끼지 못한 채 흘러가도록 방치하는 날, 심지어 시급하게 허비해야 하는 날도 포함된다."

쇼펜하우어는 젊은 시절에 자신의 대표작을 내놓았지만 판매 부수는 얼마 되지 않았다. 이 난처한 상황에 대해 그는 말했다.

▼

"만약 내가 이 시대에 맞지 않는 게 아니라면, 오히려 시대가 내게 맞지 않아서다!"

몇 년 후 쇼펜하우어는 베를린대학교의 교수가 되었다. 베를린대학교에는 인지도가 높은 인물, 바로 헤겔이 있었다. 그런 헤겔을 무시한 쇼펜하우어는 어떡하든 헤겔과 같은 시간에 수업을 진행하려 했다. 물론 결과는 참패였다. 그 당시 헤겔의 명성은 너무나도 높았기에 쇼펜하우어의 수강생은 세 명에서 두 명으로 줄었고, 끝내 한 명도 남지 않게 되었다.

결국 쇼펜하우어는 베를린대학교를 떠나 프랑크푸르트에서 계속 집필 활동을 했다. 대학교를 떠난 후에도 그의 인생이 순탄한 건 아니었지만, 그의 고집은 결국 그에게 성공을 안겨주었다.

만약 쇼펜하우어가 '그때 헤겔과 같은 시간에 수업을 진행하지 않았다면, 아마도……'라고 생각했다면, 어쩌면 《인간 의지의 자유에 관하여(Über die Freiheit des menschlichen Willens)》, 《도덕의 기초에 관하여(Über die Grundlage der Moral)》 등의 명저는 세상에 나오지 않았을 것이다. 또한 쇼펜하우어가 운명이 불공평하다며 원망을 품고 악의적으로 헤겔을 폄훼했다면, 후대에 귀감이 되는 저서를 내놓지도 못했을 것이다.

쇼펜하우어는 어떤 일의 흐름이 겉으로 보기에는 순전히 우연 같아 보일지라도, 사실은 그 반대라고 생각했다. 그는 모든 우연 그 자체는 꽁꽁 숨어서 드러나지 않은 필연성에 완전히 통제받으며, 그러한 우연들 자체는 필연성이 선택한 수단일 뿐이라고 했다.

사람은 일생 동안 무수한 선택과 마주한다. 선택을 한 후에는 정도는 달라도 '후회'가 따른다. 게다가 자신이 나아갈 길을 선택한 후 한동안 그 길을 걷고 나서는 다음과 같은 후회가 밀려온다.

'만약 그때 다른 길을 선택했더라면, 지금과는 달랐겠지?'

이것이 바로 사람의 본모습이다. 사람이란 늘 사서 고민하는 존재인 것이다. 인생의 모든 선택은 모험이자 도박이다. 미래는 미지의 세계이니, 이왕 선택한 것이라면 뜻대로 되지 않아도 '운명의 장난'이라는 말을 입에 담지 말아야 할 것이다. 운명의 장난이라는 말을 꺼내는 순간, 이미 자신을 큰 고통 속으로 몰아넣고 있는 셈이다. 게다가 지금 잠깐 기분이 나쁜 데서 그치는 게 아니라, 계속 후회 속에서 미래를 살게 된다.

마윈은 알리바바라는 자신의 왕국을 세웠다. 그 역시 매 순간 선택을 했고 실패도 겪었다. 대학 입학을 위해 무려 삼수를 했다. 알리바바 창업 초기, 생각지도 못한 어려움이 밀려들자 어떤 사람은 포기를 권했다. 하지만 그는 포기하지 않았고, 결국 성공을 거머쥐었다.

위민훙(兪敏洪)도 안정적인 교사라는 직업을 버리고 중국 최대 교육기업 신둥팡(新東方)을 차렸다. 과연 그가 자신의 선택에 후회했을까? 그가 후회했고 안 했고를 떠나 우리가 알아두어야 할 점은 선택을 한 후에는 후회해보았자 아무런 소용이 없다는 사실이다. 이미 선택한 후에는 모든 것이 되돌릴 수 없을 만큼 변하기 때문이다.

받아들이는 방법을 배워라

인생은 절대적으로 공평하지 않지만, 운명은 자신의 손에서 나온다. 우리가 원하든 원하지 않든, 삶은 골치 아픈 일들을 끊임없이 제공한다. 그런데 이 골치 아픈 일들과 타협하면, 고통은 가중될지언정 마음은 평화로워질 수 있다. 좌절의 경우, 싸워서 이기지 못할 상대는 아니니 결코 두려운 존재는 아니다. 하지만 좌절에 맞서는 사람만이 진정한 용사가 될 수 있다. 불행의 경우, 그것을 대하는 시각에 따라 결말도 달라진다. 고통의 경우, 그것이 커지도록 내버려둘 수도 있지만 앞으로 나아가는 데 쓸 동력으로 승화시킬 수도 있다.

자기 자신이 되자

많은 사람이 지나치게 남의 시선을 의식하느라 행복을 느끼지 못한다. 이를 두고 쇼펜하우어는 말했다.

"우리는 해야 할 일과 하지 말아야 할 일을 생각하기도 전에, 거의 가장 먼저 남의 시선부터 신경쓴다. 우리가 겪었던 걱정과 두려움의 절반 이상이 남의 시선을 의식한 우려에서 왔다. 타인의 시선은 병증과 같아서 우리가 쉽게 상처 받는 자존심, 모든 허영심과 자부심, 자랑, 체면도 모두 남의 시선이라는 뿌리에서 나온 것이다."

우리에게는 남의 시선에 흔들리는 약점이 있다. 그래서 다른 사람의 칭찬이 거짓말임을 뻔히 알면서도 기분이 좋아진다. 다른 사람의 무시나 경시에는 대단히 괴로워하며, 그것을 쉬이 받아들이려 하지 않는다. 이제 자기반성의 방법을 터득하고, 동시에 자신이 얻게 될 행운에 남의 시선이나 견해가 전혀 영향을 미치지 않을 것이라는 점을 명확히 인식해야 한다.

이미 일어난 일과 얽히지 말자

이미 일어난 일이 다른 방식으로 다시 발생할 수는 없다. 어떤 일이든 발생한 이상 이미 확정된 것이다. 사실 아주 간단히 요약하자면, 끝난 일은 이미 끝난 일이다. 그 일의 결말이 좋고 나쁨을 떠나, 이미 발생한 일에 지나치게 얽매여 있으면 고통만 가중될 뿐이다. 이미 일어난 일을 즐기는 방법을 터득하면서 앞으로 나아가보자. 그러면 성장할 수 있을 것이다.

Schopenhauer,
Arthur

Chapter 2

인생은 고통이지만
행복으로 전환할 수 있다

고통의 다른 모습은 행복이지만, 실제로 고통이 행복이 되는 경우는 인생에서는 흔히 접할 수 없는 진귀한 순간이다. 고통은 사람을 성장시킬 수 있으며, 근심은 사람을 더욱 성숙하게 만든다. 사는 게 쉽지 않다는 걸 명확히 알아야 자신이 가지고 있는 모든 것을 아끼고 사랑하게 된다.

행복을 가로막는
장애물을 뛰어넘자

Schopenhauer
인류 행복의 양대 적은 고통과 무료함이다.

"너무 무료하다."

"그러게 말이야. 대체 뭘 해야 할지 모르겠어."

"우리도 마찬가지야. 특히 집에 혼자 있으면, 마치 할 일이 아무것도 없는 느낌이야."

이들은 이런저런 얘기 끝에 쇼핑하러 나가 미친 듯이 물건을 사들였다. 하지만 자신들에게 돌아온 것은 카드 명세서와 거기에 적힌 숫자 때문에 무너져 내리는 가슴뿐이었다.

위의 대화는 실제로 실생활에서 자주 등장한다. 많은 이가 시간이 빨리 지나간다고 한탄하면서도 정작 남아도는 시간에 무엇을 하며 보내야 할지를 모른다. 그래서 시간을 허비하고,

한편으로는 마음속을 가득 채운 불안과 양심의 가책으로 몸부림치며, 이런 상태에서 벗어나기를 간절히 바란다. 그렇게 불안과 무료함에서 벗어나려고 게임, 영화 관람, 쇼핑 등 일련의 외부 활동을 한다. 이런 활동은 잠시 기분 전환은 될 수 있다. 하지만 자신이 한 행동을 돌이켜보고는 또 시간을 허비했다고 생각하게 한다. 결국 고통과 무료함의 시소게임에 빠지는 것이다.

사실, 인생은 힘겨운 여행이다. 대다수의 사람을 고통과 무료함에 시달리게 하고, 그 속에서 불행하다고 생각하도록 만든다. 하지만 다른 각도에서 인생과 고통의 상관관계를 따져보면, 고통은 인생에서 반드시 거쳐야 하는 경유지인 동시에 행복이 찾아오는 것을 막는 장애물임을 알 수 있다. 이는 모두 사람들이 늘 자기도 모르는 사이에 고통은 키우면서, 일상의 행복은 철저히 등한시하고 있어서다. 이에 대해 쇼펜하우어는 말했다.

"우리의 인생에 고통과 불행은 확실히 긍정적인 것이며, 우리의 감각을 불러일으키는 것이다. 그런데 이른바 선(善), 즉 모든 행복과 만족은 반대로 부정적인 것이다. 다시 말해, 욕망은 사라지고 고통이 종식된 것에 불과하기 때문이다."

쇼펜하우어의 지적처럼 인류 행복의 양대 적(敵)은 고통과 무료함이다. 그런데 인류가 성장하는 동안 욕망도 함께 자란다. 따라서 욕망의 충족 여부와 상관없이, 인류는 고통 아니면 무료한 상태에 있을 수밖에 없다. 즉, 고통은 피할 수 없는 것이므로 고통을 받아들이는 방법을 터득해야 한다.

거짓된 자신을 버려라

불가에 다음과 같은 말이 있다.

'무언가에 집착하면, 그 무엇 때문에 곤란을 겪을 수 있다. 하지만 거짓된 나를 버리고 욕망에서 벗어나면, 고통에서 해탈할 수 있다. 집념을 버리면 심신을 수양하고 교양을 기르게 되니, 마음속에서 나조차도 사라져 고통이 줄어든다.'

사람은 일생 동안 욕구와 만족 사이를 끊임없이 오간다. 욕구가 충족되면 행복하다고 느끼는데, 이때의 행복은 지극히 짧다. 금세 무료함이 밀고 들어오기 때문이다. 그러므로 곧장 다음 욕구를 계획해 골치 아픈 무료함과 지루함에서 벗어나야 한다.

유토피아가 존재하지 않는 우리 삶에서, 다음과 같은 상황을 상상해보자. 자신에게서 어떤 욕망이 튀어나오자마자 금세 충족되었다고……. 인생이 얼마나 무료할지 상상할 수 있는가?

쇼펜하우어의 비관은 이성적 관점에서 문제를 바라보는 것이다. 쇼펜하우어는 이렇게 지적했다.

"사람의 심리는 자연적으로 위를 향해 가려 한다. 그런데 우리는 자신이 과거에 겪었던 행복한 경험을 자주 잊어버린다. 게다가 고통스러웠던 기억은, 소수의 사람만이 그것을 소멸시킬 수 있다. 이는 곧 인간의 본성이 고통과 함께하고 있음을 알 수 있는 대목이다."

고통은 완전히 없앨 수 없다. 그래서 쇼펜하우어는 고통을 없애고 해탈을 찾으려는 행위를 '생명을 부정하는 행위'로 간주하였다.

자신의 내면을 채워라

쇼펜하우어는 말했다.

"사람이 외적 활동을 하려는 이유는 내적 활동을 하지 않기 때문이다. 일단 내적 활동을 시작하면, 외적 활동이 대개는 번거로운 것이 되어버린다. 아울러 외적 활동의 대부분은 명백한 부담으로 작용한다. 그래서 우리는 여유와 평온을 바라기에 이른다. 그런데 사람에게는 외적 활동이 필요한 탓에, 아무런 할 일이 없는 사람은 맹목적으로 여행에 열중한다. (중략) 그런데도 똑같은 무료함이 서둘러 그들을 쫓아온다."

많은 사람이 자신이 무료하다는 사실을 인정하려 들지 않는다. 그렇지만 다음의 사실만큼은 부인할 수 없을 것이다. 대다수 사람이 내면이 풍부하지 않은 탓에 '아무것도 할 게 없는 상태'가 되며, 이 상태를 벗어나기 위해 서둘러 돌파구를 찾다가, 일련의 외적 활동을 시작한다는 사실을 말이다. 게다가 결국에는 일시적인 행복만 잠깐 맛보고 다시 길고 긴 적막에 휩싸일 뿐이라는 사실도 말이다. 그러니 이들에게는 행복의 크기가 크게 줄어들 수밖에 없다.

한편 진정으로 지혜로운 사람은 고독을 두려워하지 않는다. 따라서 무료하거나 할 일이 없다고 느낄 때, 내면의 공허함을 채울 요량으로 손에 잡히는 대로 아무 책이나 집어 들지 않는다. 아무 책이나 읽는다고 해서 더 고상해지지는 않기 때문이다.

무료할 때일수록 마음을 편안히 하고 머릿속을 최대한 안정된 상태로 유지해야 한다. 이로써 사고하는 방법을 터득하고 자신의 생각들을 되새김질해보아야 한다. 좋은 생각과 방법이 떠오르면 자신의 영혼과도 만날 수 있다.

인생에는
고통과 걱정이 있어야 한다

Schopenhauer

누구에게나 어느 정도의 걱정, 고통, 번뇌는 항상 필요하다. 배 바닥에 균형을 잡아주는 짐이 없으면 배가 평형을 유지하지도 못하고 목적지를 향해 곧게 나아갈 수도 없는 것처럼 말이다.

직장생활이 순탄치 않은 사람이 있다. 그는 매일 자신을 괴롭히는 상사 때문에 화도 내보고 고민도 해봤다. 하지만 아무런 효과가 없었다. 오히려 동료들에게 더 큰 웃음거리만 되었다. 어느 날 그는 자신의 자그마한 방에서 마음을 진정시키고 인생을 돌이켜보았다. 자신에게는 내세울 만한 장기가 하나도 없으며, 뒷배가 되어줄 집안 배경도 없었다. 결국 자기 힘으로 헤쳐 나아가야 한다는 결론에 도달했다. 자신에 대해 차분하게 돌아본 이후로는 동료들이 비웃고 놀려도 더 이상 욱

하거나 그들에게 대들지 않았다. 동료들의 잔꾀에 누명을 쓰는 일이 생겨도, 일일이 지적하거나 항변하지 않았다. 그 대신 있는 힘껏 업무 지식을 쌓으려 노력했다. 자주 밤늦게까지 책상에 앉아 보고서를 작성하기도 했다.

그로부터 오랜 시간이 지난 후, 그는 자신에 대한 사람들의 대우가 차츰 바뀌고 있음을 감지하였다. 자신을 향한 비웃음이 잦아든 것은 물론 동료들도 더 이상 그를 악의적으로 몰아붙이지 않았다. 그 후로 그의 입가에는 미소가 떠나지 않았다.

압박이 없으면 성장도 없다는 말이 있다. 살면서 맞닥뜨리는 충격은 항상 고통과 걱정을 낳는다. 그런데 고통이 오랜 기간 자신의 내면에 머물러 있으면, 자기 안에서 겨우겨우 버티고 있던 행복이 흐르는 시간과 함께 사라지고 만다. 인생에 아무리 고통과 걱정이 필요하다고 해도, 반복되는 동일한 일 때문에 발생하는 고통이 자신의 삶 대부분을 차지하도록 만들어서는 안 된다. 인생의 도전을 받아들일 공간을 마련해야 한다. 우리에게 고통을 불러일으킬 일이 아직 많기 때문이다. 또한 고통과 아쉬움이 있기에 행복이 더 귀하고 소중한 것이 되기 때문이다.

많은 사람이 인생을 원만하게 만들 방법을 찾고 있다. 예쁜 꽃을 위해 좋은 화병이 필요하듯, 멋지고 능력이 출중한 사람과 함께 있고자 한다. 하지만 멋진 사람과 함께할 방법을 찾는 과정에서 결과적으로는 후회할 일만 남는다. 주변에서 동화 속 미녀와 야수에서나 나올 법한 드라마틱한 신분 상승의 이야기가 펼쳐지면, 자신에게는 그 이야기가 도리어 고통과 근심으로 다가오기 때문이다. 따라서 인생에 다른 사람이라는 존재가 없다면, 삶은 완벽해질 것이다. 이때도 지나치게 완벽한 삶을 추구하면, 몸과 마음만 지칠 뿐이다. 인생에는 완전무결한 일이란 없다. 소동파의 《수조가두(水調歌頭)》에 나온 구절처럼 말이다.

사람에게는 슬픔, 기쁨, 헤어짐과 만남이 있다(人有悲歡離合).

달도 둥글게 차올랐다가 기우니(月有陰晴圓缺),

이 일도 완벽하지는 않겠구나(此事古難全).

세상을 살면서 너무 많은 것을 바라면, 고통도 그만큼 늘어난다. 중국의 건축가이자 시인인 린후이인은 "행복은 대단히 사치스러운 것이다. 삶에는 늘 수많은 후회가 남지만, 그럼에도 당신과 나는 쾌락에 빠지게 된다"라고 말했다.

사람들이 행복할 때 즐거운 이유는 고통이라는 대비되는 것이 존재해서다. 하지만 고통이 없어서 삶이 지나치게 완벽해진다면, 즐거움은 끓여서 식힌 맹물처럼 무미(無味)일 것이다. 삶은 우리에게 문제를 하나둘 연달아 던지며 우리를 가지고 논다. 그런데 이것이 본래 인생이다. 인생에서는 문제가 나

▼

타나면, 이 문제를 해결하는 과정이 계속 반복된다. 다시 말해 어떤 문제가 해결되면, 이는 곧 또 다른 문제가 나타날 조짐이라고 여겨야 하는 것이다.

위대한 사람은 성공을 목전에 두고, 평범한 사람은 절대 견뎌낼 수 없는 고통을 경험한다. 고대 로마의 시인 오비디우스(Ovidius)의 '인내와 견지(堅持)는 고통이지만, 이것들은 당신에게 천천히 좋은 것을 가져다준다'라는 말도 같은 맥락에서 이해할 수 있다. 이처럼 우리는 고통을 통해 성장한다. 주변에 아무도 없는 삶은 자신이 완벽하고 조화로운 상태에 이를 수 있도록 해줄 것이다. 하지만 그 안에 진정한 행복이란 없음을 알아두기 바란다.

고통과 고민은 인생에서 일상다반사다

태어나면서부터 얻은 것은 잃게 되어 있다. 걸을 수 있게 되면, 그 대가로 엄마의 품에서 떨어져야 한다. 졸업하면, 그 대가로 동창생과 헤어져야 한다. 또한 누가 봐도 멋진 일을 하게 되면, 그 대가로 무수히 많은 땀을 흘려야 한다.

이처럼 모든 대가의 이면에는 고통이 숨어 있다. 그런데 과연 고통을 겪고 나면, 항상 행복이 따라올까? 사실 고통이 일상화되면, 원망과 무감각도 별일 아닌 것이 된다. 쇼펜하우어의 고통에 대한 이론을 통해서도 알 수 있듯이, 인생은 비극이며 모든 행복은 표상에 불과하다. 그러므로 본래 인생이란 뜻대로 되지 않는다는 사실을 받아들이고 담담하게 마주해야 한다. 그래야 고통을 행복으로 전환할 수 있다.

아울러 누구나 어느 정도의 위기의식을 지녀야 한다. 위기의식을 지니고 있으면, 고통이 찾아와도 당황하지 않으며 고통 때문에 받는 아픔도 줄어든다. 다시 말해, 고통은 인생의 전공 필수 과목인 것이다. 매사에 하늘이나 남 탓만 하면, 고통과 근심만 가중될 뿐임을 알아두기 바란다.

고통을 제대로 다루자

왜 사람이 죽으면 온 가족이 장례식장에 모여 폭죽을 쏘는 걸까? 누군가의 사망이 그의 가족에게는 고통일 수 있어도, 때로는 죽음이 곧 해탈임을 알게 된다. 망자(亡者)와 관련된 사람들은 죽음을 당연히 고통과 연계시킬 것이다. 하지만 죽음에 대한 시각을 바꿔보면, 고통이 죽음과 함께 사라진다고도 볼 수 있다.

고통에 맞닥뜨렸을 때 대다수의 사람은 본능적으로 회피를 선택한다. 그 순간 느끼는 안도감은 즉각 대뇌로 전달돼 찰나의 쾌락을 맛보게 해준다. 하지만 쾌락 이후에는 더 큰 고통이 밀려온다.

예컨대 주말마다 '조금만 더 자야지'라고 자기암시를 하며 잠들어도 깨어난 후에 오히려 늦잠을 잔 것에 대해 죄책감이 밀려오는 경험처럼 말이다. 입맛을 돌게 하려고 매운 고추를 먹었는데, 이마에 울긋불긋 올라온 알레르기를 보며 신경질을 내보았을 것이다. 모두 찰나의 쾌락이 더 큰 고통으로 이어진 경우다. 이처럼 고통 자체는 없앨 수 없다. 스스로 취하는 태도가 더 중요해질 수밖에 없다.

물론 세상에 의지가 강한 사람은 실로 매우 적다. 그래서 평범한 사람은 유혹을 이겨내지 못하고 나중에 후회할 일을 저지르고야 만다. 그렇다고 해서 억지로 유혹을 떨쳐내며 사는 삶을 모두가 받아들일 수 있는 것도 아니다. 따라서 제대로 고통을 줄이려면 고통을 느꼈을 때 기뻐하는 마음을 지녀야 한다. 즉, 신체적·정신적으로 고통에 적응해가면서 자신에게 흥미를 유발하는 방식으로 일하는 것이다. 그러면 인생이 충실해진다.

이처럼 고통의 다른 모습은 행복이지만, 실제로 고통이 행복이 되는 경우는 인생에서는 흔히 접할 수 없는 진귀한 순간이다. 고통은 사람을 성장시킬 수 있으며, 근심은 사람을 더욱 성숙하게 만든다. 사는 게 쉽지 않다는 걸 명확히 알아야 자신이 가지고 있는 모든 것을 아끼고 사랑하게 된다.

용감히
고통을 직시하라

Schopenhauer

세상 모든 장미에는 가시가 있다. 가시에 찔릴 것이 두려워 장미를 멀리하면,
영원히 장미의 향기를 맡을 수 없다.

어려서부터 부유하고 호화로운 삶을 산 사람이 있다. 그는
한 번도 고생해본 적이 없었다. 물부터 식사, 옷까지 특별히
주문 제작한 것만 마시고 먹고 입었다. 심지어 옷에서 아주 작
은 결점이 보여도 참을 수 없을 정도로 불편해했다. 그러던 어
느 날, 집안 사정이 급격히 나빠져 더 이상 호화로운 생활을
할 수 없게 되었다. 한순간 빈털터리가 된 그는 생계유지를 위
해 직접 일을 할 수밖에 없었다. 끼니도 어느 날은 걸렀으며,
가장 싼 음식만 찾아야 했다. 이렇게 몇 년이 지났다. 그러자
그는 끼니도 제대로 챙기지 못하며 살고 있는데도, 아무런 고

통을 느끼지 못했다. 도리어 이와 같은 삶을 가장 정상적인 일상으로 인식하고 있었다.

위와 같은 일은 세상에 비일비재하다. 고통이 언제 어디서든 우리 삶을 비집고 들어오는 것이다. 그런데 이때 저항하지 않고 오히려 용감하게 직시하면, 똑같은 상황이 다시 닥쳐도 의연하고 차분하게 대처할 수 있다.

마르크스는 말했다.

"우리는 태곳적부터 내려온 이 인생이라는 여행에서, 울퉁불퉁한 길을 내달리기도, 좌절을 겪는 와중에 열반에 들기도, 근심이 온몸을 휘감기도, 고통에 흩날리기도 한다. 그런데 인생이라는 여행에서는 지쳐도 쉴 수 없고 고통스러워도 과거로 되돌아갈 수 없다."

마르크스의 지적처럼 얼마나 많은 노력을 기울였는가와 상관없이 정해진 운명은 바꿀 수 없다. 우리는 모두 가족과의 이별을 경험할 수밖에 없으며, 사랑이 식고 죽음이 다가오는 등의 운명에서 벗어날 수 없다. 그렇다고 해서 고통의 바다에서 벗어날 방법이 존재하는 것도 아니다. 우리는 그저 망망대해 같은 인생에서 자신에게 맞는 생존방식을 찾아갈 뿐이다. 이렇듯 고통은 인생의 필수 코스이며, 피하려야 피할 수도 없다. 그렇다면 용감하게 고통을 직시해, 조금이라도 자신에게 득이 되는 것을 찾아야 한다.

▼

역사적으로 위대한 인물들은 모두 고통 속에서 자신을 단련시켰다. 베토벤이 열여섯 살 때 그의 어머니가 세상을 떠나자, 그의 아버지는 술로 세상을 살아갔다. 아버지 밑에서 자란 베토벤은 성격이 점차 괴팍하고 폭력적으로 변했다. 하지만 그가 겪은 불행도 음악에 대한 열정만은 꺾지 못했다. 베토벤은 음악에 자신의 모든 것을 바쳤고 성공을 이뤘다. 하지만 그에게는 청력 상실이라는 불행이 찾아왔다. 음악을 하는 사람에게는 치명타가 아닐 수 없다. 그런데도 베토벤은 음악을 포기하지 않았고 심지어 이전에 작곡한 곡들보다 더 큰 성취를 거두었다. 베토벤처럼 고통을 이겨낸 위인의 예는 많다. 에디슨도 한 번의 성공 이전에 수백 번 실패를 거듭했으며, 그 덕분에 우리는 어둠 속에서 빛을 밝힐 수 있게 되었다.

혹자는, 사람은 자신의 운명을 따르고 만족하는 법을 배워야 한다고 말한다. 그런데 어떻게 보면 이는 나약한 생각이며, 어쩔 수 없는 선택으로 보인다. 또 혹자는 "노력으로 운명을 극복할 수 있다"라고 말한다. 하지만 정말로 운명을 극복한 사람이 몇 명이나 있을까?

어쩌면 노력으로 기적을 이룰 수도 있을 것이다. 그러나 죽음이 주는 숙명의 공포에서 벗어날 수는 없다. 물론 운명은 바꿀 수 있다. 자신의 삶을 조금 더 이상적으로 만들어줄 수 있는 것이다. '슬픔을 역량으로 바꾸다'라는 말처럼 말이다. 인생에는 우여곡절이 있으며, 이 속에서 겪는 고통과 행복은 모두 소중한 배움의 기회다. 그러니 담담히 고통과 대면하라. 그러면 고통을 줄일 수 있다.

자신의 불행을 의식하라

일반적으로 우매한 사람은 자신의 불행을 제대로 의식하지 못한다. 그러니 우매한 자가 인류와 세계를 정확히 꿰뚫어 보기란 힘든 일이다. 그들은 재난이 닥치기 전에는 유쾌하게 삶을 즐긴다. 쇼펜하우어의 '우매한 사람은 표상적인 아름다움만 원하고 본질의 고통은 마주하려 하지 않는다'는 지적과 같은 맥락이다. 프랑스의 심리학자이자 수학자, 과학자인 블레즈 파스칼도 "자신의 불행을 의식할 수 있는 이는 위대한 사람이다"라고 말했다. 그런데 파스칼이 언급한 '위대한 사람'은 일반적으로 그 수가 대단히 적다.

삶이 고되다는 사실을 알지 못한 채 매일 희희낙락하며 사는 사람들이 있다. 언젠가는 이들에게도 불행이 닥칠 것이므로 이들의 행복도 오래가지는 못한다. 걱정 많은 삶을 살았던 쇼펜하우어는 "어떤 형태의 불행이나 재난이 들이닥쳐도 나는 대체로 차분하게 그것들과 대면할 수 있다"라고 말했다. 반면 고난을 모른 채 희희낙락하며 산 사람은 재난이 닥쳤을 때 쇼펜하우어처럼 차분함을 유지할 수 없다.

▼

용감히 고통을 직시하라

삶의 고통과 맞닥뜨렸을 때 세상이 떠나갈 듯 서럽게 울어 봤자 소용없다. 오히려 "넌 왜 이렇게 재수가 없니. 그런 가슴 아픈 일이 왜 허구한 날 너한테만 일어나는 거야!" 하는 핀잔만 들을 것이다.

고통은 심리적으로 영향을 쉽게 받을 때 빈번히 찾아온다. 이는 금전의 많고 적음이나 지위 고하와는 전혀 상관없다. 죽음이 찾아온 경우를 생각해보자. 사람이라면 누구나 자기 가족과 오래오래 행복하게 잘 살기를 바란다. 하지만 아끼고 사랑하는 가족 중 누군가가 세상을 떠나면, 특히나 마음의 준비가 전혀 안 된 상태라면, 심리적으로 어마어마하게 큰 고통을 감당해야만 한다.

이는 금전, 지위, 명성 등과 같은 요소에도 똑같이 적용해 볼 수 있다. 이것들을 향한 집착이 클수록 자신에게 돌아오는 고통도 커지게 마련이다. 고통스러운 일을 당하면, 대다수의 사람은 어떤 외적인 요소를 동원해서라도 잠시라도 고통에서 벗어나려 한다. 하지만 외적 요소에 기대는 방법은 원래 의도와는 정반대의 결과만 도출할 뿐이다. 고통을 거부하면, 자신의 내면만 더 취약하게 만들 뿐이다. 그러면 취약해진 내면은 아예 고통을 직시조차 못한다. 이로써 악순환의 고리가 형성되는 것이다. 그러면 그 어떤 외적 자극에도 행복을 느낄 수 없는 지경이 된다.

▼

그런데 고통과 행복은 모두 자신의 내면에 의해 통제된다. 불가에서 말하는 것처럼 고통이라고 해서 모두 고통인 것은 아니며, 행복이라고 해서 모두 행복인 것만은 아닌 것이다.

따라서 자신의 내면을 통제하는 법을 터득하고 집념을 내려놓으면, 고통도 함께 줄어든다. 혹시 자신에게 닥친 고통을 못 본 체한다면, 마치 목구멍에 박힌 가시처럼 가벼운 접촉만으로도 고통스럽다. 이러한 상태가 지속되면, 통증은 더욱 극명해진다. 이때 '병사가 쳐들어오면 장군으로 막고, 물이 밀려들어오면 흙으로 막는다'라는 옛말처럼 해야 한다. 다시 말해, 고통을 직시해야만 고통을 완화할 수 있는 것이다. 그러면 고통이 준 긍정적인 힘이 부정적인 힘보다 훨씬 많다는 점을 이해할 수 있다. 마치 병에 걸린 사람이 고통을 동반한 치료를 잘 이겨내면, 결국 몸이 낫는 것처럼 말이다.

차분히 생각하라

많은 사람이 고통스러울 때 외적인 요소를 동원해 고통을 잊으려 한다. 예를 들어, 실연당한 사람이 폭음하거나 폭식하는 것처럼 말이다. 하지만 고통스러울 때는 마음을 가라앉히고 차분히 앉아 있는 게 가장 좋은 방법이다. 차분해진 마음으로 이렇게 생각해보자.

'잃어버린 것을 다시 되돌릴 수 있을까?'

되돌릴 수 있다고 답을 얻었다면, 더 이상 죽고 싶을 만큼 고통스럽지 않을 것이다. 자신을 처음과 같은 상태로 돌려놓으면 그만이다. 돌이킬 수 없다는 답이 나왔다면, 현재의 상태를 받아들이는 것이 최상책이다. 다시 말해, 현 상황을 직시하는 것만이 고통의 구렁텅이에서 빠져나올 유일한 방법인 것이다.

인생에서 꼼꼼히 따져야 할 것과
그러지 말아야 할 것

Schopenhauer

사람이 삶을 살아가기 위해서는 두 가지 일을 해야 한다. 미래에 다가올 위험에 대비하는 것과 아량을 베푸는 것이다. 전자는 고통을 당하고 손실을 입는 걸 피하기 위해, 후자는 분쟁과 충돌을 피하기 위해 필요하다.

A와 B는 같은 회사에서 일하는 디자이너다. A는 재주가 뛰어나지만 성격이 담담하다. B는 살짝 약은 타입에 질투를 잘한다. A는 쉬는 시간에 이런저런 디자인을 끄적이며 시간을 보낸다. 그런데 어쩌다 완성을 앞둔 작품을 사무실 바닥에 흘려 잃어버렸다.

그로부터 일주일 후, B가 회사에 제출한 작품으로 표창도 받고 승진도 하게 되었다. 그런데 A는 사내에 전시된 B의 작품을 보고 까무러칠 뻔했다. 분명히 며칠 전, 자신이 완성을 앞두고 잃어버린 작품이었기 때문이다. A는 B를 바라볼 때마다 불편한 기색을 감출 수 없었다. 그래도 A는 B의 잘못을 폭로하지 않았다. 한편 B는 A가 언젠가는 자신이 저지른 짓을 폭로할까 봐 늘 좌불안석이었다. 그로부터 한 달이 지난 어느 날, B가 드디어 폭발하고 말았다. 자신의 화를 참지 못한 B가 지나가는 A의 앞길을 막아서고 물었던 것이다.

"왜 내 잘못을 폭로하지 않은 거지?"

A가 담담하게 말했다.

"네가 나의 기회를 훔쳐가긴 했지만, 그만한 일로 네 일생까지 망칠 수는 없잖아. 만약에 내가 그 일을 계속 마음에 두고 있다면, 쓸데없이 시간만 낭비하는 꼴이거든. 나는 그런 걸 생각하는 시간에 더 많은 일을 할 수 있는 사람이야."

A의 대답에 B는 수치심에 도무지 얼굴을 들 수 없었다.

다시 반 년 후, A는 자신의 디자인으로 B보다 더 큰 영예를 안게 되었다. 게다가 파격적으로 디자인 총감독이라는 자리에 올랐다.

위 사례를 보면, A는 대범하게 무시했고 B는 깐깐하게 따져 물었다. 그 덕에 A의 아량은 더 높은 영예로 보상받을 수 있었다.

이렇게 생각해보자. A가 한순간 분풀이로 B의 잘못을 폭로했다면, 결말은 둘 중 하나였을 것이다. 회사가 A의 말을 믿어주어 B를 내쫓거나, 회사가 A의 말을 믿어주지 않아 A가 웃음거리로 전락하거나 말이다. 어쨌거나 두 결말 모두 다른 사람에게는 가십거리밖에 되지 않았을 것이다. 더군다나 A는 주변에 적을 만들어 계속 시비에 휘말렸을 것이다. 또한 A가 B의 잘못을 밝히지는 않았음에도 계속 그 사실을 마음속에 담아두었다면, A는 대부분의 시간을 B를 미워하는 데 허비했을 것이다. 그러면 자신의 재능만 낭비하고 자기에게 돌아오는 것은 없는 결과를 낳았을 것이다.

'우리는 모든 사람의 어리석음과 결점, 악행을 관대하게 대해야 한다. 또한 우리가 지닌 것도 결점, 우둔함, 악행뿐임을 잊지 말아야 한다. 이것들은 사람이라면 모두 지니고 있는 필연적인 결점이며, 우리도 결국 사람이므로 내면 깊은 곳에는 똑같은 결점이 숨어 있을 수밖에 없다. 따라서 우리는 바로 이 순간 다른 사람이 자신과 다르다는 이유로 그들의 악행에 분개해서는 안 된다.'

관용을 색다르게 표현한 이 말은 쇼펜하우어의 저서 《여록과 보유》에 실려 있다. 현실에는 불공평한 것투성이며, 우리는 타인의 생각을 통제할 수 없다. 그런데도 우둔한 사람이 저지른 어리석음, 결점, 악행을 계속 마음에 담아둔다면, 결국 이런 것들로 말미암아 고통받는 건 자기 자신뿐이다. 이렇듯 무언가 그릇된 일에 집착하면, 그것에 눈이 멀어 제대로 된 판단을 내리지 못한다. 그럴수록 자질구레하게 따지지 말고, 담담하게 생각하며, 마음을 비워야 행복해질 수 있다.

너무 깐깐하게 따지지 말자

인생은 본래 체험의 과정이다. 재화와 부, 지위는 등급이 나뉘어져 있어도 쾌락, 행복 같은 감성의 영역에는 등급이 없다. 세상일은 대부분 양면적이다. 따라서 기쁨을 누릴 때는 고통도 뒤따르게 마련이며, 얻는 게 있다면 반드시 잃는 것도 있다. 사실, 행복하고 즐거운 시간을 보내고 있는 와중에도 고통은 이미 소리 소문 없이 도착해 있다. 그러니 인생에서 너무 깐깐하게 따질 필요 없다. 계산적으로 살고 있다면, 행복으로부터 더 멀어지기만 할 뿐이다.

자신이 해야 할 일만 제대로 하라

'선비는 다투지 말아야 할 것이 세 가지 있다. 군자와 명성을 다투지 말며, 소인과 이익을 다투지 말며, 천지와 공교로움을 다투지 말아야 한다.'

이는 청나라 말기 정치가이자 학자인 증국번의 말이다. 증국번의 말처럼, 세상의 모든 것을 담담하게 바라보고 일일이 따지지 않는다면, 다툼에 휘말리지 않는다. 또한 남을 속이고 남에게 속지 않으려 애쓰느라 몸과 마음이 피로해질 일도 없다. 예로부터 '대인은 소인의 잘못에 대해 따지지 않는다'고 하였다. 따질수록 주변에 적들만 늘 뿐이기 때문이다.

한편 깐깐하게 따지지 않는다면 운 좋게 친구 한 명을 더 얻는 의외의 수확이 있을 것이다. 중세 페르시아 시인 사디(Sa'di)의 '만약 어려움에 처했을 때 다른 사람의 도움을 받고 싶다면, 평소에 관용으로 사람을 대해야 한다'라는 조언을 되새겨볼 필요가 있다.

타인과 왕래하려면 나름의 연구가 필요하다. 타인과 어울리다 보면 자신과 의견이 다른 사람을 만나게 된다. 그리고 별 것도 아닌 것을 가지고 일일이 따지느라 시간을 낭비할뿐더러 판단력이 흐려지는 사태까지 발생할 수도 있다. 누군가가 어려움에 부딪혀 선의를 베푸느라 몇 마디 해주었는데 상대가 오히려 반발한다면, 결국 상대와 원수지간만 될 뿐이다. 그러니 세상일에 크게 관심을 두지 않고 자기 일에만 열중해보자. 세상만사를 일일이 따지는 게 덧없이 느껴질 것이며, 인생이 조금 더 여유로워질 것이다.

인생은
고통 아니면 무료함이다

Schopenhauer

생명은 욕망 덩어리다. 그래서 욕망이 충족되지 않으면 더욱 고통스러워지며, 욕망이 충족되면 오히려 무료해진다. 인생은 고통과 무료함 사이를 무수히 오가는 것이다.

쇼펜하우어의 이론에서는 사람이 아무리 고통을 없애려 노력해도 그 형식만 바뀔 뿐, 고통은 어떤 형태로든 계속 존재한다고 본다. 즉, 자신이 처한 어떤 고통을 성공적으로 제거했어도 즉각 다른 종류의 더 많은 고통이 밀려든다는 것이다. 고통에서 벗어나는 출구를 찾지 못하면 무료함이 그 자리를 차지해버린다. 그래서 사람들은 이 무료함이 주는 공허에서 벗어나고자 별별 방법을 다 동원한다.

매일 호화로운 생활을 영위하는 부호가 있다. 그는 돈을 흥청망청 쓰며 심리적인 만족감을 얻으려 했다. 하지만 돈을 쓰는데도 전혀 행복해하지 않는 자신을 발견하고는 더 큰 공허함에 빠졌다. 그리고 혼자 있는 것이 두려워졌다.

그러던 어느 날 힘들게 지냈던 옛 시절이 머릿속을 스치고 지나갔다. 그는 집안이 가난해 어릴 때부터 학교보다는 일터로 향해야 했고 일은 고되기만 했다. 겨우 빵 하나로 삼시 세 끼를 때우기도 했으며, 세 들어 사는 지하방은 늘 습기로 눅눅했다. 그는 돈을 아끼기 위해 아침 일찍 일어나 일터까지 걸어 갔다. 집집마다 켜놓은 등불을 보며, 그는 돈을 많이 벌면 커다란 집 한 채를 사고 말겠노라 다짐했다. 그는 자신이 꿈꾸는 삶을 누리기 위해 자투리 시간마저 아껴 일했다. 아무리 더럽고 힘든 일이라도 마다하지 않았다. 가끔은 좀 더 편한 일을 찾아볼까도 생각했다. 하지만 조금만 더 버티면 곧 펼쳐질 행복한 삶을 생각하면, 당장 몸 편히 살려던 생각은 싹 달아나버렸다. 그는 남들보다 훨씬 고된 환경에서 한 발짝 한 발짝 위로 올라갔고, 드디어 바라던 성공을 거두었다.

그렇게 그는 예전부터 동경했던 호화로운 삶을 살았다. 하지만 시간이 지날수록 부자의 삶이 훨씬 다채롭고 아름다운 것만은 아니며, 오히려 무료하다는 사실을 깨달았다. 그는 무료함 때문에 사람들과의 만남들을 거절하지 못했다. 그렇지만 사람들의 '가식'에 찬 얼굴을 바라볼 때마다 피로감이 밀

▼

려들었다.

쇼펜하우어는 "생명은 욕망 덩어리다. 욕망이 충족되지 않으면 더욱 고통스러워지고 욕망이 충족되면 무료해진다"라고 했다. 즉, 사람은 생존의 욕망이 주는 충동으로 살아가는데, 이 욕망은 본래 충족될 수 없고 결핍감을 유발하기 때문에 결국 어느 정도 고통을 받는다는 것이다. 사람은 태어나면서부터 의지에 지배당하고 그로 인한 노역(奴役)을 하기 때문에 고통스러울 수밖에 없다. 이는 쇼펜하우어가 기술한 다음의 내용과도 일맥상통한다.

'사람의 의지는 의욕을 낳고 의욕은 동기를 낳으며, 동기는 생활을 낳고…… 사람은 의지의 지배를 받고 의지로 말미암아 노역하기 때문에 언제나 바쁘게 무엇이든 찾아서 하려 한다. 하지만 매번 도달하는 결론은, 자신은 본래 공동(空洞)과 함께하고 있다는 사실뿐이다. 결국 이 세계의 존재 자체가 비극이라는 점과 세계를 이루는 내용이 모두 고통이라는 사실을 받아들이지 않을 수 없다.'

나이가 들고 더 많은 경험이 쌓인 후 인생을 돌아보자. 그러면 인생은 실망의 연속이라는 사실을 깨달을 것이다. 그럼에도 인생은 한번 살아볼 만하다. 정말로 단순히 살기만 하는데도 이 세계를 제대로 느끼고 알 수 있다. 그래서일까, 아무리 가난하고 힘들지라도 삶을 위해 노력하고 굳건함을 잃지 않

▼

는다.

쇼펜하우어는 모든 생명은 본질적으로 모두 고통이라고 보았다. 또한 자신이 욕망하던 모든 것을 너무 쉽게 얻으면, 사라진 욕망의 빈자리를 무료함이 치고 들어온다고 했다. 개인이 존재하는 이유는 어느 정도 그 자신만의 실존 가치가 있어서다. 그런데도 쇼펜하우어의 지적처럼, 사람들은 욕망을 실현할 수 없어 고통스러워하며, 욕망을 실현함으로써 무료함을 느낀다. 그리고 망각에 이르기 전까지 고통과 무료함 사이를 끊임없이 오간다.

고통스럽다고 느꼈던 때가 있는가? 하지만 그 고통이 과거의 일이 된 후 돌이켜보면, 사실 무서워할 일도 아니었다는 생각이 들 것이다. 대학 입시날이 다가왔을 때를 생각해보자. 시험을 치는 당사자뿐만 아니라 부모나 관계자들은 시험 자체를 골치 아파했을 것이다. 하지만 막상 시험이 끝나고, 몇 년이 지났을 때, 대학 입시를 위해 공부하던 시절이 좋았다고 회상하게 되는 것과 같은 이치다.

쇼펜하우어의 고통에 관한 이론을 모두가 받아들이는 것은 아니다. 아직까지 많은 이가 인생은 아름답다고 믿고 있고, 자신에게 긍정적인 기대를 하고 있으며, 자신의 힘으로 살아갈 수 있다 믿고 싶어 하기 때문이다.

어쨌든 우리 인생은 그다지 복잡하지 않으며, 고통이란 절대 소실되거나 줄어들지 않는다. 마음의 문을 활짝 열면 모든 번뇌와 걱정은 인생의 짧은 삽입곡에 불과하다는 사실을 알게 될 것이다. 결국 번뇌와 근심은 바꿀 수 없다는 점도 함께 알게 될 것이다.

본질에 입각해 고통을 이해하라

인류 고통의 근원은 욕망을 제외하면 감정, 삶, 죽음이다. 그런데 인류는 탐욕과 이기심이라는 약점을 지녔기에 정신적인 좌절을 겪고도 만족할 줄 모르며, 이로써 끝없는 고통으로 빠져든다. 게다가 우리의 삶으로 들어오는 사람이 있다면 떠나가는 사람도 있듯이, 우리는 가족과 사랑하는 이가 떠나가는 걸 막을 수 없다. 생로병사 역시 누구도 거스를 수 없는 자연의 법칙이지 않은가. 우리는 그 때문에 고독과 공포에 둘러싸여 있다. 고대의 황제가 불로장생을 위해 온갖 수단을 동원하고도 생로병사를 고스란히 겪었던 것처럼 말이다.

선행을 하며 덕을 쌓는 젊은 수도승이 있었다. 어머니가 중병에 걸리자 그는 간병을 했다. 수도승은 병마와 싸우는 어머니를 지켜보며, 자기가 대신 아팠으면 하는 마음뿐이었다. 그의 이웃이 그를 비웃으며 말했다.

"그거 보시오. 그리 많은 공덕을 쌓았는데도 어미 하나 못 구하지 않소!"

▼

수도승은 이웃의 말에 쓴웃음을 지으며 어머니가 세상을 떠날 때까지 그녀의 곁을 지킬 수밖에 없었다.

고통이 지닌 본질은 그 누구도 바꿀 수 없다. 특히 죽음이 몰고 오는 고통은 더욱 그렇다. 쇼펜하우어도 죽음을 향해 대단히 담담한 반응을 보였다.

"작은 벌레들이 얼마 지나지 않아 내 육신을 먹어치우는 상상은 참을 수 있다. 하지만 철학 교수들이 내 철학을 갉아먹을 것이라는 생각은 나를 몸서리치게 한다."

살다 보면 원치 않는데도 마주할 수밖에 없는 일들이 있다. 쇼펜하우어도 인생은 고통이며, 이 고통과 고난은 절대로 피할 수 없다고 보았다. 당장의 고통은 피했어도 다른 고통이 기다리고 있기 때문이다. 그는 죽을 때까지 결혼하지 않았고, 자녀도 없었다. 그는 이 세상의 모든 것은 한낱 신기루일 뿐이며, 인류의 모든 행위는 고통을 더 가중시킬 뿐이라고 여겼다. 혹시 행복할지라도 그 행복은 순식간에 사라져버린다는 것이다.

고통이 필연적인 것이라면, 그것을 받아들이는 방법을 터득해야 할 것이다. 겨우 몇십 년밖에 되지 않는 인생에서 고통과 무료함이 대부분의 시간을 점거하기 때문이다. 고통을 받아들일 줄 알면 향후 더 큰 고통이 닥친다 해도 담담하게 대할 수 있다.

기대치가 낮을수록
더 행복해진다

Schopenhauer

인간에게 욕망은 고통의 근원이다. 욕망은 영원히 채울 수 없는 것이기 때문
이다. 우리는 이상적인 상태에서 멀어질수록 자연스레 욕망과 더 가까워진다.
우리는 자주 이상과 욕망 사이에서 길을 잃는다. 그러고는 욕망을 이상(理
想)으로 착각한다. 이는 가끔 욕망과 이상이 선 하나 정도의 차이로 가까이
있기 때문이다. 하지만 욕망은 감성적인 것이고, 이상은 이성적인 것이라고
할 수 있다.

일반인이 이해하고 있는 행복은 자신이 바라던 목표의 실
현이다. 하지만 쇼펜하우어의 시각에서는 목표 실현은 곧 고
통의 근원이었다. 그래서 쇼펜하우어는 이렇게 말했다.

"우리는 항상 사악한 악마의 유혹을 받고 있는 것 같다. 악
마는 욕망의 환상을 통해 우리에게 고통 없는 상태를 포기하

도록 유도하고 있다. 고통 없는 상태가 진정으로, 그리고 최대로 행복한 상태인 건 맞다. 하지만 불행을 피하는 가장 효과적인 방법은 대단히 행복해지기를 바라지 않는 것이다."

쇼펜하우어는 행복을 향한 헛된 바람을 가지지 않았다. 그래서 처음에는 명성을 바라지 않았다. 하지만 고대 로마의 역사가 타키투스(Tacitus)의 '명성을 향한 갈망은 지적인 사람이라면 가장 포기하기 힘든 일'이라는 지적처럼, 쇼펜하우어도 명성을 갈구하기에 이르렀다. 그는 성공했을 때의 희열을 다음의 말을 통해 명확히 드러냈다.

"사람이 찬사를 받으면, 그 얼굴에 기쁨과 희망이 나타나는 걸 감출 수 없다."

그의 저서에서도 성공을 향한 갈망과 실패가 준 고통에 관한 구절을 찾아볼 수 있다. 그는 신문에서 자신과 자신의 저서에 관한 기사를 정기적으로 찾아보았다. 하지만 그때마다 실망을 금치 못했다. 결국 그는 '미래 세대가 자신의 가치를 알아봐주길 바란다'며 살아생전에 명성을 얻겠다는 생각을 버렸다. 그런데 의외의 성과가 찾아왔다. 쇼펜하우어의 《여록과 보유》가 크게 성공하자 순식간에 그를 향한 찬사가 쏟아진 것이다.

사람이라면 누구나 남들보다 더 나은 삶을 살고 싶어 한다. 특히 주변에 자신의 상황과 대비를 이루는 것이 있을수록 그 욕구가 강해진다. 예컨대 '나에게도 그처럼 커다란 집이 있었으면 좋겠다' 등의 생각이 머리를 떠나지 않는 것이다. 하지만 인생에서 비교는 금물이다. 그래서 쇼펜하우어도 '만약 타인과 비교하지 않는다면, 우리는 자신이 얻은 것 덕분에 행복해질 것이다'라고 지적했다. 만약 타인이 자신보다 더 행운아라며 불안해한다면, 그는 영원히 행복해질 수 없다.

허영은 인간의 기본 본성이지만, 허영이 있는 사람은 외적 획득물로 자신이 존중받고 있다고 착각한다. 쇼펜하우어의 경우 명성을 갈구하기는 했지만, 지나치게 몰두하지는 않았다. 그는 명성에 대해 이렇게 말했다.

"우리는 일부러 명성을 좇을 필요가 없다. 모든 사람은 자신의 본성과 호응하는 것을 즐기게 되어 있기 때문이다. 명성은 늦게 찾아올수록 더 오래 유지된다. 무엇이든 우수한 것은 천천히 성숙하기 때문이다."

세상 그 어떤 것도 억지로 구한다고 해서 자신에게 오지 않는다. 게다가 기대치가 높을수록 실망감도 큰 법이다. 바라는 것이 많을수록 역시 쉽게 행복해질 수 없다.

다른 사람에게 기대를 걸지 말자

많은 사람이 불행하다고 느낀다. 늘 다른 사람에게 자신의 기대를 걸기 때문이다. 그래서 쇼펜하우어는 사람에게 가장 큰 행복을 가져다주는 것은 그 자신이라고 했다.

▼

많은 사람이 연애할 때, 연인이 자신이 원하는 대로 해주기를 기대한다. 그러고는 자신이 바랐던 것과 조금이라도 편차가 생기면 금세 기분이 상한다. 더 나아가 상대방에게 자신은 안중에도 없는 것 같다며 투정을 부린다. 그런데 이는 모두 자신의 행복을 스스로 망치는 행동일 뿐이다. 누군가가 온전히 내 생각의 틀 안에서 생활해주기를 기대해서는 안 된다. 사람은 각자 서로 다른 객체이자 독립된 인격체이기 때문이다. 다른 사람에 대한 기대치가 높으면, 유실되는 희망도 그만큼 늘어날 뿐이다.

인격을 완성하라

각자 처한 환경에 상관없이, 인간은 공통적으로 생로병사의 고통을 피해갈 수 없다. 하지만 사람들은 빈부 격차로 말미암아 저마다 다른 삶을 살 수밖에 없다. 이때 개인의 행복은 인격을 드러내는 특별한 기질이나 성질에 의해 직접적으로 영향을 받는다. 예를 들어 총명한 두뇌, 고귀한 품격, 달관의 자세, 건전한 신체와 영혼 등으로부터 말이다. 그러므로 개인은 건전한 인격을 지녀야 한다.

조금 더 행복해지고 싶다면, 금전, 지위 등을 추구하기보다는 인격의 완성을 이루어야 한다. 쇼펜하우어는 대다수 사람이 금전, 지위, 권력 등 신체 외적인 것에 의탁해 행복해지려

하며, 심지어 평생의 행복까지 찾으려 한다고 지적했다. 또한 그러한 신체 외적인 형식들이 자신에게 남아 있지 않거나 그것들을 향한 희망이 깨지면, 행복도 함께 사라진다고 말했다.

내면이 풍부한 사람들은 외적인 형식에 심히 담담하다. 그들에게는 자신에게 주어진 시간이 곧 행복이다. 반면 외적인 것에 행복을 의탁하는 사람에게는 자신에게 주어진 시간이 무료할뿐더러 심지어 고통이 되기도 한다. 그래서 그들은 황폐한 내면에 자극을 주기 위해 시간을 들여 새로운 사물을 찾으려 한다. 쇼펜하우어는 이렇게 외적 자극을 찾는 사람을 가리켜 '필리스터(Philister)'라고 칭했다. 독일어로 지력이 보통 수준으로 아무런 정신적인 욕구도 지니고 있지 않은 사람이라는 뜻이다.

사람이라면 누구나 욕망을 지니고 있다. 하지만 모든 사람이 자신의 진정한 욕구가 무엇인지 아는 것은 아니다. 그 결과 많은 이가 신기루만 좇느라 진정한 행복을 찾지 못한다. 신체적인 욕구 충족보다 정신적인 욕구를 찾는 편이 더 중요함을 기억하라.

인간관계에서
적당한 거리를 유지하라

Schopenhauer

사람은 고슴도치처럼, 지나치게 가까이 다가가면 서로를 찌르게 된다. 사람
간의 거리가 너무 멀어도 추위를 느낀다. 그래서 적당한 거리를 유지해야 하
는 것이다.

남녀가 대학 때 만나 사랑을 시작했다. 사랑이 깊어지자 둘
은 대학을 졸업한 후부터 함께 살았다. 그들은 각자 돈벌이를
하며 자신들의 행복한 청사진을 펼쳤다. 남자는 퇴근 후 늘 여
자의 사무실로 향했고, 둘은 서로의 손을 잡고 귀가하며 저녁
식사를 상의했다. 그런데 시간이 흐를수록 두 사람 사이의 간
극이 날로 커져만 갔다. 그러자 남자는 퇴근 시간이 갈수록 늦
어졌고 여자는 남자에게 연달아 전화를 거는 일이 부쩍 잦아
졌다. 여자는 심지어 남자의 상사에게 전화를 걸어 그의 행방

을 묻기까지 했다. 남자가 모임에 나가면, 여자는 어떻게든 그를 따라갔다. 이러한 여자의 행동에 남자는 숨이 막혔다. 여자가 매번 남자에게 불평을 늘어놓았다. 더럽고 냄새 나는 양말을 왜 아무 데나 벗어놓느냐, 퇴근 후에 게임이나 하고 있느냐는 등의 말이 쏟아졌다. 그러면 남자는 잔소리가 너무 많다, 속이 좁다 등의 말로 맞받아쳤다. 두 사람은 "왜 전에는 몰랐을까……"하며 매일 똑같은 불평을 늘어놓기에 이르렀다.

두 사람은 여전히 서로를 사랑하지만 말다툼하는 횟수가 늘어나자, 결국 헤어지기로 결정했다.

친밀한 관계일수록 마찰과 갈등은 더 쉽게 일어난다. 연인 관계에서도 그러한데, 하물며 친구나 타인과의 사이에서는 오죽할까. 많은 이가 오히려 반문할 수도 있겠다. 왕래가 빈번해져 사이가 깊어지면, 함께 지내는 게 더 수월하지 않느냐고. 실제로는 그렇지 않다. 상대방을 깊이 알수록 오히려 상대의 결점을 숨김없이 폭로하는 지경에 이를 수 있다. 서로에게 가졌던 좋은 감정들이 서서히 바뀌고 좋아하는 마음은 이내 싫증으로 변하는 것이다. 이는 인간관계에서 늘 벌어지는 흔한 일이기도 하다. 쇼펜하우어도 이렇게 지적했다.

"이 세상은 죄악에 빠져 있어 야만인은 서로를 잡아먹고, 문명인은 서로를 질시한다. 이것이 소위 사회 풍조라는 것이다. 현명한 사람은 불을 쬘 때 불과 일정한 거리를 유지해야 한다는 것을 안다. 그래서 바보처럼 불에 가까이 다가가지 않는다. 그런데 불에 가까이 다가가 불에 덴 사람은 한랭한 고독에 자신을 밀어넣고는 자기에게 화상을 입힌 불꽃을 큰 소리로 원망한다."

다른 사람과 왕래할 때는 일정한 공간과 거리를 유지해야 한다. 누구나 자신만의 공간에 유난히 집착한다. 이는 마치 자신에게 무형의 울타리를 쳐놓고 그 영역을 지키는 것과 같다. 이러한 이유로 누군가가 자신의 영역을 침범하면, 불편해하며 화를 내는 것이다. 그래서 나폴레옹은 "영원한 친구도 영원한 적도 없다"고 했다. '절친'이나 '베프(best firend)'라는 단어는 흔히 쓰이지만 오랫동안 이렇게 불리는 이가 극히 적은 것은 우정을 위한 공간을 충분히 유지하지 않아서다.

감정이든 영혼이든, 누구에게나 절대 건드려서는 안 되는 영역이 있다. 그러니 자신의 내면을 전부 드러내 악인에게 보여주어서는 안 된다. 자신을 모두 드러내는 행위는 악인에게 자신을 위협할 밑천을 만들어주는 것일 뿐이다. 한편 자신의 내면을 선한 사람에게 해부해 보여준다면, 은연중에 그 선한 이에게 정신적인 부담을 주는 것과 다름없다. 성숙한 품성과 지혜를 지녀 번뇌를 자초하는 일도, 타인에게 부담을 주는 일도 생기지 않도록 해야 한다.

거듭 말하지만 인간관계에서는 일정한 거리를 유지해야 한다. 많은 사람이 예전에는 친구였으나 나중에는 왕래조차 하지 않는다. 이는 모두 격이 없을 정도로 친밀히 지냈던 게 오히려 해악으로 작용했기 때문이다. 적당한 거리를 유지하면 아름다운 관계가 될 수 있는데, 상대방에게 자신에 대한 기대감을 높여 다시 만나고 싶은 사람으로 인식시킬 수 있다. 이때 지나치게 거리를 두면, 오히려 인간관계에 골이 생겨 자신에게도 답답한 상황만 초래한다.

생각의 독립성을 유지하라

쇼펜하우어의 부모는 그에게 타인과 함께하는 방법을 가르치며, '다른 사람에게 편안함을 주는 능력'을 배우라고 했다. 하지만 쇼펜하우어는 그 방법을 터득하지 못했다. 그는 줄곧 외부 세계와 일정한 거리를 유지했는데, 이는 오히려 그에게 외부 세계와 자신을 이해하는 경로가 되었다.

쇼펜하우어는 사람과 사람 사이는 물론, 심지어 사람과 사회 사이도 일정한 거리를 유지해야 한다고 보았다. 이는 정말 옳다. 다른 사람과 함께하려면 각자의 사적 공간을 존중해줘야 한다. 지나치게 친밀하면 오히려 우정을 유지하기 어렵다.

사회생활을 할 때 사람은 사회 속으로 융합해 들어가는 방법을 배워야 한다. 하지만 그보다도 먼저 사회 속에서 나올 방법부터 잘 알고 있어야 한다. 예컨대 날마다 사람들과 교류하려면, 많든 적든 끊임없이 상대에게 응대해야 한다. 그러면 조용히 사색할 시간이 사라지는데, 이러한 날이 지속되면 언젠가는 자기 자신을 잃게 된다. 반대로 지나치게 거리를 유지하느라 다른 사람이나 사회와 접촉할 수 없는 지경이 되면, 이는 무리에서 완전히 떨어져 생활하는 낙오자가 된 셈이다.

그렇다면 거리를 어느 정도 유지하는 게 적당할까? 쇼펜하우어가 내놓은 답안은 다음과 같다.

"생각의 독립성을 유지하고 시류에 휩쓸리지 말며, 처음부터 끝까지 독자적인 견해를 견지하라."

타인을 존중하는 법을 터득하라

아무리 친밀한 관계일지라도 자신만의 심리적인 공간을 남겨두어야 한다. 일반적으로 배우자, 부모, 자녀 사이에는 비밀이 없어야 한다고 생각한다. 하지만 친밀할수록 더욱 사생활을 존중해주어야 한다. 그뿐만 아니라 아량도 베풀어야 한다.

사람은 누구나 크든 작든 저마다 결점이 있다. 그래서 지나칠 정도로 야박하게 행동하면, 인간관계는 경직되게 마련이다. 그러므로 친밀한 관계를 유지하면서 적당한 거리를 유지하는 게 가장 좋다. 적당한 거리를 유지하는 방법이 어찌 보면 냉정해 보일 수도 있지만 이는 상대방을 존중해주는 가장 좋은 행동이다.

좌절도
행복이다

Schopenhauer

좌절은 경험을 풍부하게 해주며, 경험은 지혜를 풍부하게 한다.

인생에는 추구하는 목표가 있어야 한다. 목표를 추구하는 과정에서 필히 좌절을 겪게 되는데, 이로 말미암아 즐거움보다는 고난이 더 많이 따른다. 우리는 늘 모든 것이 순조롭게 돌아가기를 바란다. 하지만 세상에서 무조건 자기 뜻대로 되는 일은 하나도 없다. 쇼펜하우어도 인생의 말년, 그것도 겨우 몇 년 동안만 성공의 희열을 맛보았을 뿐이다. 그리고 그의 성공은 성공하기 전에 겪은 고난과 맞바꾼 것이다.

쇼펜하우어는 어려서부터 부모의 사랑을 제대로 받지 못한채 자랐다. 더군다나 아버지의 자살은 그에게 막대한 타격을 안겨주었다. 어머니의 냉대로 그의 고통은 더욱 커져만 갔고

▼

결국 어머니와의 관계도 끊어졌다.

이러한 배경은 쇼펜하우어의 성격을 괴팍하고 거만해지도록 만들었다. 그는 성격 때문에 사람들과 잘 어울리지 못했으며, 친구도 거의 없었다. 그래서 그는 사랑과 행복을 거의 느껴보지 못했다. 이러한 과정을 통해 그는 점차 비관주의 사상을 형성해갔다.

설상가상으로 하는 일마다 번번이 실패로 돌아가자, 그의 천재적 재능도 현실의 벽을 뛰어넘지 못했다. 그는 불만을 가득 품고 교수로 재직하던 베를린대학을 떠났다. 그리고 사람들과 격리된 생활을 하면서 오로지 저서 집필에만 몰두했다. 하지만 그가 아무리 자신의 사상에 확신을 갖고 있어도 세상은 여전히 그를 냉대했다. 이렇게 쇼펜하우어의 고통에 대한 이해와 경험은 날로 심오해졌다.

그런데 쇼펜하우어에게 좌절은 한편으로는 행복이었다. 좌절한 덕분에 그는 고통에 대한 이해를 심화해감으로써 훨씬 더 풍부한 지혜를 쌓을 수 있었고 그의 철학 역시 보편적으로 인정받을 수 있었다. 쇼펜하우어는 이렇게 말했다.

"천재는 항상 비참한 조건에서 생존한다. 이는 천재가 객관적 목표를 위해 외적인 것을 희생시키기 때문이다."

그의 말처럼 오로지 역경 속에서 세상을 놀라게 할 찬란함이 만들어진다. 이는 보검을 만들기 위해 날을 예리하게 갈아야 하고 매화 향이 진해지려면 날이 추워야 하는 것과 같은 이

치이다.

좌절과 고난은 개인의 성장을 가속화하고 더욱 성숙한 인간이 되도록 한다. 누구나 고통을 싫어하지만, 그렇다고 해서 고통을 홀대하거나 두려워해서는 안 된다. 그래야만 고통을 행복으로 바꿀 수 있다. 자신보다 더 참혹한 삶을 사는 사람도 많다. 하지만 불구의 몸을 지니고도 굳은 의지로 살아가는 사람 역시 많다. 스티븐 호킹이 그 대표적인 예다. 그는 "신체적인 장애가 있다고 해서 그 사람의 영혼까지 장애가 있는 것은 아니다"라고 말했다. 신체적인 장애가 발생하면, 오히려 다른 사람에게서는 찾아볼 수 없는 특별한 재능을 발견하게 된다. 그런데 이 특별한 재능은 장애 속에서 위대한 정신으로 재탄생하기도 한다.

쇼펜하우어도 이렇게 말했다.

"운은 바람의 역할을 한다. 바람은 우리의 항해를 더욱 가속화시킬 수 있으며, 또한 우리를 아주 멀리까지 되돌려 보낼 수도 있다. 우리의 노력과 몸부림은 겨우 노를 젓는 정도의 효과만 줄 뿐이다."

쇼펜하우어의 지적처럼 저항할 수 없는 인생의 기복이 찾아오면, 담담하게 직시하는 것만이 행복해질 유일한 방법이다. 왜냐하면 우리는 자신에게 닥친 일 자체보다 두려움에 지는 경우가 훨씬 많기 때문이다.

세상의 모든 일에는 변수가 있다. 아무리 위험한 일과 맞닥뜨려도 희망을 버리지 않으면 맞서 싸워볼 만하다. 설령 맞서 싸운 결과가 실패일지라도 상심할 필요 없다. 이 실패는 더 큰 용기와 더 많은 경험을 쌓는 과정일 뿐이니 말이다.

나비가 되려면 누에고치를 뚫고 나와야 한다. 하늘 높이 날아오르려면 강한 날개를 가져야 한다. 강한 날개는 나비가 고치에서 나올 때 고통으로 몸부림치는 과정을 거쳐야만 비로소 완성된다. 그런데 한 소녀가 고치에서 나오느라 힘겨워하는 나비를 보다가 고치에 작은 구멍을 내주었다. 나비가 고치에서 쉽게 나오도록 도와주기 위해서였다. 하지만 결국 소녀는 나비의 아름다운 날개를 볼 수 없었다. 나비는 고치에서 나오고 얼마 되지 않아 죽었다. 좌절의 세례를 제대로 겪지 못한 나비가 약한 개체로 변했기 때문이다.

인생도 마찬가지다. 모진 비바람이 없다면 무지개를 볼 수 없듯, 좌절 없이 순탄하기만 했던 인생은 단 한 차례의 충격으로도 무너져 내린다. 많은 좌절과 고난에 부딪히는 동안 이를 악물고 견뎌야만 성공을 거머쥘 수 있다.

인류의 수많은 지혜는 사실 실패 속에서 담금질되어 나왔다. 좌절과 곤란을 겪은 덕분에 그 지혜는 한 단계 한 단계 개선되었으며, 결국 인류를 위한 선물이 될 수 있었던 것이다.

이러한 사례는 많다. 라이트 형제의 경우, 비행기를 완성하기까지 무수히 실패를 거듭했다. 심지어 죽을 뻔한 적도 있었다. 하지만 이들은 절대 포기하지 않았다. 형제는 자신들의 실패를 분석하며 개선에 개선을 거듭했고 그 결과 비행기를 하늘 높이 띄울 수 있었다.

중국의 당나라 초기 네 명의 걸출한 인물을 '초당사걸(初唐四傑)'이라 불렀다. 그중 한 사람인 왕발(王勃)은 팔자가 드셌지만 좌절과 절대로 타협하지 않았다. 그리고 '세상에 자신을 알아주는 이가 있다면, 하늘 끝도 이웃 같다(海內存知己, 天涯若比隣)'라는 명문을 지었다.

좌절은 어찌 보면 우리의 삶을 훨씬 다채롭게 만들어준다. 홀로 좌절에 맞설 수 있을 때 좌절은 고분고분해진다. 하지만 좌절로부터 도망치고 회피한다면, 좌절은 우리의 이성이며 지혜이며 재능을 집어삼켜 쓸모없는 사람으로 만들어버릴 것이다.

좌절을 제대로 다뤄라

좌절했을 때 나약한 사람은 도망을 간다. 좌절을 무서운 호랑이로 여겨 계속 도망치다가 평생 아무것도 이루지 못한다. 좌절을 인생의 난관으로 여겨서는 안 된다. 오히려 좌절에 고마워하는 법을 익혀야 한다. 반면, 진정한 강자는 좌절과 맞닥뜨려도 두려워하지 않고 오히려 더 강해진다. 또한 좌절을 인생의 소중한 재산으로 간주하며, 좌절 속에서 있는 힘을 다해 싸울 동력을 찾는다.

▼

117

세상에 원만하기만 한 삶이란 없다. 좌절은 우리 인생을 풍부하게 해주고 삶의 경험을 다채롭게 해주는 요소다. 그러니 좌절을 받아들여 지혜로운 사람으로 거듭나야 할 것이다.

자신에게 '별것 아냐!'라고 말해보자

좌절이 주는 일시적인 고통을 참아내면 더 큰 희열을 맛볼 수 있다. 삶이 고난을 준다며 습관적으로 원망하면, 자신의 생각도 그 안에 갇혀 미래의 희망을 보지 못하게 된다.

만약 당신의 삶이 항거할 수 없는 상태, 바꿀 수 없는 고통 속에 있다면, 이 고통은 당신에게 행복을 안겨줄 것이다. 자신에게 희망과 용기를 주고, 별것 아니라고 큰소리쳐보자. "기껏해야 죽기밖에 더하겠어!"라고 담담하게 말해보자.

실패는 성공의 어머니라고 했다. 이는 좌절에서 성장하는 방법을 배우라는 뜻이다. 단번에 성공하는 사람은 거의 없다. 모든 성공의 이면에는 끊임없는 학습과 고통스러운 훈련이 숨어 있는 법이다.

역사적으로도 좌절이 주는 고통을 행복으로 전환시킨 사람은 많이 있다. 《사기(史記)》를 쓴 사마천, 중국 한나라의 시조 유방의 수하인 한신(韓信) 등이 그러하다. 한 번의 실패는 한 단계 성장을 의미한다. 또한 웃는 낯으로 좌절을 대하면 결국 성공한다. 그러니 좌절은 결코 나쁜 것이 아닌, 성공으로 향하는 필수 관문임을 똑똑히 새겨두기 바란다.

쇼펜하우어 역시 좌절을 딛고 성공한 인물이다. 비록 그가 웃는 낯으로 인생을 대했다고 볼 수는 없지만, 적어도 좌절을 담담하게 받아들일 줄 알았다고는 말할 수 있겠다.

좌절에 맞닥뜨렸을 때, 가장 먼저 그 원인을 분석해보자. 그리고 좌절 속에서 성공에 이르는 경험을 찾아보자. 그러면 당신도 성공한 사람들의 대열에 들어설 수 있다. 아울러 좌절은 당신을 더욱 명석하고 이성적인 사람으로 만들어줄 것이다.

자신의 행복을
찾자

Schopenhauer
행복은 영혼의 평화와 만족 안에 있다.

음악을 좋아하는 사람이 있었다. 어느 날 스피커가 작동하지 않자 그는 스피커를 바꾸기로 결정했다. 신상품 스피커는 그가 기존에 사용하던 '쓰레기' 같은 것보다 가격도 저렴하고 음질도 훨씬 좋았다. 그는 하늘을 날아갈 듯한 기분으로 새 스피커를 품에 안고 집으로 돌아왔다.

그런데 친구의 방문으로 그는 흥이 깨지고 말았다. 친구에게 새로 산 스피커를 자랑했더니, 친구가 별것 아니라는 반응을 보였기 때문이다.

"흥. 이건 아무것도 아냐. 내 친구의 스피커 소리를 한번 들어보면 난리 날 거야. 그 정도는 되어야 제대로 된 소리지."

▼

결국 그는 좋다는 스피커를 접하고는 음향의 차이에 적잖은 충격을 받았다. 새 스피커에 실망한 그에게 친구는 어떻게 음악을 들어야 제대로 된 소리를 즐길 수 있는지부터 스피커에 대한 지식 등을 마구 뽐냈다. 자신이 그토록 자랑스러워하던 음악 지식이 한순간에 무용지물이 되는 순간이었다. 게다가 그는 다시 '어린 학생'으로 돌아간 기분마저 들었다. 이후 그는 음향에 대해 완벽히 알 때까지 공부했다. 그러고는 스피커를 새로 구매했다. 당연히 이전 것과는 비교할 수 없을 정도로 소리가 좋았다.

그런데 시간이 지나자 그는 희열의 지속 시간이 너무 짧다는 걸 알게 되었다. 그가 희열에 빠져 있을 때, 항상 자기보다 뛰어난 음악 고수가 나타나 더 좋은 음질에 대해 알려주었기 때문이다. 그때마다 그는 다른 사람을 따라 했고 그 결과 스피커에 너무 많은 돈을 지출하기에 이르렀다. 더군다나 그의 귀도 갈수록 까다로워졌다. 이제 평범한 스피커에서 나오는 소리는 귀에 거슬려 들을 수 없게 되었으며, 시간이 지날수록 스피커에 대한 만족감은 떨어졌다.

그러던 어느 날, 그는 문득 예전에 쓰던 고장 난 스피커가 그리워졌다. 비록 '쓰레기'라고 생각했어도 당시에는 그 스피커의 음질에 만족했고 음악에 빠져들 수 있어 행복했기 때문이다.

많은 사람이 욕망에 끌려다니다 점점 삶의 자유를 잃는다. 욕망은 끝이 없기 때문이다. 쇼펜하우어도 '하나의 욕망을 이루면 다른 욕망이 튀어나오려 한다'고 지적했을 정도다. 따라서 욕망을 줄이면 행복은 더 커진다. 그러니 평화롭고 만족하는 마음가짐으로 인생의 유혹을 대해보자. 그러면 자신만의 행복을 찾을 수 있을 것이다.

살다 보면 자기도 모르게 부자들의 삶을 부러워한다. 행복은 물질이 받쳐줘야 비로소 충족될 수 있다는 그릇된 생각을 버리지 못해, 갈수록 더 많은 이가 물질적으로 풍족한 삶을 좇게 되었다. 하지만 부자들의 실상은 상상과는 전혀 딴판이다. 돈이 많다고 반드시 행복한 것만은 아니다. 오히려 일반 사람보다 더 경박하고 고통스러운 삶일 수도 있다. 쇼펜하우어의 말처럼 모든 행복은 찰나이기 때문이다.

행복은 물질과 무관할 때가 많다. 오히려 내면의 평화와 만족에서 오는 경우가 더 많다. 그러므로 내면의 탐욕과 이기심 등을 조절해 내면의 자유를 얻고, 삶에 기복이 찾아와도 차분하게 맞서보자.

고통스러운 일을 당해도 대개의 경우 충분히 버텨나갈 수 있다. 마음속에 여전히 한 줄기 희망이 남아 있는 덕분이다. 그런데 막상 행복해지면, 사람은 행복감에 취해 자신을 잃어버리기도 한다. 돈 많은 사람, 권력자, 유명인이 다시는 과거의 평범한 삶으로 돌아가지 못하는 이유는 모두 평정심을 잃고 사치스러운 생활에 빠졌기 때문이다. 또한 비록 호화로운 생활에도 행복에 둔감해졌기 때문이다.

감사하는 마음을 지니자

사람은 탐욕적이다. 그래서 타인의 눈에 자신의 모습이 아무리 행복해 보일지라도, 정작 자신은 더 나은 상태이길 바란다. 그러니 행복을 찾기 힘들뿐더러, 혹시 마주하더라도 아주 잠깐밖에 맛보지 못한다.

행복이 찾아오면 행복을 느끼고 자신의 삶에 고마워할 줄 안다는 것이 얼마나 큰 행복인가. 담백한 생활을 하며 안분지족(安分知足)해보자. 마음이 점점 차분해지면서 행복과 즐거움이 주는 느낌이 더욱 명확해질 것이다.

"내 손가락은 움직이지 않지만, 나의 뇌는 여전히 사유하고 있다. 나는 평생 이상을 추구해왔으며, 내가 사랑하고 나를 사랑해주는 가족과 친구들이 있다. 그렇다. 나는 고마워하는 마음도 지니고 있다."

이는 스티븐 호킹의 말이다. 인생에 행복보다 고난이 많았던 그는 상상을 초월하는 여러 불행을 겪으면서도 '마음의 평화를 잃지 않으면 자신만의 행복을 찾을 수 있고 위대한 사람으로 거듭날 수 있다'고 믿었다.

행복을 얻고도 여전히 불만인 사람이 너무 많다. 그들은 행복이 찾아왔다는 것도 알아채지 못한 채 다른 곳의 행복에 집착한다. 그 결과 탐욕으로 얼룩진 마음의 조정을 받아 평생 자신만의 행복을 찾지 못한다.

마음을 평화로운 상태로 유지하라

'모든 것을 평상심으로 대하라'라는 말이 있다. 죽음은 누구나 두려워하지만, 또한 누구나 한 번 이상은 대면해야 하는 것이다. 쇼펜하우어도 죽음에 대해 다음과 같이 지적했다.

"신체의 생명은 오로지 죽음을 피하려 하고 죽음의 시간을 늦추려 한다. 우리가 들이마시는 모든 숨은 바로 옆으로 다가온 죽음을 피하기 위한 것이다. 그러므로 우리는 매 1초마다 죽음과 맞서 싸우고 있다고 말할 수 있다."

죽음에 대해 이처럼 차분한 태도를 보인 쇼펜하우어가 생활 속 자질구레한 일들을 어떻게 대했을지 상상이 간다. 결국 자신의 행복은 마음을 얼마나 평화로운 상태로 유지하느냐에 달렸다. 그러니 살면서 자신을 기쁘게 하는 것들을 찾아야 한다. 반대로 자신을 고통스럽게 만드는 일에만 온통 관심을 기울인다면, 인생은 분명 엉망진창이 될 것이다.

자신의 가치를 실현하라

쇼펜하우어는 말했다.

"내가 정말로 최고의 경지에 도달하게 된다면, 죽음에 대한 초조함이 최저치로 떨어질 것이다."

사실 쇼펜하우어는 여러 저서에서 '죽음'을 대단히 당연한 것이라 묘사하고 있다. 다음의 글을 보자.

'우리는 정력 넘치는 갑판원처럼 항해 중 암초와 소용돌이를 피해 나아간다. 하지만 이는 오히려 비참한 사고라는 종착지를 향해 조금의 오차도 없이 나아가는 것이다.'

충실한 삶을 산다면 우리는 죽음이 닥쳐도 두렵지 않을 것이다. 그래서 쇼펜하우어는 자신의 일생에 만족했다. 이는 다음의 구절에서도 알 수 있다.

'나는 줄곧 가벼운 마음으로 죽음을 맞이하길 바랐다. 그 이유는 어떠한 적막 속에서 일생을 지내온 사람으로서, 다른 사람보다 이 고독의 소명을 더 잘 판단할 수 있어서다. 이제껏 나는 이족(二足) 보행하는 인류에게나 어울릴 법한 그 어떤 바보 같고 우스운 일에도 휘말린 적이 없었다. 나의 결말은 내 자신이 원류로 되돌아가야 함을 행복하게 아는 것이다. 그리고 나는 나의 사명을 완성했다.'

저서의 가치를 인정받은 쇼펜하우어는 분명 행복했을 것이다. 자신이 그토록 원했던 사명을 완수했고 자신의 가치를 실현했기 때문이다. 비록 일생을 고독과 적막 속에서 살았다고는 하지만, 오히려 그러한 삶이 그에게는 행복이었으리라. 잔혹한 현실 때문에 쇼펜하우어가 자신이 그토록 열렬히 사랑한 철학을 포기했다면, 어쩌면 그는 평생 고통 속에서 허우적거렸을 것이다. 하지만 다년간의 냉대에도 그는 포기하지 않고 창작에 몰두했으며 사람들로부터 박수를 이끌어냈다.

행복은
자신의 기분에 달렸다

Schopenhauer

유쾌한 사람은 그 사람 자체가 유쾌한 사람일 가능성이 높다. 늘 웃는 사람도 마찬가지다. 그는 행복한 사람이다. 늘 우는 사람이 있다면, 그는 고통스럽고 불행한 사람이다. 우리의 행복은 우리의 유쾌한 기분에서 나오고, 이 유쾌한 기분은 우리의 건강한 신체에서 나온다.

쇼펜하우어는 평생 동안 행복이라는 감정을 거의 느껴보지 못했다. 어렸을 때는 가정사 때문에 학자가 되지 못할 뻔했으며, 그의 아버지는 자살로 생을 마감했고, 어머니와는 연락을 끊고 살았다. 하지만 삶 자체가 그에게 준 고난은 도리어 더 많은 지혜를 안겨주었다. 그래서 쇼펜하우어는 '행복은 본질적으로 주관적인 느낌'이라고 말한 것이다.

부와 지위는 표상일 뿐이며, 외적 표상으로부터 내적 행복을 얻지는 못한다. 반면 건강한 신체와 영혼, 그리고 이들로부터 파생되는 평화, 유쾌함, 온화함 등은 부와 지위를 통해서는 가질 수 없다. 그래서 쇼펜하우어는 이렇게 지적한다.

"우리가 애초에 착각하고 있는 게 하나 있다. 즉, 태어나면서 행복해야 한다는 관념이다. 우리가 이 태생적인 착각을 지니고 있는 한 이 세계는 우리에게 모순 그 자체일 것이다. 왜냐하면 우리는 내딛는 발걸음마다, 그 보폭 크기와 상관없이, 이 세계에서의 삶은 절대 행복을 유지하기 위한 생존이 아님을 분명히 깨달을 것이기 때문이다. 그래서 모든 성인의 얼굴에 실망이라고 적혀 있는 것이다."

쇼펜하우어의 말처럼 행복은 자신의 유쾌한 기분에서 나온다. 이 유쾌한 기분은 자신의 건강 상태가 결정한다. 고뇌로 심신이 지쳤을 때, 외적 환경과 사건 때문에 어떤 기분이 들었는가를 떠올려보자. 일반적으로 자신의 행복이나 고뇌는 객관적이고 실질적인 사물로부터 크게 영향을 받지 않는다. 오히려 사물에 대한 자신의 이해로부터 많은 영향을 받는다.

건강은 행복에 직접적인 영향을 미친다. 건강할 때에는 기분이 유쾌하며 세상 모든 것이 명확해 보인다. 반면 건강을 잃으면, 신체 외부에 아무리 좋은 것이 있어도 별 의미가 없다. 더군다나 건강이 악화되면 자신의 정신, 감정, 기질 등도 대단히 부정적으로 변한다.

건강이 진정한 행복이다

누구나 행복을 추구한다. 사람들은 저마다 행복의 원인을 다르게 꼽는다. 누군가는 재산을 불렸을 때, 누군가는 마음이 즐거울 때, 또 누군가는 순간의 쾌락을 얻었을 때 행복하다고 말한다.

하지만 진정한 행복은 사실 건강에서 나온다. 사람은 평생 동안 끊임없이 무언가를 추구하며, 무언가를 더 많이 갖고 싶어 한다. 이러한 외적인 것들은 단지 조금 더 잘 살기 위한 방편에 불과하다. 하지만 건강을 잃는다면, 단순히 살아가는 것조차도 분에 넘치는 욕망이 된다.

신체 건강을 유지하라

많은 사람이 뜻대로 되지 않아 우울해한다. 예를 들면 외모가 별로라 기분이 나쁘다든지 하는 것이다. 그런데 관점을 바꿔 문제를 바라보면, 문제 될 만한 것은 하나도 없다. 다른 사람의 고통을 들여다봄으로써 자신의 고통을 줄이면 되기 때문이다.

사람이란 본래 남과 비교하려는 속성이 있다. 그런데 늘 타인의 좋은 것에만 관심을 기울이다가 자신의 운명을 탓하고 만다. 본래 운명은 불공평한 것이다. 게다가 불행한 일 자체는 자신의 힘으로는 바꿀 도리가 없다. 그런데도 그 불행을 꽉 움켜쥔 채 놓지 않는다면, 고뇌만 더욱 가중시키는 꼴이다.

이처럼 개인의 행복은 정신 상태와 밀접히 연계되어 있다. 그리고 이 정신은 건강과 관련이 있다. 즉, 부정적인 정서나 기분이 머물러 있어서는 안 된다. 이를 위해 환경에 적응하는 법을 터득하고 현재 처한 문제를 새롭게 바라보자. 그러면 답답했던 마음이 확 트일 것이다. 물론 이 모든 것은 몸이 건강해야 가능하다.

Schopenhauer,
Arthur

Chapter 3

세상 모든 것을 다 가질 수 없다면
담담해져라

부, 명성은 인생의 부가가치일 뿐이다. 그래서 쇼펜하우어도 "부는 정말로 필요한 만큼 외에는 정말로 행복해지는 데 크게 영향을 미치지 않는다"고 지적했던 것이다.

필요 이상의 재화는 오히려 보관상의 문제를 일으켜 번뇌만 될 뿐이다. 쇼펜하우어는 사후에 자신의 재산을 전부 기부했다. 그의 행동은 마치 사람들에게 '제아무리 돈이 많아도, 죽으면 가져갈 수 없다'고 말해주는 것 같다. 궁극적인 행복에 도달하려면 정신적인 만족을 추구하자.

부귀와 명망은
나를 지운다

Schopenhauer

재와 부는 바닷물처럼 많이 마실수록 오히려 해가 된다. 명성과 인망도 실제

로는 그러하다.

쇼펜하우어는 재와 부에 대해 '자연스러운 것이지만, 그렇
다고 필요한 욕구도 아니다'라고 했다.

어느 상인이 임종 직전 모든 재산을 큰아들에게 물려주기
로 결정했다. 작은아들은 이 소식을 접하자마자 집을 나가 수
공업 기술을 배우기 시작했다. 아버지의 막대한 재산을 상속
받은 큰 아들에게는 명성이 따라왔다. 그러자 순식간에 수많
은 사람이 그를 찾아와 교류하길 바랐다. 그는 경영에 대해 아
는 것이 없었다. 돈이 너무 많아 학교 갈 필요성을 느끼지 못
했기 때문이다. 큰아들은 매일 주지육림(酒池肉林)에 빠져 흥

청망청 놀았고, 돈이 떨어지자 다른 사람에게 손을 벌리기에 이르렀다. 그렇게 몇 해가 지나자, 그는 무일푼 신세가 되었다. 한편 집을 나간 작은아들은 어떻게 되었을까? 그는 수공업 기술을 배워둔 덕에 풍족한 삶의 기반을 마련할 수 있었다.

쇼펜하우어는 막대한 부를 상속받았다. 하지만 이야기 속 큰아들과는 달리, 쇼펜하우어는 유산을 합리적으로 사용했다. 그 덕분에 물려받은 돈만 가지고도 일생을 살 수 있었다. 그가 상인이 되었다면 훨씬 더 많은 재산을 축적했을 것이라는 추측도 여기서 비롯되었다. 하지만 학자의 길을 택한 그는 물려받은 막대한 재산 덕분에 평생 집필에 몰두할 수 있음에 감사해했다. 쇼펜하우어는 "만약 유산을 상속한 사람이 이전에 아무 일도 해보지 않았다면, 이 사람은 수치스럽게도 아무런 일도 할 수 없다"라고 지적한 바 있다. 그가 이야기 속 큰아들처럼 재산을 상속받은 후 자기 자신을 잃어버렸다면, 위대한 저작은 탄생하지 않았을 것이다.

삶의 수준이 날로 향상되자 사람들은 점점 더 큰 부를 갈구하기 시작했다. 그런데 많은 이가 부를 추구하는 과정에서 금전에 영혼을 잠식당해버렸다. 결국 부가 쌓일수록 마음은 더 불안해지고 말았다.

부로 개인의 체면을 세울 수는 있어도 행복을 살 수는 없다. 재물은 보이지 않는 족쇄가 되어 점점 사람의 숨통을 조일 뿐이다. 물질로 얻을 수 있는 것은 한정적이며, 물질은 행복감을 빠르게 잠식해버린다는 사실을 분명히 기억하자. 게다가 자신이 속한 레벨이 높을수록 만족할 확률은 더 적어진다는 점도 알아두기 바란다.

그런데 모든 부자가 재화로 말미암아 자신을 잃는 건 아니다. 일부 부자는 삶을 향유하는 법을 잘 알기 때문에 명성을 추구하지도, 사치품을 걸치지도 않는다. 이들은 대농장 등을 운영하면서 무릉도원의 삶을 즐긴다. 여가 시간에 가족과 함께 농장을 산책하고 주말에 친구들을 초대해 식사를 함께하며 즐거움을 추구하는 것이다.

반면, 일부 부자는 전신에 사치품을 두르고 '위용'을 과시한다. 호화로운 저택, 고급 자동차는 더 말할 필요가 없다. 게다가 이들은 지금보다 더 많은 부를 축적하길 바란다. 그래서 매일 아귀다툼 속에서 산다. 항상 남의 심중을 계산하고 음해할 방법을 찾는 것이다. 이들에게 부는 사회적 명성과 체면을 높여주는 수단이지만 이 때문에 초조함이 가중되기도 한다. 어떤 이들은 자신의 재산이 사라질 것을 두려워해 만성 불면증에 시달리기도 한다. 평생 고생해 사업을 일구었는데 편히 잠자는 것조차 사치가 되어버렸다면, 과연 행복한 삶을 산다고 말할 수 있을까?

돈과 행복은 정비례하지 않는다

대부분의 사람은 돈과 행복을 한데 묶어 생각한다. 하지만 이 둘 사이에는 아무런 관련성이 없다. 돈이 많으면 비행기, 대저택 등을 구매할 수 있다. 하지만 행복만은 살 수 없다. 돈으로 사들인 호화품은 일시적 쾌감을 안겨줄 뿐이다.

그런데 대체 재화를 얼마나 보유해야 많이 가졌다고 할 수 있을까? 그들이 과연 얼마만큼의 돈을 벌어들여야 만족하는지에 대해서는 컴퓨터도 계산하지 못할 것이다. 전 세계의 재화를 한 개인이 모두 가질 수도 없다. 그러므로 재화를 담담하게 바라보는 자세가 필요하다. 다시 말해, 가장 소박한 것을 통해 행복을 추구하는 편이 더 나을 수도 있다는 것이다.

일부 사람은 명망(名望)을 중시한다. 그런데 명망을 지나치게 중시해 아주 작은 영예에도 우쭐해한다. 그러다 심한 경우 명예에 속박되어 큰일을 이루지 못하기도 한다. 살아생전 수많은 상을 수상한 마리 퀴리는 정작 상에 연연하지 않았다. 심지어 막 수여받은 금메달을 딸이 장난감처럼 가지고 놀아도 그대로 두었다.

"아이에게 명예란 결국 장난감 정도밖에 되지 않는다는 점과, 절대로 명예를 지나치게 중시해서는 안 된다는 사실을 알려주려 했어요. 그렇지 않으면 아무런 일도 이룰 수 없는 사람이 되니까요."

자신이 주어진 수명을 거의 다 살았다고 해보자. 죽음을 앞둔 시점에서 과연 부가 대수일까? 부, 명예를 무한대로 추구하는 행위는 스스로를 더욱 탐욕스럽게 만들 뿐이다. 예로부터 위인들은 자신이 추구하는 이상에 모든 정성과 능력을 집중시켰다. 이들에게 따라온 부, 명예는 단지 금상첨화였을 뿐이었다.

사람이 한평생을 살아가는 동안 가장 중요한 일은 의미 있는 삶을 사는 것이다. 그러니 탐욕을 버려보자. 그러면 마음이 평화로워지고 행복도 덩달아 따른다.

"가난한 사람은 거대한 부를 갖지 못했다고 해서 초조해하거나 불안해하지 않는다. 하지만 부자는 돈을 벌 계획이 수포로 돌아가면 근심 걱정에 시달린다."

이는 쇼펜하우어의 말이다. 사실 부, 명성은 인생의 부가가치일 뿐이다. 그래서 쇼펜하우어도 "부는 정말로 필요한 만큼 외에는 정말로 행복해지는 데 크게 영향을 미치지 않는다"고 지적했던 것이다.

필요 이상의 재화는 오히려 보관상의 문제를 일으켜 번뇌만 될 뿐이다. 쇼펜하우어는 사후에 자신의 재산을 전부 기부했다. 그의 행동은 마치 사람들에게 '제아무리 돈이 많아도, 죽으면 가져갈 수 없다'고 말해주는 것 같다. 궁극적인 행복에 도달하려면 정신적인 만족을 추구하자.

병든 국왕보다는
건강한 거지가 낫다

Schopenhauer

건강한 거지가 병든 국왕보다 더 행복하다.

쇼펜하우어는 '기분을 유쾌하게 만들어줄 수 있는 것은 부가 아닌 건강이다'라고 했다. 인생을 한 그루의 나무로 비유한다면, 건강은 뿌리와 같다. 뿌리가 깊게 뻗어야 가지와 잎이 무성히 자랄 수 있다. 마찬가지로 신체가 건강하지 않다면, 모든 부귀영화는 결국 헛된 것이 되고 만다.

한 부자가 몸이 불편해 병원에서 검진을 받았다. 의사는 별 방도가 없다는 듯 고개를 내저었다. 의사의 반응에 이제 겨우 마흔 남짓인 부자의 눈에서 눈물이 펑펑 쏟아졌다. 이후 그는 이 병원 저 병원 전전하며 자신의 병세에 대해 알아보았지만, 결과는 늘 똑같았다. 매번 의사에게 "내 병을 고칠 수만 있다면, 얼마가 들든 상관없어요!"라며 호소도 했지만 항상 실망한 채로 병원을 나서야만 했다. 그러다 우연히 일흔 살 노인을 보고는 의사에게 하늘이 너무 불공평하다며 한탄했다. 노인의 얼굴에는 나이가 무색할 만큼 건강한 혈색이 돌고 있었기 때문이다.

그가 자신의 운명을 탓하자 의사가 말했다.

"운명은 원래 공평합니다. 당신이 병이 난 건 대단한 이유가 없습니다. 건강하고 규칙적인 삶을 살지 않아서일 뿐이죠. 당신의 혈액은 너무 끈적끈적합니다. 혈관에도 두꺼운 기름이 껴 있고요."

의사의 말에 그는 자신의 삶을 돌아보았다. 매일 고객 접대를 한답시고 과도하게 술을 마셔대 위장 출혈이 발생한 것, 병원에 실려 갔는데도 입원하지 않고 수혈만 받고는 바로 사업장으로 돌아간 것, 사업이 궤도에 오르자 절제하지 않고 날마다 폭음과 폭식을 한 것, 현관을 나서면 가까운 거리도 고급 승용차를 끌고 다닌 것, 2층에 살면서도 늘 엘리베이터를 탄 것, 줄담배를 피운 것, 자정이 되기 전에는 클럽을 나서지 않았던 것 등등 자신의 무절제한 행동이 끝도 없이 떠올랐다.

몸이 병들기 전에는 자신이 잘못하고 있다는 생각을 전혀 하지 않았다. 그저 더 많은 돈을 벌고 날마다 멋지게 살면 그만이라고 생각했다. 하지만 가장 소중한 건강을 잃어버리고 나니 자신이 가진 게 아무것도 없음을 깨달았다. 부자는 아무

말 못하고 조용히 병원을 나섰다.

건강 앞에서는 만인이 평등하다는데, 정말 그렇다. 건강한 삶의 규칙을 어기면 건강은 인정사정 봐주지 않는다. 그러므로 건강을 잃으면 모든 것이 허사가 된다. 누군가가 자기 대신 차도 운전해주고 돈도 벌어다주고 웃게 만들어줄 수도 있다. 하지만 대신 아파줄 수는 없다. 그래서 쇼펜하우어는 이렇게 말했다.

"사람의 건강은 특히 모든 외적인 좋은 것을 한참 압도해버린다. 그러므로 건강한 거지가 병든 국왕보다 훨씬 행운이다. 건강한 신체와 영혼, 차분하고 유쾌한 기질 및 활발함, 분명함, 깊이, 사물을 정확히 파악하는 이해력, 온화함과 절제력 있는 의욕, 깨끗한 양심 등의 긍정적인 것들은 모두 재화와 지위로 대체할 수 없다."

스티브 잡스는 2011년, 56세에 췌장암으로 세상을 떠났다. 그는 자신이 건설한 비즈니스 왕국을 질병 때문에 떠나야 했다. 스티브 잡스와 함께 애플 창업에 참여했던 로널드 웨인은 일찌감치 애플을 떠났다. 당시 많은 사람이 로널드 웨인의 행동을 이해하지 못했다. 심지어 어떤 이들은 그가 막대한 부를 거머쥘 기회를 내버렸다며, 바보라고 폄훼하기도 했다. 그런데 스티브 잡스가 세상을 떠나자, 로널드 웨인은 자신이 애플을 떠난 이유를 이렇게 밝혔다.

▼

"애플을 떠난 나의 결정이 아주 정확한 판단이었다고 확신한다. 스티브 잡스는 어마어마하게 머리가 좋았고 자신의 사업에 푹 빠져 있었다. 사업에 집중하는 태도는 사업 자체만 놓고 보면 아주 좋은 일이다. 하지만 그 자신의 건강에는 대단히 해로운 행동이었다. 내가 당시에 애플을 떠나지 않았다면, 나 역시 어마어마한 업무 강도로 어쩌면 지금까지 살아 있지 못했을 것이다."

건강의 중요성을 일깨워주는 생생한 예가 아닐 수 없다. 로널드 웨인의 말처럼 아무리 지위가 높아도 생명과 맞바꿀 수 없을뿐더러 생명으로 부를 사려는 것처럼 우둔한 행동은 없다. 그런데 부의 유혹을 이겨내는 사람은 거의 없다. 부에 조금 더 의연해진다면, 돈은 조금 덜 벌더라도 건강은 챙길 수 있을 것이다. 그리고 건강 덕분에 마음도 즐겁고 행복할 것이다.

자신의 건강을 챙기자

막노동자의 얼굴에서 행복과 만족의 표정을 종종 볼 수 있다. 반면 사회의 정점에 있는 부자들은 걱정과 근심에 휩싸인 모습을 자주 보인다. 고강도 업무로 점점 더 많은 사람이 몸을 쓰지 않고 있다. 신체 내부적인 활동은 왕성해진 반면 외적인 신체 활동은 정지에 가까운 상태에서 일을 하는 것이다. 그래서 마음에 안 좋은 파장이 이는 것이다. 그렇다. 거지라고 해서 아무것도 가지지 않은 것이 아니며, 국왕이라고 해서 모든 걸 가졌다고 말할 수 없다.

몸과 마음을 건강하게 만들어라

많은 사람이 몸만 건강하면 끝이라고 생각한다. 하지만 신체 건강보다 더 중요한 것은 마음의 건강이다. 건강한 마음을 지녀야 비로소 진정한 행복에 이를 수 있다. 몸과 마음이 동시에 건강해야 모든 사물이 즐겁고 행복한 대상으로 다가온다.

욕망은
인생을 옭아맨다

Schopenhauer

이른바 휘황찬란한 인생은 단순히 욕망에 갇힌 수감자 일뿐이다.

A는 자주 친구들과 약속을 잡고 게임을 한다. A의 실력은 무리 중 단연 최고였다. 친구들은 늘 그의 실력이 믿기지 않을 정도로 대단하다며 바람을 넣었다. 마침내 그는 인터넷 게임에 중독되어버렸다. 부인이 저녁 식사를 차려 놓아도 음식이 식도록 게임만 했다. 심지어 스마트폰에 게임을 다운받아 출근할 때는 버스에 앉아서, 퇴근 후 저녁에는 침대에 누워서 게임에 몰입했다. 그리고 자신을 영웅처럼 치켜세운 친구들의 메시지를 보며 혼자서 뿌듯해했다. 게임의 매 관문을 통과할 때마다 느끼는 희열 탓에 마치 귀신이라도 씐 사람처럼 자신을 잃어갔다.

그러던 중 A는 잠이 한참 부족함을 깨달았다. 그 후로는 저녁만 되면, '내일 일하러 가야 하니 제발 자자!' 하며 자신을 다잡았다. 하지만 아무리 자기최면을 걸어도 잠이 오지 않았다. 사이버 게임 세계에서 헤어나지 못한 것이다.

A의 부인은 결국 그를 버리고 친정으로 가버렸다. 충격을 받은 A는 비로소 자신의 잘못을 깨달았고 스마트폰에 깔아 놓은 게임부터 모두 지웠다. 과거의 자신감 넘치는 청년으로 돌아간 A는 게임중독이 더 심해지기 전에 빠져나왔다는 사실에 기뻤다. 그리고 '한 판만 더!'라는 욕구를 버리고 자신을 통제할 수 있게 되었음을 다행으로 여겼다.

욕망이 행복을 증대시킬 수도 있다. 최초의 욕망은 쉽게 만족감을 준다. 예를 들어 배고파서 밥을 먹었을 때, 목이 말라 물을 마셨을 때 등을 생각해보자. 욕망이 쉽게 충족되지 않던가. 그런데 시간이 지날수록 더 많은 것을 누리고 싶은 욕구가 생기고, 욕망도 함께 증대된다. 이때 과도한 욕구, 예컨대 미친 듯이 즐기고 싶다거나, 술을 끊임없이 마시고 싶다거나, 명성을 쌓고 싶다는 등 더 높은 단계의 욕구가 발생한다. 이와 관련해 쇼펜하우어는 말했다.

"젊은이들은 일찌감치 다음의 사실을 알아야 한다. 이 무대에 있는 사과는 밀랍으로, 꽃은 비단으로, 생선은 종이로 만들었다. 그러니 모든 것, 그렇다, 모든 것은 장난감이거나 도구

일 뿐이다. 마치 두 사람이 거래하는 장면을 대단히 열심히 연기하고 있는 것처럼 말이다. 그러므로 판매자의 물건은 가짜이며, 구매자의 돈도 가짜이다."

본래 이러한 것이 인생이다. 모든 욕망과 욕구는 착시다. 오감을 사로잡는 여행을 하면, 계속 여행하고 싶다는 욕구가 발생한다. 차를 사면 더 좋은 차가 눈에 들어오고, 집을 구매하고 나면 더 큰 집으로 이사 가고 싶어진다. 얼핏 보기에도 눈부시고 으리으리하다. 하지만 이 같은 욕망에 빠지면 그 소용돌이 속에서 절대 빠져나올 수 없다.

타락한 사람은 대가를 치르지 않고 노력 없이 얻으려 한다. 어떤 사람들은 소위 멋진 삶을 살기 위해 기꺼이 타락하려 한다. 그래서 수치 따위는 신경 쓰지 않은 채 돈 많은 사람의 애인이 되기도 하고, 목숨을 건 위험한 선택을 해 법과 도덕의 선 위에서 아슬아슬한 줄타기를 하기도 한다. 이들은 욕망에 제압된 사람들이다. 이들의 삶이 반짝 멋져 보이기는 하겠지만, 결국 뜬구름과 다를 바 없다.

욕망에 굴복하지 말자

모든 명예와 이익은 한낱 먼지와 같다. 그런데 위인들의 삶을 살펴보면, 그들이라고 해서 명예와 이익을 아예 원치 않았던 것은 아니다. 다만 명예와 이익을 담담하게 대했을 뿐이다.

동한 시대의 명장 풍이(馮異)는 어떤 일이든 일단 양보하고 보는 타입이었다. 그래서 지위가 낮은 장군부터 말단 병사까지 사람됨이 훌륭한 풍이를 위해서라면 최선을 다했다. 한번은 여러 장군이 앞다투어 자신의 공적을 자랑하는데, 풍이는 그 광경을 묵묵히 지켜보기만 했다. 그런데 자신을 내세우지 않는 풍이의 담담함은 후한 광무제가 된 유수(劉秀)의 눈에 드는 계기가 되었다.

의지가 박약한 사람은 욕망이 생기면, 욕망에 좌지우지된다. 심한 경우 이익을 위해 굴욕적인 행동도 서슴지 않는다. 그러면 이익을 위해서 기꺼이 남의 비위를 맞추는 소인배로 전락하고 만다.

명예와 이익을 중시할수록 오히려 이것들에 의해 인생을 망칠 수 있다. 반면 명예와 이익에 담담한 태도를 취하면, 그 덕분에 더 많은 이익을 취할 수 있다. 물욕이 횡행하는 요즘 사회에서 사람들의 번뇌가 날로 심해지고 있다. 많은 사람이 물욕의 언저리를 배회하며 자신이 진정 무엇을 위해 분주히 뛰고 있는지 잊어버린다. 그래서 많은 사람이 마음을 깨끗이 비우고 욕심을 덜어내고 싶어도 그러지를 못 한다.

미국의 철학자이자 시인, 수필가인 헨리 데이비드 소로(Henry David Thoreau)는 말했다.

"사람들이 필요로 하는 것은 사실 아주 아주 적다. 다만 사람의 욕망이 무궁무진할 뿐이다."

▼

사실, 우리 모두 욕망 때문에 피곤하다. 이제 겨우 살기 좋아졌는가 싶었는데 사회가 발전하자 많은 사람이 벌써부터 불만을 품고 새로운 목표를 계속 내놓고 있다. 게다가 그 목표는 한도 끝도 없이 나올 게 뻔하다.

욕망은 양날의 검처럼 행복을 주는 동시에 번뇌에 빠지게 한다. 욕망을 줄이자. 그러면 인생의 최전성기를 맞이해도 오만해지거나 조바심 내지 않는다. 욕망이 자신의 인생에 과도히 간섭하지 않게 되는 것이다. 반면 이와 같은 경지에 오르지 못한다면, 욕망의 노예로 전락하고 만다.

스트레스를
담담하게 대하라

Schopenhauer

용수철이 낡으면 외부 압력을 받아 탄성을 잃는다. 우리의 정신도 마찬가지다. 다른 사람의 생각을 강요받으면, 우리 정신의 탄성도 사라진다.

A는 원하던 직업을 찾았다. 농촌 출신이라 배울 기회를 대단히 소중히 여겼던 A에게 딱 맞는 직장이었다. B는 A보다 반년 일찍 입사했다. A과 B는 나이가 비슷해 자연스레 좋은 친구가 되었다. B는 집이 회사 근처였다. 그래서 주말이면 자기 집으로 A를 초대해 함께 식사했다. 그러던 어느 날 A가 속으로 다짐했다.

'반드시 돈을 많이 벌어 이곳에 뿌리를 박겠어.'

그 후로 A는 일에 몰두했고 자연스레 B와의 관계가 소원해졌다. 어느 날 A와 B는 회사에서 새로 개발한 프로젝트를 함께 진행하게 되었다.

　그런데 회사 동료가 A에게 회사에서 프로젝트 매니저를 선발할 예정인데, A와 B 중 한 명을 뽑을 거라는 소식을 전해주었다. 본래 쾌활한 성격의 B는 예전과 다름없는 태도로 프로젝트에 임했다. 하지만 A는 자신이 참여하고 있는 프로젝트에 심리적 압박을 느끼기에 이르렀다. A는 계속 자신에게 주의를 환기시켰다.

　'절대로 잘못을 저질러서는 안 돼. 한 번의 잘못으로 공든 탑이 무너질 수 있어.'

　드디어 최종 보고 날, 발표를 맡은 A는 심한 스트레스 때문인지, 큰 실수를 저지르고 말았다. A는 현장에서 놀림을 당했고, 이후로도 동료들의 웃음거리가 되었다. 그런데 실은 그리 대단한 일도 아니었다. 동료 두 명이 나누는 대화를 A가 우연히 듣고는 가슴에 담아둔 게 화근이었다. A는 자신이 동료들의 놀림감으로 전락했다고 생각하고는 마음속으로 칼을 갈았다. A는 멋지게 실적을 올려 자기를 욕한 두 사람의 코를 납작하게 만들어버리겠노라 다짐했다. 하지만 이 다짐이 문제를 일으켰다. 정신적 긴장 상태가 되어버린 것이다. 그러자 아무리 집중하려고 해도 도무지 집중할 수 없었고 하는 일마다 실수 연발이었다. A는 결국 회사에서 퇴출 당했다.

　스트레스를 줄이면 자신의 감정을 통제할 수 있다. 스트레스를 성공적으로 줄이면, 다른 사람이 기분 나빠 하거나 기뻐할 때도 담담함을 유지할 수 있다. 사실, 적당한 스트레스는 동력이 된다고 하지 않던가.

평소에 자신과 남을 늘 비교하고 있다면, 이는 이미 고통에 빠져 있는 것이다. 자신이 행복한지, 그리고 만족하는지 여부는 타인과 무관하다. 하지만 자신과 타인을 비교하고 있다면 은연중에 스트레스가 증가하고 심한 경우 스텝이 꼬여 일을 제대로 처리할 수 없다. 사람마다 자신만의 특정한 생활 패턴이 있기에 맹목적으로 다른 사람을 모방했다가는 자신이 원했던 것을 잊은 채 스트레스에 노출될 수 있다.

스트레스는 자신이 자초한 것이다

앞서 나가지 않으면 퇴보하는 세상이다. 사람들도 위험과 맞닥뜨릴 가능성이 늘어나자 스트레스를 받기 시작했다. 일 때문에 스트레스를 받을 수밖에 없다지만 우리는 정말 별것 아닌 걱정 때문에 너무나 자주 스트레스를 받고 있다.

우리의 세계는 모순으로 가득 차 있다. 불안과 초조가 대부분의 사람을 둘러싸버리자, 모두들 걱정 없는 세상에서의 삶을 꿈꾸게 되었다. 동시에 스스로에게 엄청난 스트레스를 주기 시작했다. 별것도 아닌 일에도 사람마다 자신이 겪은 경험으로 말미암아 각기 다른 영향을 받고 있다.

▼

지나친 스트레스는 위험하다. 굉장한 천재가 심각한 스트레스 때문에 평범해지기도 하고 정신적 활력을 잃기도 한다. 스트레스를 버리자. 그러면 더 가볍게 살 수 있다.

만족할 줄 알아야
행복해진다

Schopenhauer

우리는 가진 것에 신경 쓰기보다는 갖지 못한 것에 자주 집착한다.

쇼펜하우어가 《의지와 표상으로서의 세계》를 출판했을 때, 그의 나이는 겨우 서른 살이었다. 그로부터 무려 30년 동안 그는 고독 속에서 생활했다. 심지어 그의 작품을 찾는 이도 없었다. 하지만 그는 자신의 저서가 세상의 인정을 받을 때까지 집필을 멈추지 않았다. 그리고 《의지와 표상으로서의 세계》 제3판이 인쇄에 들어갈 때, 그는 서문에 이렇게 적었다.

'본서의 제1판이 세상에 나왔을 때, 내 나이 겨우 서른이었는데, 일흔두 살이 되어서야 제3판을 보게 되었다. 그렇지만 나는 이탈리아의 시인 프란체스코 페트라르카(Francesco Petrarca)의 명언, 하루 종일 걸으려는 사람이 저녁까지 걸었다

면 거기서 만족해야 한다라는 구절에서 안위를 얻었다.'

쇼펜하우어는 안분지족을 알았기에 성격은 괴팍했어도 행복하게 살았다. 사실, 연구에 몰두하는 사람 대부분은 명예와 이익에 담담하며 안분지족을 안다. 그렇지 않다면 누가 하루 종일 실험실 혹은 사무실에 앉아 건조하게 말라붙은 데이터만 바라볼 수 있겠는가?

쇼펜하우어는 말했다.

"대다수 학자에게 그들의 지식은 단순히 수단일 뿐, 목적이 아니다. 이는 그들이 왜 자신의 지식 분야에서 영원히 비범한 성과를 얻을 수 없는지를 설명해주는 대목이다. 성과가 있으려면 그들이 종사하는 학문 자체가 자신들의 목적이어야 한다. 학문을 제외한 모든 것은, 심지어 그들의 존재 자체도 단순히 수단이어야 한다. 그래서 새롭고 위대한 관점을 도출할 수 있는 사람은 학습의 직접적인 목적을 지식을 구하는 데 두므로, 그 밖의 다른 목적에는 아무런 감흥도 느끼지 못한다."

늘 다른 사람이 지닌 것에만 관심을 둔 채 자신이 지니고 있는 것은 너무 볼품없다고 생각하는가? 이처럼 남과 비교하고 자신의 것에 만족할 줄 모르면, 시도 때도 없이 신세 한탄만 하게 되며, 결국 자신에게 있던 행복마저 자신을 떠나가게 만들 뿐이다.

맹목적으로 비교하지 말라

누구든 남과 비교당하면 기분이 좋지 않다. 그런데 명심해야 할 것이 있다. 자신은 비교 대상으로 삼는 타인을 위해 사는 게 아니라는 점이다. 그러므로 타인이 가진 것만 바라보며 자신에게 고통을 주어서는 안 된다. 우리는 자주 "저 사람의 무엇을 좀 봐!", "너는 저 사람의 어떤 점을 배울 수는 없는 거니?"라며 비교하는 말을 자주 듣는다. 비교당하면 기분이 나쁜데도 많은 사람이 자기도 모르는 새 타인과 비교하며, 자신의 형편이 그보다 나쁘면 우울해한다.

어떤 유명 연예인은 수천만 위안의 개런티를 받고도 불만을 토로했다. 다른 배우가 자신보다 더 많은 개런티를 받았기 때문이다. 그 연예인에게 어린 시절의 친구를 떠올려보라고 권하고 싶다. 아마도 그 친구는 택시 타는 돈도 아까워 버스를 타고 다닐지도 모른다.

많은 유명 연예인이 자신이 전혀 행복하지 않다고 말한다. 이는 부나 명성이 그에 상응하는 행복까지 주는 건 아님의 방증이겠다. 행복한지 여부는 다른 사람이 얼마나 잘살고 있는가와는 상관없으며, 자기 내면의 진실한 감정에 달렸다. 늘 다른 사람과 자신을 비교하면서 화를 내는 사람에게는 항상 본인보다 잘사는 사람이 있을 수밖에 없다. 이와 같은 맹목적인 비교는 자신을 더욱 고통으로 몰아넣을 뿐이다. 자신만의 삶에 충실하도록 노력하자.

▼

만족할 줄 아는 사람은 항상 즐겁다

톨스토이의 단편 〈사람에겐 얼마만큼의 땅이 필요한가〉의 주인공 바흠을 보자. 그의 꿈은 자신의 땅을 경작하는 것이었다. 하지만 열심히 일했음에도 몇 년 동안 밭 한 뙈기를 살 수 없었다.

어느 날 그는 바시키르인들이 사는 곳에 가면 그곳 촌장과 땅 매매계약을 할 수 있는 말을 들었다. 1천 루블만 내면 '해 뜰 때부터 해 질 때까지' 걸어서 돌아온 땅을 모두 가질 수 있다는 것이었다. 단, 해가 질 때까지 출발 지점으로 돌아와야 했다.

바흠은 동이 트자마자 길을 떠나 계속 전진했다. 점심이 지나도 눈앞에 펼쳐진 비옥한 땅에 홀려 반환점을 돌지 못했다. 문득 정신을 차린 바흠은 해가 기울어가는 것을 보고서야 발걸음을 돌려 출발선을 향해 뛰기 시작했다. 그리고 마침내 해가 기우는 순간 가까스로 출발선에 도착해 가슴을 쥐며 쓰러졌다. 가족들과 바시키르인들이 환호하며 그의 성공을 축하했지만 바흠은 이미 피를 토하며 죽어 있었다.

사람의 욕심은 끝도 없다고 하는데, 정말 그렇다. 살면서 많은 사람이 자신이 얻지 못한 것과 원하는 물건에 집착하느라 행복하지 못하다. 사실 위에서 언급한 것처럼 사람은 평생을 있는 힘껏 내달리며 살아도, 결국 죽은 후 몸을 누일 정도의 땅밖에 얻지 못한다.

▾

"자신과 자신이 가진 것을 위해 행복하려면, 이 두 가지에 모두 만족해야 한다. 그러면 행복을 찾으러 굳이 떠나지 않아도 된다."

이는 과거 영국의 총리였던 윌리엄 글래드스턴(William Gladstone)의 말이다. 그의 지적처럼 만족할 줄 알면 행복도 덩달아 따라올 것이다.

사물 때문에
일희일비하지 말자

Schopenhauer

고통의 결핍 정도는 개인의 생활이 행복한지 여부를 가늠하는 기준이 된다. 만약 당신이 어떤 세계를 잃었다면, 그것 때문에 슬퍼하지 말라. 왜냐하면 그것은 슬퍼할 가치가 없는 것이기 때문이다. 반대로 어떤 세계를 얻었다고 해서 그것 때문에 기뻐하지 말라. 왜냐하면 이것은 기뻐할 가치가 없는 것이기 때문이다. 고통과 행복, 얻는 것과 잃는 것은 모두 과거가 된다. 즉, 모두 이 세상을 떠난다. 왜냐하면 이것들은 모두 이 세상에 남아 있을 가치가 없기 때문이다.

왕씨는 모 회사의 영업부에서 매니저 보조로 일했다. 얼마 후 회사에서는 그를 조달부 매니저로 승진시켰다. 그런데 그는 승진했음에도 마음이 편치 않았다. 조달부는 한직으로 영업부만 못한 곳이었기 때문이다. 그는 회사가 자신의 업무 처리방식에 불만을 품고 승진시키는 척하며 나쁜 자리로 배치했다 생각했고 자신의 앞길이 막막하게만 느껴졌다. 조달부로 오기 전 그는 자신의 일에 매우 열정적이었다. 본래 가만히 자리에 앉아 있지 못하는 성격이어서, 항상 외근을 해야 하는 영업부 일이 좋았다. 그런데 조달부로 발령 난 후 사무실에 가만히 앉아만 있으려니 좀이 쑤셨다. 결국 회사 업무에 회의감이 밀려왔고, 출근하면 먼 산만 바라보기 일쑤였다.

그러던 어느 날 왕씨의 부인이 그의 업무 태도를 일일이 지적하며 그래서는 더 높은 곳을 향할 수 없다고 말했다. 그제야 왕씨는 정신을 바짝 차리고 자기 업무에 대해 연구하기 시작했다. 업무에 대한 열정을 되찾자, 조달부 업무가 결코 한직이 아닌 가장 중요한 업무 중 하나임을 비로소 알게 되었다.

자신감을 되찾은 왕씨는 예전처럼 열정적으로 일했고 부서 동료들도 그로부터 긍정적인 영향을 받기에 이르렀다. 그의 진두지휘 아래 조달부는 매년 최우수 부서로 선정되는 영예를 안았다. 그 덕분에 그는 자신이 그토록 원했던 영업부 매니저로 승진할 수 있었다.

많은 사람이 살면서 원하는 것을 얻으면 득의양양해한다. 반면, 원하던 것을 잃으면 이루 말할 수 없이 비통해한다. 쇼펜하우어는 부유한 집안에서 태어났지만 지원을 받은 게 없었으며, 이는 그의 성격 변화와 세계관 형성에 직접 영향을 미쳤다. 그는 아버지의 자살로 막대한 재산을 상속받았지만 그 유산 때문에 행복해하지는 않았다. 오히려 아버지를 잃은 고통에 파묻힌 채 학교생활을 이어갔다. 그나마 다행히 어머니의 서신 덕분에 학자로서의 길로 들어설 수 있었다.

쇼펜하우어의 이론에서는 득과 실의 개념이 없으며, 모두 허무로 통한다. 얻은 것 같지만 실제로는 아무것도 없고, 잃은 것 같지만 실제로는 무언가를 얻은 것이 바로 쇼펜하우어의 허무다. 이는 쇼펜하우어가 기술한 구절에도 잘 나타나 있다.

'운명이 얼마나 굴곡지냐를 떠나, 우리는 모두 운명을 담담하게 대해야 한다. 인생에서 영원히 행복할 수 없기 때문이다. 마찬가지로 오랫동안 불행에 빠져 있을 수도 없기 때문이다.'

이 말에는 인생의 본래 모습이 담겨 있기도 하다. 끊임없이 잃다가 또 끊임없이 얻는 것, 어쩌면 이것이 참된 인생의 모습일 것이다. 그러니 우리는 고통을 줄이기 위해 얻으면 행운이나, 잃으면 내 운명이라는 마음가짐을 지녀야 할 것이다. 얻는 것과 잃는 것에는 이미 정해진 양이 있다. 그렇기에 본래 잃게되어 있는 것은 제아무리 노력해도 결국 잃게 되어 있다. 그렇다고 해서 이런 틀에 자신의 생각을 가두어버리면, 아무리 더좋고 아름다운 것이 있어도 그것을 볼 수 없다.

득과 실 앞에서 태연해지자

인생에서 절대적인 평등이란 있을 수 없다. 따라서 득과 실 앞에서 태연해져야 고통이 침범하지 못한다. 즉, 사물 때문에 기뻐하거나 자신 때문에 슬퍼하지 말아야 하며, 모든 일을 태연한 마음으로 대해야 하는 것이다. 그러면 아무리 번잡하고 복잡한 상황에서도 자신을 제대로 돌볼 수 있다. 이는 운명에 정해진 일이면 반드시 일어나게 되어 있고, 운명으로 정해진 것이 아니면 억지로 구해도 일어나지 않는다는 말과 같은 맥락이다.

인생에서 십중팔구는 뜻대로 되지 않는다. 상당히 많은 일이 자신의 힘으로 통제할 수 없는 것이다. 쇼펜하우어도 모든 사물의 발생은 우연처럼 보여도 실은 필연성이 숨어 있으며, 고통이 행복보다 더 많다고 지적하였다. 그러므로 좋은 때를 만났다면 반드시 감사해야 하며, 절대로 자기 자신을 잃어서는 안 된다. 반면 나쁜 때를 만났다면 용감히 맞서되 절대 기가 죽어서는 안 된다. 아무리 기쁘고 슬픈 일이 닥쳐도 마음만은 태연자약해야 한다. 이는 단순히 냉담한 자세를 취하는 것과는 다르다. 마음을 태연하게 가지면 맑은 정신을 유지할 수 있으며, 고요하고 평화로운 마음으로 사물의 변화를 느낄 수 있다.

우리는 번잡하고 유혹이 많은 세상에서 살고 있다. 그래서 어떤 사람은 많이 가질수록 그것을 잃을까 봐 두려워한다. 그리고 일단 무언가를 잃으면 비통한 마음을 참지 못하며, 시간을 되돌리지 못한다는 사실에 가슴 아파한다. 심한 경우, 과거 자신이 밟아온 과정마저 잊는다.

젊은 시절에는 득과 실 앞에서 여유롭지 못하다. 그러니 부디 인생의 길에서 주변의 모든 것을 담담하게 바라보기 바란다. 그래야만 가벼운 마음으로 주변의 것들을 대할 수 있다.

타인을 부러워하기보다는
자신에게 충실하라

Schopenhauer

인류가 행복해졌을 때와 운이 좋을 때의 기분은 일반적으로 나무가 우거진 숲으로 설명할 수 있다. 숲은 멀리서 바라보면, 놀랄 만큼 아름답다. 하지만 가까이 다가가 숲속으로 들어가면, 조금 전 보았던 아름다운 광경은 사라지고, 멀리서 보았을 때의 아름다움은 다시 찾아볼 수 없다. 우리가 타인을 부러워하는 이유가 여기에 있다.

A와 B는 같은 시기에 대학을 졸업한 입사 동기다. A는 자신의 일을 좋아해 아무리 작은 계약 건이라도 소중히 여기며 열정적으로 임했다. B는 늘 기회만 엿보았다. 언제나 큰 건의 계약만 노렸으며, 단번에 상사에게 주목을 받고 싶어 했다. 1년후, A는 부서 매니저의 자리에 올랐고 B는 여전히 일반 사원에 머물러 있었다. B는 자신이 A에게 뒤처졌다는 사실을 불쾌

해하다 용하다는 어느 노인에게 찾아가 자신이 가야 할 길을 물었다. 노인이 답했다.

"이 년 후 다시 얘기하지."

2년 후, B는 또 노인을 찾아가 죽을상을 하고 하소연했다.

"A가 벌써 회사의 총 매니저가 됐습니다."

노인이 말했다.

"이 년 후에 다시 얘기하지."

다시 2년이 흐른 후 B는 잔뜩 기가 죽어 노인에게 말했다.

"A가 벌써 자기 사업체를 차렸습니다. 사업도 순풍에 돛단 듯 잘나간다는군요."

노인이 의미심장하게 말했다.

"대체 자네는 누구지? 모두들 자신을 위해 사는데 자네는 뭘 하고 있는 건가? 자네가 고통스럽고 불쾌한 이유는, 자네가 줄곧 A를 위해 살고 있기 때문 아닌가? 자네가 버린 건 돈, 지위 따위가 아니라 바로 자네 자신일세. 타인을 부러워하기에 앞서 먼저 자신에게 충실해지게나."

소가 말했다.

"다시 태어나면 나는 돼지로 태어날 거야. 먹고 자고, 자고 먹고 할 거야."

돼지가 말했다.

"다시 태어나면 나는 소로 태어날 거야. 조금 힘들긴 하겠지만, 좋은 평판을 듣고 있잖아."

독수리가 말했다.

"다시 태어나면 나는 닭으로 태어날 거야. 목마르면 마실 물이 있고, 배고파도 먹을 양식이 늘 있잖아."

닭이 말했다.

"다시 태어나면 나는 독수리로 태어날 거야. 자유롭게 하늘을 누빌 수 있는 날개를 가졌으니까."

어떤가? 이와 같은 상황은 우리 주변에서 비일비재하다. 최고로 멋진 풍경이 자기 주변에 있는데도 늘 다른 곳에서 아름다운 풍경을 찾는 심리처럼 말이다.

당신이 누군가를 부러워할 때, 그 누군가도 당신을 부러워하고 있을지 모른다. 이는 인간의 저열한 근성으로, 사람들은 종종 자신이 잠에서 깨어나는 순간 다른 누군가로 변해 있으리라는 환상을 가진다. 그런데 자기 내면의 깊은 곳에서는 너무 잘 알고 있다. 현실에서는 절대 바꿀 수 없는 게 많은 탓에 상대방을 자신의 비교 대상으로 만들어버렸음을 말이다.

쇼펜하우어도 "사람은 비록 그가 하고 싶은 일을 할 수는 있어도 타인이 원하는 것은 할 수 없다"고 지적하였다.

중국 속담에 '연못가에서 물고기를 탐내느니, 차라리 물고기를 잡을 그물을 뜨는 편이 더 낫다'는 말이 있다. 아무리 타인을 부러워한들 내가 타인으로 변할 수는 없다. 그러니 자신에게 충실한 것이 최상의 방법이다.

▼

사실, 우리가 부러워하고 있는 대상은 우리의 상상만큼 멋지지 않을 수 있다. 옛말에 '집집마다 말 못 할 사정이 있다'라고 하지 않던가! 타인을 부러워하는 것은 어찌 보면, 자신이 더 나은 삶을 살기 바라서다. 하지만 그러는 와중에 가장 중요한 것을 종종 놓치고 만다. 사람마다 각자 처지가 다른데 굳이 타인의 기준으로 생활할 필요는 없다. 자신을 더욱 충실하게 만드는 것, 자신에게 있는 것을 지키는 것이야말로 가장 중요한 일이다.

우리가 행복을 추구하는 건 절대로 잘못된 일이 아니다. 사람이라면 당연히 더 잘 살고 싶어 하는 마음이 있다. 그런데 인생에는 우리를 어려움에 빠뜨리는 무언가가 꼭 있다. 그 무엇은 지니고 있으면 행복해질 거라 생각했는데, 막상 겪어보면 자신의 생각과 다른 것이다. 그런데도 사람은 그 무엇이 없으면 갖기를 열망하며, 온 힘을 다해 움켜쥐고 있을 때는 별 것 아닌 것처럼 생각한다. 깊이가 없는 사람은 남을 부러워하며, 무료한 사람은 습관적으로 남과 비교하며, 우둔한 사람은 남을 모방만 한다. 그러니 늘 타인의 그림자 속에서 살게 되는 것이다. 타인을 부러워하기보다 자기 자신부터 충실해지기 바란다.

침착함으로
관용의 자세를 기르자

Schopenhauer

군중 사이에서 어느 정도 고독을 유지하는 방법을 익히려면, 어떤 생각이 든다고 해서 그것을 즉시 다른 사람에게 말하면 안 된다. 다른 사람의 말을 지나치게 믿어서도 안 된다. 도덕적으로나 또는 사상적으로 다른 사람에게 너무많은 기대를 해서도 안 된다. 또한 다른 사람의 견해에 대해 담담해지고 흔들리지 않는 태도를 길러야 한다. 왜냐하면 이것이야말로 제대로 된 관용을 기르는 가장 실제적이고 실현 가능한 방법이기 때문이다.

이이는 공부도 잘하고 외모도 수려하다. 게다가 다른 사람과 함께 있을 때면 입가에서 미소가 떠나지 않는다. 말수가 적어 얼핏 보기에는 과묵한 것 같지만, 적절한 시점에 다른 사람에게 철학적인 조언을 해주기도 한다. 그렇다고 해서 오만하다는 인상을 줄 정도는 아니다. 이렇게 현명하고 친구들과 문제없이 지내던 그녀도 대학에 들어가자 이 작은 사회에 숨어 있는 난관에 부딪히고 말았다. 공부도 잘하는 데다가 예쁘고 성격까지 착한 그녀는 순식간에 남학생들의 흠모 대상으로 떠올랐다. 그러자 일부 여학생이 그녀를 시기와 질투의 눈으로 바라보았다.

이이는 룸메이트들과 잘 지내는 편이었다. 비록 그녀가 말수가 없기는 하지만 꽤 선량한 심성을 지녔다는 걸 룸메이트들이 알게 되어서였다. 룸메이트들은 말이 거의 없는 그녀에게 익숙해졌다. 특히 그녀의 미소에는 사람을 기분 좋게 만드는 마성의 힘이 있었다. 그녀는 사람들과 잘 어울리지 않았다. 하지만 사람들과의 교제를 싫어하는 정도는 아니었다. 다만 관심과 주의를 공부에 더 많이 쏟았을 뿐이다.

이이의 생활은 무척 단조로웠다. 도서관 구석진 자리에 가면 항상 그녀를 만날 수 있을 정도였다. 그런데 이이에게 곱지 않은 시선을 보냈던 일부 학생이 그녀에 대해 좋지 않은 소문을 퍼뜨리기 시작했다. 그녀는 사람들의 이상한 시선을 감지했지만 여전히 자신만의 세계에만 관심을 가질 뿐, 유언비어 따위는 전혀 신경 쓰지 않았다.

이이가 너무 담담한 반응을 보이자 오히려 룸메이트들이 나서서 화를 냈다. 그러자 그녀가 담담하게 말했다.

"그냥 둬. 어차피 다 지나갈 일인데 뭘."

이이는 계속 자신의 생활을 이어갔고 성적도 일등을 놓치

▼

지 않았다. 그러자 이이에 대해 유언비어를 퍼뜨렸던 사람들도 점차 그녀를 다시 보게 되었다.

만약 이이가 유언비어를 듣자마자 그들에게 따졌다면, 아마 상황은 더 나쁜 쪽으로 흘러갔을 것이다. 게다가 그녀에게는 적만 더 늘었을 것이다.

'담담하지 않으면 이상을 펼칠 방도가 없으며, 편안하지 않으면 멀리까지 갈 수 없다'라고 했다. 이는 초연하고 지혜롭게 처세하도록 이르는 말로, 군중 속에서도 차분함을 유지함으로써 사물과 사건의 본질을 꿰뚫는 방법을 일러주고 있다.

담담하게 처세하는 사람은 마치 물처럼 담백하지만, 대단히 따스한 면도 지닌다. 담담하게 처세하는 이들은 어찌 보면, 사람들과 어울리지 않는 것처럼 보인다. 하지만 사람들이 먼저 가까이 다가오기 때문에 결국 사람들과 어울리게 되어 있다. 카네기도 "담담히 행동해야 우리는 비로소 강대해질 수 있다"라고 말했다. 정말로 그렇다. 담담함이야말로 이 경박하고 들뜬 세상에서 더 안정적으로 나아가게 해줄 수 있다.

어떤 일이든 너무 중요하게 생각하지 말자

어떤 일이든 너무 중요하게 생각하면, 그 일에 빠져 차츰 자기 자신을 잃게 된다. 일을 지나치게 중시한 나머지 조금의 실수도 용납지 않으려다 결국 신체적인 피로와 함께 심리적인 피로감도 높아지기 때문이다. 예컨대 연인인 상대가 자신에게 너무 중요한 사람이라는 생각으로 말미암아 불안감에 휩싸이는 것과 같은 이치다. 단순히 상대가 다른 이성과 대화만 나누었을 뿐인데도 좌불안석이 되어 결국 큰 싸움으로 이어지는 것처럼 말이다.

이와 같은 불필요한 다툼을 예방하려면 아무리 연인끼리라도 각자의 공간이 있어야 한다. 상대를 너무 중요하게 생각하는 게 꼭 긍정적인 것만은 아니다. 상대방을 자기 수중에 넣고 좌지우지하려 하면, 결국 그 사람을 잃는다. 하지만 담담한 태도로 관용을 베풀면, 오히려 상대방을 감동시킬 수 있다.

Schopenhauer,
Arthur

Chapter 4

본래 험악한 인성을
수양으로 억눌러라

사람의 내면은 본래 복잡하고 변덕스럽다. 따라서 누구든 나쁜 사람으로 변할 수 있다. 게다가 인간의 본성은 욕망이 장악하고 있다. 그래서 욕망이 끝도 없이 치고 올라올 때 시기까지 맞아떨어지면, 사리사욕을 채우기 위해 그 어떤 사악한 일도 불사할 수 있다. 결국 깊은 자책의 늪에 빠지면서도 말이다. 반면, 적절한 시기에 자기 내면의 마지노선을 굳건히 지키면 내면의 나쁜 감정들을 철저히 통제할 수 있다. 그러면 나쁜 사람으로 변할 여지를 많이 제거할 수 있다.

남의 불행을 보며 즐거워하면, 소인이다

Schopenhauer

소인은 위인의 결점이나 잘못을 보고 득의양양해한다.

A와 B는 한 회사에 근무하고 있다. A는 업무 능력이 좋아 초고속으로 부서 매니저로 승진했다. 하지만 B는 항상 사무원의 자리에 머물러 있어 늘 기분이 나빴다. B는 집에 가서는 항상 자기 부인에게 회사에 대한 불평불만을 늘어놓았다. 몇 년 후 A가 자기 회사를 차렸을 때도 B는 여전히 같은 회사 사무원에 머물러 있었다. 그러자 B의 마음이 들끓으며 분노가 치솟았다. 집으로 돌아간 그는 맥 빠진 얼굴로 식사도 걸렀다. 2년 후 B가 한껏 기분이 들뜬 채로 집으로 돌아와서는 부인에게 행복하다는 듯 말을 늘어놓았다.

"A 회사가 파산했대. A는 경제 사범으로 감옥에 갔고……."

그날 밤 B는 축하주를 마셨다.

그로부터 5년이 지났다. A는 복역하는 동안 독학으로 회계학을 공부했다. 그리고 자신의 인생을 돌아보며 한 권의 책을 냈다. A의 책은 베스트셀러에 올랐다. A는 출소하자마자 금세 유명인사가 되었다. 반면 B는 A의 책을 손에 든 채 텔레비전에서 나오는 A의 인터뷰를 보고 있었다.

우리 주변에는 남의 불행을 기뻐하는 사람이 의외로 많다. 이는 우리가 남과 함께 생활하고 있기 때문이다. 혹자는 이렇게 말했다.

"모든 이의 마음속에는 맹수 한 마리가 자리 잡고 있다. 그리고 우리는 받아들여지고 사랑받고 존중받기를 기대한다."

누군가가 자신보다 더 사랑받고 환영받으면, 사람은 본능적으로 자기보다 높이 평가되는 사람을 자신과 동일 선상까지 끌어내리려 한다. 그래서 주변의 누군가가 잘못을 저지르면, 그의 불행 덕분에 즐거워지고 기분이 들뜨는 것이다. 오스트레일리아 작가 클라이브 제임스(Clive James)의 말이 가장 좋은 예가 될 것이다.

"원수처럼 생각하는 사람의 책이 염가에 재고 처리된다는 소식이 들려오면 환희가 솟는다."

쇼펜하우어는 말했다.

"악독함은 어디에든 있다. 그런데 일반적으로 나타나는 악독함의 정도는 경미해서 대개 사람 사이의 멸시와 반감의 형태로 드러난다. 인류는 예절과 총명함으로 악독함의 동기를 포장한다. 그래서 뒤에 숨은 채 악의적으로 중상모략을 하거나 비방하는 것을 자주 볼 수 있는 것이다. 악독함의 두 가지 근원은 질투와 남의 행복을 보고 기뻐하는 것이다. 우선 질투는 절대 벗어날 수 없는 비열한 인간의 본성이다. 본디 질투의 대상은 경배와 감동을 불러일으키는 것이다. 다음으로 남의 행복을 보고 기뻐하는 것은 악독함이 지닌 보편적 현상이다."

실제로 타인의 불행을 보고도 전혀 연민을 갖지 않는 사람이 있다. 아니, 오히려 타인의 불행을 보고 은근히 좋아한다. 남이 더 불행할수록 그들은 더 행복해 보인다. 이는 대단히 잘못된 심리로, 자신을 해하는 행동이다.

자기 수양으로 소인에 맞서라

누구에게나 조금씩은 남의 불행에 즐거워하는 심리가 있다. 그러한 나쁜 심리는 마음 깊은 곳 한구석에 자리 잡고 있다가 때가 되면 튀어나온다. 비록 남에게 위해를 가할 정도는 아니어도, 그런 심리가 좋을 리 없다.

일반적으로 소인은 다른 사람이 잘되는 걸 보지 못한다. 늘 명리(名利)에 눈이 멀어 있기 때문이다. 그래서 소인은 일단 명리와 관계된 일이라면, 무작정 달려들고 본다.

소인은 공석에서는 일을 벌이지 않기에 대개 소인 때문에 곤욕을 치르게 되면 속수무책일 수밖에 없다. 《수호지》에 등장하는 양지(楊志)의 일화가 좋은 예다. 양지는 일시적인 분노를 참지 못해 자신에게 시비를 거는 소인배 우이(牛二)를 죽여 감옥에 들어갈 뻔했다. 이 일화만 보아도 자기 수양이 얼마나 중요한지 알 수 있다. 다른 사람의 '소인배' 기질은 바꿀 수 없으므로 나 스스로를 수양해야 한다. 그러면 나의 불행을 자신의 행복으로 여기는 소인배를 만나도 그들에게 말려들지도, 그들을 의식하지도 않을 수 있다.

누구나
나쁜 사람이 될 수 있다

Schopenhauer

조건이 허락한다면, 기회가 무르익는다면, 누구나 악을 행하고 싶어 한다.

안안은 연애 중이다. 그녀는 연애를 시작한 후부터 삶이 훨씬 아름다워졌다고 생각했다. 매일 기분이 한껏 좋은 상태로 출근했고 회사 동료들과도 더 잘 지내게 되었다. 안안의 남자 친구는 매일 그녀를 집까지 데려다줄 정도로 지극정성이었다. 친구들과 회사 동료들의 눈에도 이 둘은 대단히 잘 어울리는 한 쌍이었다. 안안도 자신이 언젠가는 지금의 남자 친구와 팔짱을 끼고 결혼식장에 들어서리라 생각했다. 하지만 그녀의 바람과는 달리, 남자 친구는 다른 여자와 사랑에 빠지고 말았다.

남자 친구의 배신에 안안의 히스테리가 시작되었다. 남자 친구에게 매달려보았지만, 모든 노력은 결국 허사였다. 옛 남자 친구가 돼버린 그의 뒷모습을 보며, 그녀는 소리 죽여 울었다. 남자 친구가 없는 하루가 시작되자마자 안안은 삶이 악몽 같았다. 회사에도 출근하지 않고 마치 영혼 없는 나무토막처럼 집 안에 처박혀 지냈다. 그러던 어느 날, 안안의 친구가 그녀를 데리고 밖으로 나갔다.

안안은 친구를 따라 기계적으로 걸었다. 그런데 돌연 낯익은 그림자가 그녀 앞에 나타났다. 전 남자 친구가 새 여자 친구의 손을 잡은 채 물건을 사고 있었다. 안안은 자신도 모르게 눈물을 쏟았다. 분노, 질투, 상실감…… 순식간에 여러 감정이 그녀의 머리를 헤집어 놓았다. 그녀는 남자에게 달려가 질문을 쏟아부었다. 하지만 그는 여자 친구를 데리고 서둘러 군중 속으로 사라졌다.

안안은 그의 새 여자 친구가 이 세상에서 사라져버렸으면 하는 바람이 솟구쳤다. 어느 날 밤 안안은 작은 병에 염산을 담아 남자 친구의 애인을 찾아갔고 그녀에게 염산을 들이부었다. 여자가 고통스러워 몸부림치자, 안안은 복수의 쾌감에 괴상한 소리를 내며 웃어댔다.

안안은 처음부터 이렇게 악독한 사람이었을까? 아니다. 그녀는 원래 마음씨가 착했다. 떠돌이 강아지나 개를 보면, 그냥 지나치지 못하고 집으로 데려가 키울 정도였다. 게다가 사회적 약자를 보면 자발적으로 나서서 힘껏 도왔다. 그런 안안이

끔찍한 짓을 저지른 것이다.

위 이야기의 인물처럼 모든 사람의 마음에는 천사와 악마가 공존한다. 마음속의 천사와 악마 중 한쪽이 강해지면 한쪽은 약해진다. 그렇기 때문에 일단 악마가 일을 저지르도록 방임하면, 그 사람은 악인이 되는 것이다. 쇼펜하우어는 이렇게 지적했다.

"우리의 본성이 무한히 이기적인 것도 있지만, 이것 말고도 모든 사람의 마음속에는 어느 정도 증오, 분노, 질투, 원망, 악독함이 공존하고 있다. 독사의 이빨 속 독액처럼 발사될 기회만 노리고 있는 것이다. 그리고 발사된 후에는 아무런 제제도 받지 않는 악마처럼 포효하고 미친 듯이 분노를 드러내려 한다."

사람의 본모습은 쇼펜하우어가 지적한 대로일까? 어쩌면 그렇기 때문에 많은 사람의 사악한 생각이 현실화되는 걸 막기 위해 법률을 제정하고 법적으로 속박하는지도 모른다.

인간은 원래 이기적이다

누구나 어느 정도 욕구가 있다. 본능적인 욕망은 사람의 인성을 탐욕스럽고 이기적으로 만든다. 따라서 사람의 행위 대부분은 사실 자신의 욕구를 만족시키기 위한 것이다. 생리적인 것, 심리적인 것, 물질적인 것 등과 관련된 대부분의 상황에 모두 이기적인 생각이 숨어 있는 것이다. 그리고 일단 조건이 충족되고 기회가 무르익으면, 이기심은 사람에게 무언가 나쁜 행동을 하도록 만든다. 이기적인 행동을 하면 반드시 타인에게 질책을 받게 된다. 하지만 자기 자신도 그러한 이기적인 행동을 억제할 수 없기 때문에 사람들의 비난으로부터 도망치기 위해 거짓말과 가식 속에 이기심을 숨긴다.

사람이라면 이기심이 있는 건 당연하다. 하지만 자신의 이기심이 다른 사람의 이익에 해를 입혔을 때, 자신의 행위가 낳은 막대한 대가는 반드시 치러야 한다.

사람의 본성은 원래 선량하다

세상에 태어날 때 우리는 모두 천사였다. 하지만 나이가 들고 점차 더 많은 일을 겪고 아는 게 많아지면, 마음의 평화가 사라진다. 그러면 악마가 우리의 마음속으로 서서히 들어와 자리 잡고 시도 때도 없이 튀어나와 말썽을 일으킨다. 하지만 그 누구도 '나쁜 사람'이 되고 싶지는 않을 것이다. 나쁜 사람은 배척을 당하게 마련이니까. 더군다나 우리는 어려서부터 다른 사람에게 친절하게 행동하고 착한 사람이 되어야 한다고 교육받았으니까.

그런데 우리는 자신도 모르는 사이 '나쁜 사람'으로 몰린다. 심지어 작정하고 나쁜 짓을 할 수 있게, 아예 '나쁜 사람'이 되고 싶다는 생각을 하기도 한다. 그렇지만 대개 자신이 원해서라기보다는 주변 요인 때문에 '나쁜 사람'이 된다.

억울한 일을 당했다고 생각해보자. 분노, 두려움, 비굴함 등의 감정이 한꺼번에 밀려올 것이다. 제아무리 해명해도 타인에 의해 낙인찍힌 것 때문에 자신만 더 초라해지고 만다.

사랑해서는 안 될 사람을 사랑하게 되었다고 해보자. 불안, 답답, 상심 등의 감정이 밀려올 것이다. 심한 경우 상대와 헤어지는 걸 감당하지 못해 수단과 방법을 가리지 않고 나쁜 행동을 하기도 한다.

사람의 내면은 본래 복잡하고 변덕스럽다. 따라서 누구든 나쁜 사람으로 변할 수 있다. 게다가 인간의 본성은 욕망이 장악하고 있다. 그래서 욕망이 끝도 없이 치고 올라올 때 시기까지 맞아떨어지면, 사리사욕을 채우기 위해 그 어떤 사악한 일도 불사할 수 있다. 결국 깊은 자책의 늪에 빠지면서도 말이다. 반면, 적절한 시기에 자기 내면의 마지노선을 굳건히 지키면 내면의 나쁜 감정들을 철저히 통제할 수 있다. 그러면 나쁜 사람으로 변할 여지를 많이 제거할 수 있다.

예절은
지혜다

Schopenhauer

예의는 가짜인 줄 알면서 사용하는 계산용 모조 화폐 같은 것으로, 이러한 것을 아끼는 행동은 생각하는 능력이 결핍된 것이다.

어느 중년 부인이 실수로 할머니의 발을 밟았다. 중년 부인은 할머니가 크게 다친 것 같지 않아 그냥 넘어가려 했다. 그러자 할머니가 몇 마디 쏘아붙였다.

"이런 교양 없는 사람을 봤나! 남의 발을 밟고도 미안하단 말도 한마디 않고!"

중년 부인은 표정을 일그러뜨리고는 할머니에게 쏘아댔다.

"하나도 안 아픈가 보군요. 늙었다고 유세 떨지 마시죠!"

결국 두 사람은 싸우기 시작했고, 기어코 중년 여성이 할머니를 세게 밀쳤다. 그 바람에 할머니는 계단에서 뒹굴어 발이

삐고 무릎이 깨져버렸다.

원래는 '미안합니다' 한마디면 금방 해결될 일이었다. 하지만 사과의 말 한마디를 안 하는 바람에, 급기야 피를 보는 사건으로 번지고 말았다.

예의범절을 모르는 사람이 너무 많아 사람들 간 다툼이 끊이지 않는다. 예절을 지키는 데는 돈이 들지 않는다. 그런데도 많은 수확을 안겨준다. '미안합니다', '감사합니다' 같은 말 한마디면 큰 싸움을 피할 수도 있다. 그럼에도 사람들은 왜 실행하지 않는 걸까?

옛말에 '예절을 배우지 않으면, 설 자리가 없다'라고 했다. 예절은 인간관계를 개선해주며, 타인으로부터 존중받게 해준다. 그러므로 세상에서 자신의 위치를 확고히 하고 싶다면 반드시 예절을 배워야 한다. 위대한 인물들이 사람들에게 존경받을 수 있었던 데에는 예절도 큰 역할을 했다.

레닌이 좁은 계단을 내려가려고 할 때였다. 때마침 여공(女工)이 대야를 들고 위층으로 올라가고 있었다. 그런데 여공은 레닌을 보자마자 뒤로 물러서려 했다. 그에게 먼저 가도록 길을 터주기 위해서였다. 그러자 레닌은 손사래를 치며 말했다.

"이러지 말아요. 벌써 반이나 왔고 물까지 들고 있잖아요. 난 아무것도 들지 않았으니 그쪽이 먼저 지나가도록 해요."

여공을 먼저 지나가도록 한 레닌의 말에는 상냥함과 상대방에 대한 존중이 듬뿍 담겨 있었다.

사실, 예절은 일종의 지혜의 실천이다. 특히 낯선 사람과 함께할 때는 더욱 그렇다. 낯선 사람에게 길을 묻는데, 다짜고짜 행인 앞을 막아선 채 어깨를 툭툭 치며 "헤이, 거기 어떻게 가면 돼?"라고 물었다 해보자. 상대방의 기분이 어떨까? 반대로 일정한 거리를 유지한 채 예의를 갖춰 정중하게 "길 좀 묻겠습니다. 거기는 어떻게 가면 되나요?"라고 물었다 해보자. 후자처럼 예의바르게 행동했을 때 상대가 놀라지 않고 기꺼이 길을 알려줄 것이다.

미안하다고 할 줄 아는 사람이 되자

갈수록 많은 사람이 오만하고 무례해져서 고개를 숙일 줄 모른다. 잘못한 일이 있다면, 미안하다고 말하는 게 당연한데 말이다. 먼저 미안하다고 말하면, 당장은 기분이 찜찜할 수도 있다. 하지만 먼저 사과하는 행동은 자신의 덕과 품성을 높이는 좋은 방법이다. 게다가 미안하다고 말하고 나면, 자신을 찜찜하게 만드는 일이 사라지므로 마음이 편안해진다. 여기에서 한발 더 나아가 자신을 낮추고 타인의 지적을 받아들이면 자신을 계속 성장시킬 수 있다.

쇼펜하우어는 말했다.

▼

"예절과 친절함은 다른 사람을 순종적이고 친절하게 만들 수 있다. 왜냐하면 예절이 인성에 미치는 영향은 따스함이 초에 미치는 영향과 같기 때문이다."

오늘날 예의를 지키고 따스함과 소박함과 관용을 지닌 사람이 점점 줄고 있다. 그 대신 오만함, 낙담, 원망 등을 품은 사람이 늘고 있다. 비문명적인 현상과 행위도 날로 늘고 있다. 사소한 일이 돌이킬 수 없는 비극으로 변하는 사건도 비일비재하다.

옛말에 '예절을 몸에 지니면 천하를 다닐 수 있지만, 예절을 지니지 못하면 한 걸음도 나아가기 힘들다'라고 했다. 예절을 전혀 갖추지 못한 사람은 옮기는 걸음걸음이 험난할 뿐임을 명심하기 바란다.

부자라도 '질' 낮은 이가 되면
가치 없는 사람이다

Schopenhauer

우매하고 무지하면, 아무리 큰 부자라도 그 가치가 크게 내려간다.

아무리 아름다운 여인이라도 성격에 결함이 있으면, 아름다움의 가치가 크게 떨어진다. 아무리 부자라도 무식하고 우매하면, 은연중에 그 가치가 대폭 떨어진다.

10년 동안 고군분투해 호화 주택에 입성한 사람이 있다. 그는 자신이 세상에서 가장 잘났다는 생각에 빠지게 되었다. 그는 고가의 자동차를 사 모으기 시작했다. 그의 차고는 금세 각종 차로 꽉 찼다. 그는 자동차를 복수의 도구로 사용했는데, 그 대상은 과거 자신을 무시했던 사람들이었다. 고급 자동차를 몰고 갑자기 그들 앞에 나타나 성공과 부를 자랑하고는 다시 휙 사라지는 것이었다. 담배도 가장 고가를 피웠으며, 술도 마찬가지였다. 밤마다 술이 떡이 되도록 마셨다. 그는 자신이 그토록 원하던 돈을 물 쓰듯 써댔고, 졸부들의 각종 나쁜 습관을 몸에 익혀나갔다. 심지어 힘들 때 사업을 도운 조강지처를 버리고 젊은 여성을 사귀었다. 그의 허영심은 최대로 충족되었지만 잠을 자다 한밤중에 깨어나면, 지독한 공허함이 엄습해왔다.

사회가 발전하면서 오히려 불행해진 사람들은 심리적 안위를 얻기 위해 여러 방법을 동원한다. 오늘날 부자가 늘고 있지만, 그중 행복한 사람은 몇 안 된다. 사고(思考)하는 방법을 잊었기 때문이다. 쇼펜하우어는 말했다.

"가난한 사람은 바삐 일해야 해서 독서나 생각을 할 여유가 없다. 그러니 그들이 무지한 것은 이상한 일이 아니다. 하지만 부자들은 다르다. 부자들 중에서 무지한 사람을 보면 무절제하고 늘 술에 취해 있는데, 마치 금수(禽獸) 같다. 그들은 대단히 가치 있는 일을 할 수 있음에도 자신의 재산과 여유를 제대로 쓸 줄 모른다."

일단 하던 일을 멈추면 여유 시간이 늘어난다. 이 시간에 향락의 세계를 접하면, 많은 사람이 유혹을 견디지 못하고 빠져버린다. 세상의 다채로움을 즐기는 행위는 나쁜 게 아니다. 하지만 깊이 빠져서는 안 된다. 대신 가치 있는 일을 많이 해야 한다. 돈을 마구 써가며 부를 과시하는 방법 말고도 자신의 가치를 보여줄 방법은 매우 많다. 예컨대 카네기는 자선 사업에 힘을 쏟으며 자신의 거의 전 재산을 사회에 기부했다. 전 세계 최대 자선기금을 창립한 빌게이츠도 활발히 자선 사업을 펼치고 있다.

부와 행복은 정비례하지 않는다. 아무리 돈이 많아도 정신적으로 빈곤하면 행복해질 수 없다.

마음을 차분히 가다듬어보자

많은 사람이 부를 얻은 후 어떻게 하면 더 즐거울 수 있을지 궁리한다. 결국 오락과 유희를 즐기기 시작한다. 하지만 이러한 유희는 단기적 즐거움만 줄 뿐이다.

마음을 차분히 가다듬고 이렇게 생각해보자. 부는 단순히 신체 외적인 물건일 뿐이니 아무리 많이 가져도 큰 의의가 없다고 말이다. 이로써 마음이 진정 원하는 것을 찾으면, 정신세계를 더욱 풍부하게 만들며 더 의미 있는 일을 할 수 있다. 그리고 자신이 지닌 재산과 몸값이 드디어 균형을 이루게 된다.

내적 충실도가 더 중요하다

도덕적 수양은 자신을 구속하는 게 아니다. 오히려 전체 인생에 대한 개인의 깨달음을 끌어올리는 행동이다. 인생에서 중요한 것과 중요하지 않은 것을 제대로 구분하지 못하면서도 부를 너무 중시하면 탐욕적으로 변하며, 여기에 우매함까지 더해지면 타락하게 마련이다. 정신적 욕구가 빈약한 부자들은 부를 축적한 뒤 사물에 기대어 행복을 찾으려 한다. 먹고 마시고 놀며 자극을 좇는 것이다. 그런데 물질적 자극을 좇는 사람은 내면이 황폐하다. 그러므로 이들은 더 많은 부를 지니게 되더라도 다시는 행복해질 수 없으니 불쌍하다.

돈 많은 이들은 이미 한 단계 신분 상승을 이루었다. 그러니 더 이상 돈에 얽매일 필요가 없다. 그런데도 부자들이 여전히 울적하고 행복하지 않은 이유는 생활이 궁핍한 사람들보다 덜 행복하거나, 비슷한 정도의 행복만 느끼고 있어서다. 그래서 이들은 내면의 공허함과 사상의 궁핍을 채우기 위해 사교 활동에 뛰어들며, 그 속에서 온갖 쾌락을 누리려 한다.

일부 재벌 2세들에게 돈은 종잇장에 불과하다. 그래서 그들은 시간의 대부분을 돈 쓰는 데 사용하며, 극도로 호화롭고 탐욕적인 생활을 한다. 그렇지만 그들에게는 더 큰 마음속 고통만 남을 뿐이다. 재벌 2세처럼 돈을 물 쓰듯이 하면서 내면의 궁핍함을 채우려 한다면, 일시적 쾌락밖에 얻지 못한다. 게다가 내적인 공허함을 채우려다 도리어 외적인 부에까지 직접적인 타격을 줄 수 있다.

그러니 부를 지니게 되면 더 가치 있고 다양한 욕구를 꿈꿔야 한다. 그리고 자신을 엄격히 규율하고 더 많이 수양함으로써 자신의 자질과 재산이 균형을 이루도록 해야 한다. 그렇지 않으면 자신의 가치는 어느 순간 떨어져 있을 것이다.

진실하지 않은 겸허함은
위선이다

Schopenhauer

겸허는 평범한 사람에게는 단순히 성실(誠實)이지만, 위대한 재능을 가진 사람에게는 위선이다. 겸허가 미덕이라는 표현은 우둔한 사람이 찾아낸 가장 똑똑한 발견이다. 이 표현을 따라 모든 사람은 자신을 마치 바보처럼 보이도록 말하려 한다. 이것이야말로 교묘하게 모든 사람을 동일한 수준으로 끌어내리는 것이다.

린은 자오와 입사 동기다. 린은 겸허한 품성에 인맥도 좋으며, 업무 능력도 그럭저럭 괜찮은 편이다. 자오는 거만하지도 그렇다고 비굴하지도 않은 성격이며, 인맥은 평범했지만 업무 능력은 탁월했다. 둘은 같은 부서에서 일했고 나이도 비슷했던 터라 동료들은 두 사람을 자주 비교했다.

린은 성격이 원만해 동료들과 잘 어울렸고 퇴근 후 동료들과 함께 술을 마시며 대화 나누는 걸 좋아했다. 그런데 절호의 기회가 찾아왔을 때, 그의 겸허한 성격은 오히려 큰 걸림돌이 되었다.

본사에서 외국인 고위 관계자를 파견해 시찰할 때였다. 매니저는 린이나 자오가 통역을 담당하길 바랐다. 린이 말했다.

"사장님, 제가 엉뚱한 말을 하지나 않을까 걱정됩니다."

그러자 자오가 말했다.

"저는 문제없습니다. 제가 하죠."

시찰을 나온 외국인 고위급 인사와 매니저는 자오의 통역 능력을 높이 평가했다. 그러자 일부 동료가 말했다.

"린, 너도 영어 잘하잖아! 왜 통역하러 나서지 않은 거야? 자오를 봐. 정말 겸손함이라고는 찾아볼 수가 없어."

한번은 상사가 린과 자오를 부서 매니저 후보로 추천해 올렸다. 그러자 린이 사장에게 말했다.

"사장님, 절 좋게 봐주셔서 정말 감사합니다. 하지만 제가 아직 능력이 미천합니다. 배워야 할 것도 많고요. 부서 매니저 일을 제대로 해내지 못할까 걱정됩니다. 제 생각에는 자오가 그 자리에 더 어울리는 것 같습니다."

그런데 자오는 당당하게 제안을 받아들였다.

"절 신임해주셔서 감사합니다. 최선을 다하겠습니다."

결국 자오가 부서 매니저로 발탁되었다.

동료 중 하나가 자오에게 말했다.

"자오, 좀 겸손해졌으면 하는데. 자네는 회사 들어온 지 얼마나 됐다고……."

또 다른 동료는 다음과 같이 말했다.

"자오, 넌 정말 겸손함을 모르는구나. 회사에 너보다 경력 많은 직원이 많아. 그런데 어떻게 네가……."

그러자 자오는 담담하게 받아쳤다.

"난 그냥, 내가 해낼 수 있을 것 같아서 받아들인 건데요."

결국 자오는 부서 매니저 직위를 충분히 수행해냈다.

우리는 재능이 뛰어난 사람을 알게 되면, 대개 입으로는 "별로 대단하지도 않잖아!"라고 말하면서 속으로는 은근히 질투한다. 우리는 교육받기 시작하면서 '겸허함은 사람을 앞으로 나아가게 하고, 교만함은 사람을 낙후시킨다'라는 말을 자주 듣는다. 하지만 쇼펜하우어는 자오처럼 말한다.

'겸허는 평범한 사람에게는 단순히 성실(誠實)이지만, 위대한 재능을 가진 사람에게는 위선이다.'

어떻게 보면 겸허는 자신의 평범함 또는 자신이 더 이상 할 수 있는 것이 없음을 인정하는 말이다. 그래서 겸허한 사람은 누군가가 전혀 겸허하지 않은 태도로 자신의 능력을 인정하면, 그 사람을 거들떠도 안 본다. 다른 사람도 자신처럼 조금 더 '겸허'하게 행동하길 기대하기 때문이다.

그런데 이는 잘못된 생각이다. 남이 자신처럼 겸허하길 바라는 사람은 실제로는 아무런 가치도 지니지 못했으며, 아무런 공헌을 세워본 적 없으면서 성취를 이룬 사람을 질투하고 있는 것이다. 아쉽게도 이와 같은 사람이 대다수다. 그렇기 때문에 성취를 이룬 사람은 고독하며, 소수에 속할 수밖에 없다.

"세상을 속이고 명예를 훔칠 수 있는 자가 바로 겸허한 사람이다."

이는 괴테가 한 말이다. 자신의 재능으로 세계를 떠받칠 수 없는 사람에게 겸허는 가장 완벽한 평계로 작용한다. 이들은 겸허하게 행동해야 세상 사람에게 자신의 무지함을 드러내지 않는 동시에 다른 사람의 존중까지 얻을 수 있다고 생각한다. 하지만 쇼펜하우어의 지적대로, 우수한 사람만이 자기 곁에 있는 사람이 우수하길 바란다. 반면 아무것도 할 줄 모르고 그 어떤 장점도 없는 사람만이 악독하게도 타인 역시 자기처럼 평범하고 장점이 없기를 바란다. 심지어 이들은 재능이 출중한 사람이 사라져 속이 후련해지길 원한다.

겸허함을 제대로 다뤄라

때로는 겸허함이 나약함의 표현일 수 있다. 이제는 겸허에 대해 다시 생각해볼 필요가 있다.

논어에 온순해야 하거나 조화를 추구해야 한다는 의미의 '화위귀(和爲貴)'라는 구절이 있다. 그런데 모든 일을 '화위

▼

귀'에 따라 실행한다면 어떻게 될까? 사람들은 타인에게 잘못을 저지르려 하지 않을 것이며, 타인의 생각대로 행동하려 할 것이다. 그러면 분쟁은 비켜갈 수 있겠지만 인생의 의의는 사라질 것이며, 사회는 진보를 이룩할 수 없을 것이다. 많은 사람이 자신의 소소한 삶에 만족해 싸우거나 훔치지 않을 것이며, 타인의 말에도 무조건 찬성할 것이다. 그러니 이들에게 진리 추구는 금물일 것이다. 또한 겸허한 사람들만 모여 있으니 진리에 대해 논하지도 않을 것이다. 그저 평범한 사람들이 모여 서로를 치켜세우기만 할 테니, 결국 시간만 낭비할 것이다.

세상에 우매한 사람이 절대 다수라는 사실을 부인할 수는 없다. 그런데 자신이 능력을 지니고 있는데도 겸허한 자세로 양보만 한다면, 평범한 사람과 무슨 차이가 있을까? 겸허하게 양보만 하면 자신을 평범한 사람으로 끌어내리는 것밖에 되지 않는다.

진실과 진리만을 고수하는 사람을 보면 모두 제멋대로다. 쇼펜하우어처럼 말이다. 쇼펜하우어는 자신의 재능을 대단히 확신했으며, 그래서 이렇게 말했다.

"옛 작가들 중 거의 대부분은 자신을 상당히 자랑스러워한다. 단테, 셰익스피어, 베이컨 등이 그러했다. 위대하고 풍부한 정신과 사상을 지니고도 그에 대해 전혀 느끼지 못한다면 이 황당한 생각은 역시나 백약이 무효할 정도로 무능한 부류만이 자신을 설득시켜 받아들일 수 있는 얘기일 것이다. 그리고 그들은 자신의 열등함을 겸허라고 말할 것이다."

니체도 쇼펜하우어와 유사한 맥락으로 말했다.

"나 이전에는 위로 향하는 정확한 길을 아는 사람이 한 명도 없었다."

저들을 오만하다고 비난한다면, 그 사실만으로도 저속하며 질투심이 강한 사람임을 증명하는 셈이다. 다시 말해, 자신의 능력을 인정하는 사람에게는 오만함의 자본이 있는데, 이는 진정으로 지혜로운 사람에만 속해 있다. 그러므로 오만함이 악이라고 단정할 수 없다. 오히려 무지와 얄팍함이야말로 악의 근원이라 하겠다.

자신의 가치를 정확히 평가하라

지혜로운 사람은 자신의 가치가 무엇으로부터 나오는지 제대로 안다. 17세기 프랑스의 비극 작가 피에르 코르네유(Pierre Corneille)는 "가짜 겸허함으로는 자연스레 명성이 올라갈 수 없다. 나는 나의 가치를 알고 있으며, 나에 대한 사람들의 평가를 믿는다"라고 말했다. 이처럼 솔직하게 자신의 가치를 말하는 것은 일종의 성실(誠實)이다.

많은 사람이 겸허를 빌려 자신의 무지와 우매함을 가리려 한다. 그래야 마음 편히 하루하루를 살아갈 수 있기 때문이다. 이들에게는 겸허가 공격을 막아주는 보호막이다. 그러니 자신의 내면이 풍부하다면, 부디 자신의 겸허함을 거두기를 바란다. 더 이상 자신을 바보의 대열로 밀어넣지 말기 바란다. 자신의 가치는 생각보다 훨씬 높으니 말이다.

협력과 고독

Schopenhauer

개인은 연약하고 무력하다. 마치 바다를 표류하는 로빈슨 크루소처럼 말이다.

그래서 개인은 오직 다른 사람들과 함께할 때만 여러 과업을 완성할 수 있다.

돈을 정말로 많이 번 사람이 있다. 더 이상 인생에서 고군분투할 목표가 사라졌다고 느낀 그는 무릉도원의 삶을 꿈꾸었다. 그래서 그동안 모은 돈을 모두 들고 인적이 드문 곳으로 가 혼자만의 생활을 시작했다.

이곳에는 분쟁도, 해도 해도 끝이 없는 일도, 가식적인 얼굴들과 마주할 필요도 없었다. 더군다나 계약 하나를 더 따내기 위해 비굴하게 굽신거릴 필요도 없었다. 그는 혼자 지내는 생활이 너무나 좋았다. 주위를 둘러싼 나무와 숲, 가끔씩 만나는 나무 사이를 돌아다니는 작은 동물들과 함께 그는 원시적인 생활을 즐겼다.

하지만 시간이 지날수록 자신이 적응하지 못하고 있다는 사실을 깨달았다. 우선 음식 문제가 심각했다. 멀리까지 나가서 식재료를 사 와야 하는 일은 정말 번거로웠다. 그렇다고 산속에서 먹을거리를 채집할 수도 없었다. 그나마 쉽게 구할 수 있는 주변의 야생 과일은 이미 먹을 만큼 다 먹은 상태였다. 또한 숲에서는 즐길 거리가 부족했다. 그가 할 수 있는 놀이라고는 매일 맞은편 산마루를 우두커니 바라보는 것뿐이었다. 게다가 이곳에서는 그렇게 열심히 번 돈은 애당초 무용지물이었다. 그러자 초기에 느꼈던 평온함은 불안함과 초조함으로 변했다.

많은 사람이 무릉도원에서의 삶을 동경한다. 그런데 오늘날 정말로 무릉도원 같은 삶이 있을까? 쇼펜하우어도 인생에는 두 가지 선택이 있는데, 고독 아니면 범속(凡俗)한 삶이라고 했다.

쇼펜하우어는 사람들의 교류를 좋아하지 않았다. 심지어 다른 사람과의 교제를 좋아하는 것은 무뢰한이라고 생각했다. 하지만 그 역시 진정한 고독은 군중을 떠나 혼자 사는 삶이 아니라고 지적했다.

"오랫동안 군중으로부터 떨어져 생활하면, 우리의 정서가 이상하게 민감해진다. 언급할 가치도 없는 사소한 일부터 말투, 심지어 다른 사람의 표정, 눈빛까지 모두 우리의 마음을 불안하고 상처받게 하고 고통스럽게 만든다."

이렇듯 신체적인 고독은 결코 영혼의 고독을 대표하지 못한다. 그러므로 영혼의 고독을 신체적 고독을 통해 이루어야 할 필요는 없는 것이다.

오늘날의 사회는 군중을 떠나 살기에는 적합하지 않다. 우리는 사람 간의 교류와 협력이 필요한 사회에 살고 있는 것이다. 또한 타인과 교류하고 협력해야 높이 올라갈 수 있다. 그리고 삶에는 혼자서 완성시킬 수 없는 것이 너무 많다. 따라서 사람들과 협력하고 우호적인 교류를 해야만 더 나은 생활환경을 보장받을 수 있다.

하지만 쇼펜하우어의 말처럼 인간관계와 교류에는 일정한 고독이 필요하다. 즉, 우리가 다른 사람과 교류해야 한다고 해서 항상 그들과 그룹을 형성해야만 하는 것은 아니다. 맹목적으로 뭉치는 행위는 자신을 잃어버리게 할 뿐이다. 적당한 거리를 유지해야만 삶에서 많은 가능성을 실현할 수 있다.

협력에 대해 제대로 알기

고독을 갈망하는 것과 어느 정도 사회적 교류를 유지하는 것은 결코 이율배반적이지 않다. 이 세상에서 살다 보면 남들과 어쩔 수 없이 교류해야 하기 때문이다. 만약 사람들이 두려워서 고독을 선택했다면, 고독으로 말미암아 파생되는 단점을 오랫동안 감당할 수 없을 것이다.

사람은 모두 저마다의 허점이 있다. 아무리 총명한 사람도 허점이 있게 마련이다. 따라서 자신이 원하는 일을 효과적으로 이루려면, 다른 사람과의 합이 잘 맞아야 한다. 개인의 역량은 분명 한계가 있다. 그러므로 성숙한 개인이라도 타인과의 협력을 전제로 인격적 독립을 유지해야 한다.

다시 말하지만 오늘날 사회에서는 협력이 절대적으로 필요하다. 특히 직장생활을 하는 사람일수록 타인과의 교류는 일상이다. 그런데 만약 혼자서 모든 일을 처리할 수 있다고 생각하거나, 혼자만 고상하다고 여겨 남들과 협력하지 않는다면 금세 고립될 것이다.

쇼펜하우어도 말했다.

"고독의 일부를 사회 군중 속으로 가지고 들어가 사람들 속에서 어느 정도 고독을 유지하는 법을 익혀라."

쇼펜하우어의 충고처럼 타인과 선택적이고 절제된 교류를 하면서 품격 있는 고독을 유지한다면, 시끌벅적한 사람들 속에서도 인생에 대해 차분히 생각해볼 수 있을 것이다.

망각,
잊어도 되는 일이 있다

Schopenhauer
망각은 절망보다 더 강력하다.

　당씨의 회사가 파산했다. 그의 온 가족은 원래 살던 대저택에서 나와 월세생활을 시작했고, 부인은 충격을 이기지 못해 결국 집을 나가버렸다. 파산 전까지는 그와 사이가 좋았던 동업자들도 계속 그를 피했다.

　당씨는 셋방에 들어설 때마다 자기도 모르게 잘살았던 과거를 떠올렸다. 그러자 부정적인 정서들이 그를 휘감기 시작했다. 하지만 아직 어린 아이를 보고 있자면, 나쁜 생각을 하는 자신이 너무 나약하게만 느껴졌다.

　원래 뛰어난 재능의 소유자였던 당씨는 더 이상 자책만 하며 죽치고 있을 수 없다고 생각했다. 그가 정말로 삶에 절망했다면, 다시는 마음을 다잡을 수 없었을 것이다.

다음 날 당씨는 자기에게 잔뜩 기를 불어넣고는 일을 찾으러 나섰다. 하지만 한 달이 지나도록 일을 찾기는커녕 면접을 볼 때마다 면접관들로부터 비웃음만 들어야 했다. 이에 그는 일자리 찾기를 그만두기로 했다. 그 대신 자신의 전문 지식을 바탕으로 작은 점포를 내고 익숙했던 업종의 일을 시작했다. 이내 고객들로부터 좋은 평가가 쌓이고 입소문이 났고 그의 사업은 점차 궤도에 올라섰다. 얼마 후 분점도 열게 되었다.

인생에는 성공이 있으면, 실패도 있게 마련이다. 일시적인 실패를 계속 마음속에 담아둔다면, 삶에는 절망만 가득할 것이다. 그러면 자연스레 실패자로 전락하고 만다.

실패 후 딛고 일어서지 못하는 사람은 절대 성공할 수 없다. 그래서 인생을 살다 보면 망각할 줄도 알아야 한다. 기쁨이든 불쾌함이든, 모두 뜬구름 같은 것이기 때문이다. 실패한 기억은 앞으로 나아가는 데 방해물만 될 뿐이다.

삶의 여정에서 우리는 각양각색의 난제에 부딪힌다. 즉, 한 문제를 해결하면 이는 곧 다른 문제의 시작을 알리는 예고가 된다. 그러니 자신이 잊어야 할 것들에 마음을 두고 있다면, 삶은 더욱 고통스러워질 뿐이다. 그러므로 망각할 줄 알아야 하며, 이로써 자신을 불쾌하게 하는 일을 잊어야 한다.

많은 이가 삶이 힘들다고 하지만, 사실 삶이란 본래 그런 것이며, 고통이 행복보다 많다. 세상사 모두를 마음에 담아놓고 살 수는 없다. 따라서 반드시 망각하는 방법을 터득해야 한다.

수많은 일이 벌어지지만, 우리에게는 그 일들이 일어나지 않도록 막을 방도가 없다. 우리의 내면은 어떤 일이나 사람 때문에 평정심을 잃게 되어 있다. 그리고 우리 내면에 설치된 '과거'의 시한폭탄은 언제든 우리 안에서 폭발할 수 있다. 그러므로 망각만이 가장 좋은 해결책이다.

기억해야 할 것만 기억하라

많은 사람이 불행한 이유는 기억 속에서 살고 있어서다. 삶은 본래 고통의 집합소다. 그렇기 때문에 되돌아보는 게 많을수록 고통만 가중되며, 절망에 빠져 결국 사는 게 의미 없다고 생각하게 된다.

좋은 기억, 나쁜 기억을 떠나 모든 기억에는 독이 있다. 혼자 있을 때 과거의 회상에 쉽게 빠지는 범속한 사람은 재소환된 기억으로 말미암아 인생이 절망스럽다고 느낀다. 반면 비범한 사람은 필요 없는 것은 잊어버리는 편을 선택한다.

인생이라는 길은 본래 평탄하지 않다. 인생의 길을 걷다 보면, 자신에게 소중한 것은 운명적으로 잃어버릴 수밖에 없다. 이 때문에 마주하고 있는 현실을 바꿀 수 없어 무력감을 느낀다. 원래는 자기 것이었던 것이 떠나가는데도 그저 지켜볼 수밖에 없어, 내면의 절망감이 모든 이성과 지혜를 삼켜버린다.

기억이 없는 사람은 없다. 사람은 컴퓨터도 아니다. 하지만 모든 과거를 리셋(reset)할 수 있으며, 필요한 기억만 남겨둘 수도 있다.

기억은 우리를 더욱 총명하고 지혜롭게 만든다. 기억으로 쌓은 풍부한 경험이 사건의 본질을 제대로 볼 수 있게 해주어서다. 따라서 필요 없는 일을 의식적이고 선택적으로 잊으면 조금 더 홀가분해진다. 가끔씩 잊었던 것이 떠오르기도 하겠지만, 폐부가 찢기는 고통이나 갑갑했던 기분들은 어느새 사라져 전혀 느낄 수 없을 것이다.

지극히 짧은 인생을 고통과 상처로만 얼룩지게 할 수는 없다. 그러니 망각이라는 최고의 무기로 고통과 상처를 막아야 한다. 사실, 걱정과 번뇌는 자신이 자초한 것이다. 그러므로 삶의 본질을 깨달으면 '어제'의 고통 때문에 대가를 치르지 않아도 된다. 머릿속을 가치 없는 것들이 차지하고 있다면, 절망 속에서 살아야 한다. 그러니 망각을 익혀야 한다. 즉, 이성(理性)과 지혜를 동원해 복잡한 생각을 정리해야 한다. 그러면 더 이상 고통 속에서 살지 않아도 된다.

소중한 친구에게
혹독한 비난을 퍼붓지 말라

Schopenhauer

결함 덩어리인 세계에서 진실한 친구를 만났다면, 그를 소중히 여기길 바란다. 우리는 가끔 자기 자신에게조차 성실하지 못하다. 그러므로 타인을 호되게 비난해서는 안 되며, 인간의 본성은 본래 복잡한 것임을 알아야 한다.

실연한 샤오산이 친구에게 자신의 고통을 털어놓았다. 그런데 친구는 이야기를 마친 샤오산에게 그저 물 한 잔만 건넬 뿐이었다. 고통에 빠져 있던 샤오산은 친구가 자신의 실연에 아무런 관심도 없는 것처럼 보였다. 기분이 상한 샤오산은 친구에게 신경질을 냈다.

"왜 아무 말도 안 해? 나 실연당했다고! 날 위로해줘야 맞는 거 아냐?"

친구가 말했다.

"남자 친구와 헤어졌다지만, 그렇게 아파해봤자 소용없어. 한바탕 울고 나면 다 그만일 뿐이거든."

친구의 말은 샤오산의 기분을 더 상하게 만들었다.

"정말 무정하구나!"

샤오산은 친구에게 쏘아붙이고는 문을 박차고 나가버렸다.

불행한 일을 당하면 사람들은 주변 사람이 자신의 고통에 공감해주기를 바란다. 막상 친구가 '담담'한 반응을 보이면, 기분이 상한다. 그런데 고작 이런 일로 친구를 비난한다면 대단히 어리석은 것이다. 직접 겪지도 않은 일에 똑같은 고통을 느끼기란 거의 불가능하기 때문이다. 친구 입장에서는 묵묵히 곁을 지켜주는 것만으로도 가장 큰 위로를 해주고 있는 것이다. 더군다나 누구나 자기 곁에서 자신의 읍소를 들어주는 건 아니다.

쇼펜하우어는 말했다.

"먼저 사람의 본성을 이해하는 방법을 습득하고 반드시 '생활하되, 다른 사람도 생활하게 하라'라는 태도로 타인을 대해야 한다."

누군가에게 편견이 생기면, 가장 먼저 이 편견을 통해 자신의 단점을 돌아보아야 한다. 그래야 다른 사람을 더 객관적으로 대할 수 있다. 그런데 친구에게 편견이 생기면, 사람 대부분은 습관적으로 그를 비난부터 한다. 하지만 수양이 된 사람은 편견을 통해 자기반성을 한다. 진정한 친구는 얻기 힘들므로 이 친구를 잃지 않기 위해서다.

쇼펜하우어는 이렇게 지적했다.

"진실하고 실속 있는 우정에는 다음의 전제가 깔려 있다. 친구의 고통, 행복에 대해 강렬하고 순전히 객관적이며 이해관계를 완전히 벗어난 동정이 있을 것. 이것은 진정으로 친구와 함께 공감함을 의미한다."

하지만 인성이라는 관점에서 보면, 쇼펜하우어의 생각은 전혀 맞지 않다. 사람은 본래 이기적이며, 사람과 사람이 함께할 때는 그 사이에 이기심이 숨어 있기 때문이다.

그렇다면 어떻게 진정한 친구인지 확인해볼 수 있을까? 친구에게 도움을 구하거나, 어떤 이익을 희생시키는 방법으로 검증해볼 수 있다. 상대방에게 자신이 당한 불행을 말해주는 것도 좋은 방법이다. 그러면 친구의 얼굴에 나타나는 표정이 모든 진실을 말해줄 것이다. 당신과 함께 슬퍼하고 있다면, 친구의 얼굴에는 순도 100퍼센트의 슬픔이 어릴 것이다. 아무런 공감도 하지 않는다면, 이해할 수 없다는 표정을 지을 것이다. 심한 경우 친구가 기분 좋은 표정을 지을 수도 있다.

17세기 프랑스의 작가 프랑수아 드 라로슈푸코(François de La Rochefoucauld)는 이렇게 경고한다.

"가장 친한 친구의 불행에서 우리는 자신을 불쾌하게 만들지 않는 것을 늘 발견한다."

▼

이것이 인간의 본성이다. 자신의 약점과 불행을 타인에게 조금도 남김없이 드러내면, 오히려 듣는 이의 기분만 좋게 만들어줄 뿐이다.

친구라고 부르는 사람은 많다. 그런데 대부분은 몇 번 만나지 않은 사이다. 또한 친구 사이라 할지라도 너무 오랫동안 왕래하지 않으면, 우정도 시험에 들 수밖에 없다. 친구 사이일지라도 시간이 흐르면 친구는 단순히 개념으로만 남는다. 그러므로 진심으로 대할 수 있는 친구를 만났다면, 그를 진정으로 아껴주어야 할 것이다.

자기관리부터 잘 하자

우정이 계속 유지될지 여부를 떠나, 아무리 소중한 우정도 언젠가는 흐릿해진다. 우정이 흐릿해진다고 해서 소실되는 것은 아니다. 따라서 친구를 대할 때 너무 가혹하게 비난해서는 안 된다. 심한 비난은 친구와의 사이를 벌려놓을 뿐이다. 또한 우정 때문에 상처받아도 너무 마음에 두어서는 안 된다.

사람은 모두 독립된 개체이므로 그 누구도 타인의 생각을 좌지우지할 수 없다. 게다가 인간의 본성은 본래 험악해서 진실한 사람은 정말 극소수이다. 그러므로 자기관리를 하면서 모든 사람을 진지하게 대해야 한다.

▼

다른 사람에게 관대해져라

일일이 따지는 행위는 자신을 고통의 구렁텅이로 몰아넣는 것과 같다. 그러므로 친구를 관대히 대할 줄 알아야 한다. 친구를 심하게 비난하면 결국 친구뿐만 아니라 자신의 기분도 상한다. 관용은 인간관계를 더 부드럽게 만들어준다. 미소만으로도 껄끄러운 분위기가 해소되는 것처럼 말이다. 이렇게 보면 타인에게 관용을 베푸는 행동은 자기 잘못으로부터 자신을 구원하는 행위다.

Schopenhauer,
Arthur

Chapter 5

고독을 피할 수 없다면
즐겨라

쇼펜하우어는 "기꺼이 고독을 즐기는 것은 사실 명성과 이익을 좇는 행위와 경박하고 공허한 것에 대한 일종의 멸시이며, 범속을 초월한 상태에서 묵묵히 정신적 경지를 고수하는 것이다"라고 지적했다. 그러므로 기꺼이 고독을 선택한 사람은 늘 자신의 이상을 추구하며, 이성적이고 엄격하게 자신을 채찍질함으로써 자아를 완성시켜갈 수 있는 것이다.

고독에서 벗어날 수 없다면,
고독을 즐기는 법을 익혀라

Schopenhauer

지혜로운 사람은 늘 자신에게 주어진 생명을, 자신의 고독을 향유한다. 하지만 어리석은 사람은 늘 고독을, 한가로움이 주는 무료함을 두려워한다. 그래서 매번 저급한 유희로 자신에게 잠깐의 쾌감을 주려 한다.

우리 기준에서 볼 때 수많은 철학자는 이상한 사람들이다. 그들의 사유방식이 우리와는 완전히 다르기 때문이다. 쇼펜하우어는 그 이상한 사람들 중에서도 특히 더 이상하다. 그의 괴상함은 심지어 그의 철학만큼이나 유명해졌을 정도다.

부유한 가정에서 태어난 쇼펜하우어는 17세 되던 해에 아버지의 자살로 평생 써도 남을 유산을 물려받았고, 명실상부한 부자의 대열에 들어섰다. 일반적으로 이런 환경이라면 아이는 대개 난봉꾼 기질을 지니고, 상류사회 자녀들과 어울리며 돈을 물 쓰듯 써야 한다. 하지만 쇼펜하우어는 홀로 고독과 적막함을 즐기며 고루한 철학 연구에 매진했다.

그의 고독과 적막함은 결코 단기적인 행위가 아니었다. 다시 말해, 그는 평생을 고독하게 지낸 것이다. 그는 '삼무(三無)'의 사내였다. 아내, 자녀, 심지어 어머니도 없는 삶을 살았다. 쇼펜하우어에게 어머니가 없다고 한 이유는, 그가 스무 살때 어머니와 절연했기 때문이다. 이처럼 환경적인 관점에서 볼 때 쇼펜하우어는 무척 고독했다.

그는 정신적으로도 고독했다. 그가 그토록 자랑스러워한 학설은, 그가 마흔을 훌쩍 넘겼을 당시에도 사람들에게 외면받았다. 그가 몸담고 있던 철학계조차 그를 조소하고 냉대했다. 만약 보통 사람이 이와 같은 일을 당한다면, 진즉에 그만 두었을 것이다. 돈도 있고 하니, 아예 다른 일로 전업할 수도 있기 때문이다. 하지만 쇼펜하우어는 그만의 고독과 적막을 고수했다.

연이은 불행으로 그는 비관적인 태도를 유지했다. 하지만 운 좋게도 쇼펜하우어는 영원히 비극적인 인물로 남지는 않았다. 말년에 드디어 사람들로부터 인정받아 중요한 인물로 부상한 것이다. 게다가 그를 흠모해 찾아오는 철학자들의 발길도 이어졌다. 철학자로서의 그에 대한 관심과 명예가 따라온 것이다.

쇼펜하우어의 관점에서는, 사람의 일생이란 고통과 무료함 사이를 오가는 시계추 같다. 그래서 우리는 자주 무료하고 고독하며, 사람이라면 모두 고독을 겪는다고 했다. 많은 사람이 고독에서 벗어나기 위해 갖가지 방법을 동원한다. 모임에 나가고 술을 마시고 잡담을 나눈다. 하지만 결국 어느 순간에 고독이 다시 불쑥 찾아온다는 걸 알게 된다. 이렇듯 고독은 피할 수 없다. 우리가 할 수 있는 일이라고는 고독을 대하는 태도를 바꾸는 것이다.

혹자는 기꺼이 고독을 선택하는 것을 소극적 염세주의라고 한다. 또한 세상과 다투지 않고 홀로 고상하게 살아가는 방법이라고도 한다. 하지만 오늘날에는 절대 불가능한 삶이기도 하다. 그런데 쇼펜하우어에게 고독은 다른 의미다. 쇼펜하우어는 "기꺼이 고독을 즐기는 것은 사실 명성과 이익을 좇는 행위와 경박하고 공허한 것에 대한 일종의 멸시이며, 범속을 초월한 상태에서 묵묵히 정신적 경지를 고수하는 것이다"라고 지적했다. 그러므로 기꺼이 고독을 선택한 사람은 늘 자신의 이상을 추구하며, 이성적이고 엄격하게 자신을 채찍질함으로써 자아를 완성시켜갈 수 있는 것이다. 쇼펜하우어 역시 고독 속에서 거대한 업적을 이루었으며, 명성도 거머쥘 수 있었다.

고독 속에서 자신의 재능을 갈고닦은 유명인은 많다. 당나라 시인 두보의 경우, 방랑하며 힘들게 사는 와중에도 걸작을 많이 남겼다. 그중 '만 리 타역에서 다시 홀로 가을을 맞으니, 오랜 병이 도져 홀로 누대에 오르노라(萬里悲秋常作客 , 百年 多病獨登臺)'라는 구절은 적막하고 담담한 삶에 대한 생동감 넘치는 술회라고 할 수 있다. 중국 최고의 현대 화가 치바이스(齊白石)는 "그림은 적막의 도(道)이다"라고 말했다. 실제로 그는 10여 년 동안 두문불출하며 실력을 연마했으며, 이로써 거장의 반열에 올랐다. 철학가 헤겔은 외딴 베른에 숨어 지내 며 6년간 가정교사로 일했다. 그는 이 기간 동안 연구하고 수 많은 수필을 집필함으로써 비범한 성취를 이루었다.

이렇듯 기꺼이 고독을 선택하면, 고독 속에서 고군분투하 는 삶을 거쳐 위인으로 거듭날 수 있다. 젊은 시절 무언가 이 루고 싶다면, 고독이 찾아왔을 때 자신을 변화시킬 방법을 익 히기 바란다. 아울러 고독을 향유하면서 고독 속에서 자신을 성장시키길 바란다.

고독의 장점

쇼펜하우어는 '마음의 평화가 주는 즐거움을 누리기 위해 무료한 사교 모임을 포기하는 사람'이 가장 현명하다고 여겼 다. 18세기 프랑스 철학가 베르나르댕 드생피에르(Bernardin de Saint-Pierre) 역시 "다른 사람과의 교류를 알맞게 조절하면 우리의 영혼이 평온해진다"라고 말했다.

사교 활동을 하다 보면 성격과 개성의 차이로 서로 맞지 않는 부분이 나타날 수밖에 없다. 그러면 가급적 서로 양보하거나 아쉬운 대로 참고 견뎌야 한다. 자신의 개성을 거두고 적당히 타인의 행동에 맞춰줘야 하는 것이다. 하지만 혼자 있을 때는 이런 굴욕적인 행동을 하지 않아도 되므로 온전한 나 자신이 될 수 있다. 그러니 혼자 있을 때야말로 진정한 자유의 시간이며, 완전한 마음의 평화를 누릴 수 있다. 아울러 이와 같은 심리 상태를 오랫동안 유지하고 싶다면 외부 접촉을 거의 끊은 채 타인의 일에 끼어들지 않으면 된다. 이렇듯 고독은 마음의 평화를 주는 원천이다. 이 원리를 터득했다면 더 이상 고독이 두렵지 않을 것이며, 이로써 고독에 적응하고 고독을 좋아하게 될 것이다.

고독할 때 의미 있는 일을 하라

고독을 즐기라는 말은 아무것도 하지 않고 그냥 가만히 있으라는 의미가 아니다. 쇼펜하우어는 혼자 있는 시간 동안 철학 연구에 열중했다. 그는 목표가 있었기에 의미 있는 일을 했으며, 자신이 보낸 시간에서 보람을 느꼈다. 이는 쇼펜하우어가 오랫동안 고독을 향유할 수 있었던 중요 요인이다.

어떤 사람은 '고독은 명확한 목표가 없어 자신이 무엇을 해야 할지 모르는 상태'라고 한다. 하지만 홀로 고독하게 지내는

▼

시간은 인생의 목표를 세우고, 자신에게 의미 있는 일을 하며, 자신의 특기를 개발하는 시기이다. 새로운 기능 같은 것을 배우면서 충전의 시간으로 삼을 수도 있다. 이를테면 그동안은 음식을 만들 줄 몰랐다면, 이 기회에 자기가 좋아하는 음식을 만드는 방법을 배우면 된다. 혹은 이런저런 폐품을 활용해 수공예품을 만들어볼 수도 있다. 이런 활동은 지식을 보완하는 데 도움을 주며, 새로운 인생 취미를 만드는 것이므로 모두 의미 있는 일이다. 더군다나 이렇게 의미 있는 일을 함으로써 자신이 세상을 사는 이유를 고찰해볼 수도 있으니, 쓸쓸함을 느낄 여지가 없다.

고독할 때 자신에게 격려해주어라

쇼펜하우어가 고독을 장기간 유지하고 감내할 수 있었던 데에는 자신을 향한 격려가 한몫했다. 그는 철저히 인정받지 못한 세월 동안 항상 다음과 같은 말로 자신을 다독였다.

"기억해둬. 너는 천재야. 천재는 시대를 초월할 수밖에 없어. 그런데 너는 이 시대에 속해 있잖아. 결국 너의 저서는 후대인을 위한 것이야. 그러니 이 적막감을 홀로 감내해야 해."

이제 막 사회에 발을 내딛은 젊은이들은 대개가 성에 차지 않는 직장에서, 성에 차지 않는 일을 하며, 고군분투한다. 이 때 경솔함이 자신의 공허함을 비집고 들어오지 못하도록 해야 한다. 쇼펜하우어처럼 자신을 다독이고 자신에게 힘을 주어야 하는 것이다. "고독을 감내할 때만 내가 원하는 목표를 완수할 수 있어!" 하고 말이다. 그런 후 손에 잡히는 대로 무엇이든 진지하게 해나가자. 이러한 시간이 쌓이고 쌓이면 고독은 오롯이 자신에게 집중할 수 있는 최고의 기회임을 깨닫게 될 것이다.

멀리 떨어져서
삶의 아름다움을 바라보라

Schopenhauer

우리의 생활양식은 한 폭의 유화와 같다. 가까이에서 보면 왜 그렇게 그려야 하는지 알 수 없다. 그래서 유화의 아름다움을 제대로 감상하려면 반드시 조금 멀리 떨어져서 보아야 한다.

눈앞에 펼쳐진 경치는 멀리서 바라본 풍광에 비할 바가 못 된다. 멀리서 바라본 웅장한 경치에 압도되어 자기도 모르게 그곳을 향해 걸어 나간다. 그곳의 아름다운 풍경을 더 잘 보기 위해서다. 하지만 정작 가까이 가면 실망감은 더 커지고, '여기도 별거 아니네!' 싶다. 이때 자신이 어떤 풍경을 향해 다가가고 있다면, 다른 사람 눈에 비친 풍경도 내가 본 것과 비슷하게 멋지다. 아름다운 풍경은 어디서든 볼 수 있다. 그런데 그 풍경이 되는 장소에는 겨우 바위만 덩그러니 놓여 있거나,

나무 한 그루만 외로이 놓여 있을 수 있다. 그렇지만 보는 위치에 따라 완전히 다른 느낌을 준다. 그래서 멀리서 보면 매번 그것의 아름다움에 감탄하지만, 가까이 다가가 보면 평범하기 그지없는 돌이나 나무여서 실망을 금치 못하는 것이다. 그러니 차분한 마음으로 멀리 바라보면, 이렇게 생각하는 데 익숙해질 것이다.

'우리는 삶의 일부분이지만, 또한 완전히 무리 속의 일원이 될 수는 없다.'

그렇기 때문에 멀리서 바라보아야 아름다움을 발견할 수 있다고 한 것이다. 소동파가 쓴 시구처럼 말이다.

여산의 진면목을 보지 못함은(不識盧山眞面目)
내가 산속에 있어서라지(只緣身在此山中).

자신이 어떤 상황에 깊숙이 관여해 있다면, 문제가 있더라도 그 전체를 보지 못한 채 단편적인 부분만 보고 있을 수 있다. 마치 우리가 텔레비전을 통해 접하는 유명 연예인들처럼 말이다. 스포트라이트를 받으며 환히 빛나는 유명 연예인들을 보며, 우리는 그들을 동경한다. 하지만 실상 연예인들은 진짜 얼굴을 두꺼운 메이크업으로 가린 채, 제대로 쉬거나 가족과 함께할 시간조차 없이 바빠 살아가고 있다. 즉, 연예인들의 삶이 상상만큼 멋지지만은 않은 것이다.

▼

요컨대 무언가의 진면목을 알고 싶다면 좁은 곳에서 빠져 나와 멀리서 지켜보아야 한다.

우주적 관점에서 사건을 보자

많은 사람이 고독을 참지 못해 향락의 세계로 빠져든다. 매일 술자리에서 하하호호 즐거워하는 타인의 모습에 사람들은 자신의 삶만 초라하다고 느낀다. 그래서 행복해 보이는 이들의 삶에 융화되고 싶어 한다. 그런데 저들 안에 완전히 녹아드는 과정에서 사람들은 서서히 자신만의 개성을 희생시킨다. 그리고 얼마 지나지 않아 유희 가득한 생활도 무미건조하다는 사실을 깨닫는다. 그런데 안타깝게도 그 생활에서 빠져나오고 나서야 원래 자신의 모습을 잃어버렸음을 알게 된다.

타인의 유희 속으로 들어가지 말고 차라리 홀로 멀찌감치 떨어져 가만히 관찰해보자. 고독할 수 있으나 타인이 발견하지 못한 즐거움을 발견할 수 있을 것이다.

집안 배경 때문에 쇼펜하우어는 매우 조숙했다. 10대 때 그가 쓴 여행 일기에 '나 자신을 멀찌감치 떨어진 곳에 놓고 우주적 관점에서 사건을 바라보았다'라는 문구가 있을 정도였다. 더군다나 쇼펜하우어는 자신이 우주적 관점을 지녔다는 사실을 매우 자랑스러워했다.

원거리에서 세상을 보라

어떤 일이든 그 속에 매몰되어 있으면 큰 틀을 발견하기 힘들다. 따라서 때로는 외부로 빠져나와 멀리서 바라보아야만 한다. 그러면 그 일의 진면목을 볼 수 있다.

쇼펜하우어도 같은 맥락의 이야기를 했다.

"높은 산 위에 올라가 전경을 보니, 사상과 관념을 확장시키는 데 대단히 도움 되었다. 모든 작은 사물은 사라지고 전체적인 형태만 남아 커다란 사물만 남겨놓으니 말이다."

이는 쇼펜하우어가 원거리에서 세계를 관찰한 후 깨달은 것인데, 다른 말로 표현하자면 다음과 같다.

'모든 상황을 가까운 곳에서 보면 일부만 이해할 수 있다. 전체를 이해하려면 멀리 떨어져서 바라보아야 한다.'

높은 곳에 있으면
외롭다

Schopenhauer

심오하고 고귀한 사상을 지닌 이는 개인의 자질구레한 일과 저급한 번뇌에 정신과 사상이 점거되어 더 깊고 고귀한 사고를 할 수 없는 지경이 될 것을 경계한다. 그렇게 되면 '삶을 위해 삶의 목표를 훼손'하는 일이 발생하기 때문이다. 우리는 본성의 내용과 특징이 허용하는 방식으로 개인의 본성을 발휘하는 방법에만 관심을 가진다. 이때 희망이 바뀌어서도 안 되며, 다른 사람의 본성을 비난해서도 안 된다. 진정으로 위대한 사상가는 용맹한 독수리처럼 높고 고독한 곳에 자신의 둥지를 튼다.

쇼펜하우어는 말했다.

"대자연의 계급에서 개인은 높은 곳으로 올라갈수록 더욱 고독해진다. 이는 본래 그런 것이며, 동시에 필연적이다."

지위가 올라갈수록, 함께하는 사람의 수가 줄어드는 건 당연하다. 그래서 더 쉽게 고독해지고 쓸쓸해진다. 평범한 사람의 모임에 지위가 높은 사람이 참석한 경우를 보자. 지위가 높은 이가 심도 있는 내용을 대화 주제로 삼으면, 평범한 사람들은 이를 꺼려 배척하려 든다. 그가 보통 사람들과 취향을 맞추려면, 반드시 자신의 격조를 떨어뜨려야 한다. 이러한 방식은 얻는 것보다 잃는 게 많지만 사회적 교류에서는 이 같은 상황이 발생하게 마련이다.

그렇다면 사회적 교류를 거절하고 고독이 주는 평화와 안정을 누리는 편이 똑똑한 선택 아닐까? 쇼펜하우어가 무료한 사교 모임에 참여하지 않고 차라리 혼자서 조용히 독서하며, 보기에도 건조한 자신만의 저서 집필에 열중한 것은 이러한 이유에서였다.

쇼펜하우어는 고독을 일종의 미덕이라고 보았다. 내면이 충분히 강하면 그 누구의 도움도 필요 없고 자급자족이 가능하기 때문이다. 그는 자신의 천부적 재능을 바보 같은 사교 모임에 헛되이 낭비해버리지 않고 인류를 위한 기여에 사용하겠노라 말했다. 이 같은 그의 다짐은 '나의 총명함과 재능은 나 자신을 위한 것이 아닌 전 세계를 위한 것이다'라는 구절에서도 잘 드러난다.

옛말에 '모난 돌이 정 맞는다'라고 했다. 그래서 많은 사람이 중용의 도를 중시한다. 이는 도시에서의 지혜로운 생존 법칙이기도 하다. 그러나 예로부터 명예와 이익을 갈구하지 않은 자가 몇이나 되겠는가? 옛날 옛적 난세의 은둔 거사들도 이름 난 군주 곁에 있기를 갈망했다. 그런데 재능이 출중한 사람들은 늘 그럴듯한 죄명을 뒤집어쓰거나, 강직(降職)되거나, 유배를 당했다. 모함으로 고통에 시달리는 와중에 누구는 견디다 못해 완전한 은둔을 택했고, 또 누구는 천고의 걸작을 남겼다. 그 예가 소동파, 남송의 문학가 육여(陸游) 등이다.

높은 곳에 임할수록 배척을 당할 위험이 커진다. 이는 인류가 지닌 질투심이 낳은 현상이다. 하지만 엄동설한과 같은 고독과 외로움을 견뎌내면, 오히려 진정으로 높은 사람이 될 수 있다.

고작 고독을 이해할 수 없다는 이유로 '엄동설한 같은 쓸쓸함'을 두려워한다면, 결코 앞으로 나아가지 못한다. 더군다나 위에서 굽어보는 짜릿함은 영원히 경험할 수 없다. 두보의 '반드시 산마루에 올라 모든 산을 굽어볼 것이다(會當凌絶頂, 一覽衆山小)'가 지닌 경지도 절대로 이해할 수 없다. 최정상에 올라 모든 것을 굽어볼 때 비로소 세상 만물을 한눈에 볼 수 있다.

타인의 마지못한 동조를 기대하지 말자

높은 위치에 있으면 자연히 쓸쓸해진다. 그런데 쓸쓸함을 참지 못해 범속한 세상으로 내려간다면, 끝없는 무료함에 시달릴 것이다. 결국 고통만 가중될 뿐이다.

누군가가 자신과 함께 보조를 맞춰주기를 기대하지 말자. 정말로 지혜로운 사람은 고독한 법이다. 또한 타인을 내가 원하는 대로 바꾸려고 시도하지도 말자. 강산은 쉽게 바뀌어도 사람의 본성은 바꾸기 어렵다고 했다. 쇼펜하우어도 사람은 오로지 자기 자신과 있을 때 가장 조화로운 상태에 다다를 수 있다고 지적했다. 홀로 있을 때 비로소 진정한 마음의 평화와 안정에 이를 수 있다.

모두 내려놓으면 전진이 두렵지 않다

앞으로 나아갈 때 우리는 많은 장애물에 부딪힌다. 이때 모든 것을 내려놓아야 두려움 없이 앞으로 나아갈 수 있다. 물론 높이 올라갈수록 고독과 쓸쓸함도 심해진다. 그 대신 훨씬 더 많은 것을 얻는다.

이러한 경지에 대해 쇼펜하우어는 말했다.

"철학은 높은 산으로 올라가는 길이고 고독한 길이다. 높이 올라갈수록 더 적적해진다. 이 길을 좇는 사람은 반드시 두려워 말고 모든 것을 내려놓은 후 자신감을 갖고 눈으로 뒤덮인 차디찬 곳을 향해 걸어 나아가야 한다. 그는 곧 세상을 자신의 발아래에서 굽어보게 될 것이다. 사막과 연못은 시야에서 사라지고, 울퉁불퉁했던 지형도 평탄해 보일 것이다. 다시는 시끄러운 소리가 들리지 않을 것이다. 세상의 균형 잡힌 모습이 눈앞에 펼쳐질 것이다. 그는 산꼭대기의 맑고 차가운 공기 속에 살 것이며, 세상은 여전히 쥐 죽은 듯 적막한 한밤중일 때 태양이 떠오르는 광경을 볼 것이다."

쇼펜하우어는 높은 곳을 향해 성공적으로 나아갔다. 하지만 그는 위대한 사람일수록 처음에는 사람들에게 인정받지 못한다는 자신의 말처럼 오랫동안 아무도 인정해주지 않는 자신의 철학 안에서 살았다.

진리, 고독하지만
고수할 가치가 있다

Schopenhauer

모든 진리는 세 단계를 거쳐야 한다. 우선 비웃음을 사야 한다. 다음으로 격렬한 반대에 부딪혀야 한다. 마지막으로 당연하게 받아들여져야 한다.

쇼펜하우어의 비관주의는 이미 10대 때 드러나기 시작했다. 그가 20대 때 완성한 《의지와 표상으로서의 세계》는 비록 출판되었어도 큰 반향을 일으키지는 못했다.

철학자로서 쇼펜하우어가 제시한 중요한 관점은 무척 많은데 초기에는 전혀 관심을 받지 못했다. 그렇지만 쇼펜하우어는 자신의 관점을 무척 자랑스러워했다. 그는 누구나 이해할 수 있는 쉬운 말로 인간의 깊은 성찰을 유발하는 진리를 써 내려갔다.

쇼펜하우어는 꽤 자주, 자신과 대화를 한 것 같다. 확실한

▼

비관주의자로서 그는 우선 자신의 관점이 겉으로만 그럴싸한 게 아님을 확신했기에 훗날 그의 저작은 인정받을 수 있었다. 쇼펜하우어는 말했다.

"우리의 독립적이고 자주적인 사색만이 진정으로 진리와 생명력을 지닌다. 그러한 것들만이 우리에게 반복적으로 깨달음을 주기 때문이다. 타인의 생각은 다른 이의 식탁에 있는 먹다 남은 음식이며, 낯선 손님이 내놓은 옷 같은 것이다."

쇼펜하우어는 평범한 사람과 함께하는 걸 하찮게 여겼으며, 혼자 생활한 덕분에 완전한 독립과 사색할 공간을 가질 수 있었다. 비록 사람들에게 인정받지는 못했어도, 자신의 생각을 끝까지 고수해 결국 성공을 거두었다.

우리는 종종 진리는 대개 소수만이 지니고 있다고 말한다. 삶에 쫓기거나 또는 다른 이유로, 갈수록 많은 사람이 처음의 옳았던 선택을 포기하기 때문이다. 그래서 쇼펜하우어는 이렇게 말한다.

"천재는 반드시 고독을 감내하고 고수한다. 그러니 당신은 다른 어떤 원인들 때문에 당신이 고수해야 하는 것을 절대 포기해서는 안 된다."

모든 진리는 시간의 시련을 견뎌낼 수 있다. 그러므로 처음에는 받아들여지지 않을지라도, 심지어 비웃음거리가 될지라도 확신을 갖고 지켜나가야 한다.

당시 사회의 관점과 배치되는 그의 생각은 항상 처음부터 공격과 비난을 받았다. 하지만 몇십 년, 심지어 수백 년의 검증을 거쳐 결국 인정받았고, 나아가 신앙처럼 신봉되고 있다.

이처럼 천재는 정신적인 고독을 참아내야 한다. 평범한 사람은 천재의 정신세계를 이해하지 못하기 때문이다. 쇼펜하우어처럼 진리를 고수한 갈릴레오 갈릴레이도 '진리는 이와 같은 힘을 지니고 있다. 그러므로 당신이 진리를 공격하고 싶을수록, 당신의 공격은 그것이 진리임을 더욱 충실하게 증명해주는 셈이다'라고 지적했다. 르네상스 시대의 과학자이자 철학자인 조르다노 부르노(Giordano Bruno)도 차라리 화형을 당할지언정 자신의 관점을 고수하겠다고 함으로써 진리를 위해 싸웠으며, 결국 그의 생각은 인정받았다.

진리를 고수하는 것은 가치 있는 일이다. 따라서 진리를 찾는 중이라면 자신감은 필수다. 그런데 우리는 빈번히 자신감 결핍으로 진리에 접근하고도 기회를 잃는다. 자신이 믿는 사실을 굳건하게 믿는 사람만이 위인이 될 수 있다. 위인은 모두 진리를 고수할 용기를 지녔다고 할 수 있다.

표상에 미혹되지 말라

소크라테스가 사과 한 알을 집어 들더니 학생들에게 공기의 냄새를 맡아보라고 했다. 한 학생이 사과 향을 맡았다고 대답했다. 그러자 소크라테스는 사과를 들고 일일이 학생들 앞으로 다가가 학생들에게 공기에서 사과 냄새가 나느냐고 물었다. 이번에는 학생의 절반이 손을 들고 사과 냄새를 맡았다고 답했다. 소크라테스가 강단에 올라 다시 물었다. 그런데 이번에는 한 학생만 빼고 모두 손을 들었다. 소크라테스가 손을 들지 않은 학생에게 다가가 물었다.

"정말로 공기에서 사과 냄새를 맡지 못했느냐?"

학생은 그렇다고 대답했다. 그러자 소크라테스가 말했다.

"이 사과는 가짜다. 그러니 저 학생의 의견이 정확하다."

정답을 말한 학생의 이름은 플라톤이었다.

평소 대다수 사람은 위 예화의 학생들과 같은 태도를 취한다. 처음에 그들은 자신의 의견을 내세울 것이다. 겨우 한 번 반발을 샀다고 해서 자신의 의견을 바꾸지는 않기 때문이다. 하지만 여러 차례 반대와 의혹에 부딪히면, 자신의 선택을 의심할 수밖에 없다. 그리고는 곧장 대다수 사람의 의견에 영향을 받아 처음에 내린 판단을 바꾼다.

젊은 시절 인생의 갈림길에서 선택을 해야 할 때, 머뭇거려서는 안 된다. 어떤 선택은 혼자서 할 수밖에 없다. 이때 자신의 선택을 고수해야 한다. 그래야 자신에게 속한 정확한 길을 찾을 수 있다. 쇼펜하우어의 말처럼 말이다.

"너의 객관적인 판단을 확신하려면, 숨어 있는 주관적인 판단에 영향을 받아서는 안 된다."

쇼펜하우어의 지적처럼 잡념이 너무 많아 망설이면 선택의
기로에서 본래의 자기 모습만 잃어버릴 뿐임을 명심하기 바
란다.

고독 속에서
풍부한 생각에 빠져보자

Schopenhauer

사회적 교류는 사람들에게 희생을 요구한다. 그런데 개성이 독특한 사람은 그러한 희생을 어려워한다. 즉, 개인의 도피, 인내 또는 혼자 있으려 하는 성향은 개인의 가치와 완벽히 비례한다. 혼자 있을 때 불쌍한 사람은 자신의 불쌍한 점을 일일이 나열하지만, 생각이 풍부한 사람은 자신의 풍부한 생각에만 빠져 있다.

쇼펜하우어는 일생 동안 친구가 몇 명 되지 않았다. 자신의 모든 정성과 노력을 저서를 쓰는 데 쏟아부었기 때문이다.

"특별한 유인(誘因)이 없는데도 나는 늘 불안하다. 그래서 나는 존재하지도 않는 위험에 주의를 기울이고, 정말 별 볼 일 없는 번뇌조차도 무한히 부풀려버린다. 이는 나를 다른 사람과 제대로 지낼 수 없도록 만들었다."

▼

쇼펜하우어에게는 딱히 교제 범위라고 할 만한 것이 없었다. 심지어 그는 가족들과도 떨어져 지냈으며, 결혼조차 하지 않았다.

사람들은 쇼펜하우어가 더 나은 삶을 살 수도 있었을 거라고 말한다. 거액의 유산 덕분이다. 하지만 그는 철학자의 길을 택했다. 비록 오랫동안 사람들로부터 인정받지 못하고, 수입도 심지어 자기 소유의 집도 없었지만 그는 저작 활동을 멈추지 않았다. 출판 후 그에게 돌아온 것은 조소뿐이었다. 그런데 정작 그는 자신만의 세계에 빠져 있느라 다른 사람의 놀림 따위에 번뇌할 여유조차 없었다.

쇼펜하우어는 말했다.

"만약 누군가가 위대하고도 풍부한 사상을 지녔다면, 그 사람은 이 빈곤한 세상에서 얻을 수 있는 가장 유쾌한 상황을 누릴 수 있을 것이다."

이 말은 만약 누군가가 고독을 무서워한다면, 그것은 그의 생각이 지나치게 빈약하다는 사실의 방증이라는 의미겠다.

천재 쇼펜하우어의 사상적 풍부함은 그가 고독조차 두려워하지 않게 했으며, 오히려 혼자 있는 걸 좋아하게 만들었다. 이 점은 '개인이 다른 사람과의 교류를 불필요하게 여길수록 그의 처지가 더 좋아진다'라는 그의 말에서도 찾아볼 수 있다. 그런데 일상에서 홀로 생활하고 싶어 하는 사람을 찾기란 꽤 힘들다. 혼자 있을 때 더 큰 자유를 누릴 수 있는데도, 삶에 무언가가 빠졌다고 느끼기 때문이다. 그래서 이러한 사람들은 차라리 연애 혹은 결혼을 선택하지, 고독을 선택하려 들지 않는다.

사람의 일생은 명예, 이익, 돈, 권력 등을 부단히 추구하는 과정이다. 대부분의 사람은 이 같은 외적 형식에 대단히 열정을 쏟는다. 그것들만 바라보며 좇아가느라 쉼 없이 앞으로만 내달릴 뿐, 자신을 도약시키는 일은 간과하고 만다.

한편 쇼펜하우어는 명예, 돈, 권력 등 외적인 것에 완전히 다른 태도를 보였다.

"젊었을 때 나는 다른 사람이 외적인 재물을 위해 노력한다는 점을 발견하고도 오히려 이러한 것들에 아무런 흥미를 느끼지 못했다. 나의 내적 보물이 외적 재물보다 훨씬 귀중해서였다. 그리고 나에게 가장 중요한 일은 이 보물들의 가치를 더욱 끌어올리는 것이었다. 그런데 이 목표를 달성하는 기본 조건은 사고력의 발전과 완벽한 독립이었다."

출중한 정신을 지닌 사람에게 고독은 정해진 운명이다. 어쩌면 이들은 자신의 운명을 한탄할지도 모른다. 그렇지만 결국 쇼펜하우어처럼 고독을 선택할 수밖에 없다. 자신의 내면이 풍부하면 다른 사람과 왕래할 필요가 없음이다.

고독을 향유하는 사람은 생각과 사상이 매우 심오하다. 이들은 자신만의 독특한 견해와 개성 때문에 사회와 전혀 맞지 않는다. 어쩌면 시대가 이들을 받아들이려 하지 않는 것일 수도 있다. 어쨌든 이들은 어디에서든 남들과는 달라 튈 수밖에 없기에 극도로 강렬한 고독과 쓸쓸함을 맛본다. 이때 지혜로운 사람은 이 고독을 물리치기 위해 창작 활동, 과학 연구 활동, 예술 활동에 빠져들면서 마음의 평화를 얻는다. 반 고흐, 스탕달 등이 그 대표적인 인물이다. 이들은 명예와 이익이 아닌, 단순히 마음의 고독을 물리치기 위해 창작 활동을 했다. 즉, 자신의 풍부한 생각 속에서 행복을 찾은 것이다.

외적인 것에 지나치게 관심을 갖지 말라

평범한 사람은 고독을 두려워한다. 평범한 사람에게는 상상력이 거의 없기 때문이다. 그래서 이들은 주로 자기 주변에서 일어나는 일에 관심을 기울인다. 제아무리 별 볼 일 없는 일일지라도 이들의 관심을 끌기에는 충분하기 때문이다.

이렇듯 정말로 많은 사람이 표상을 위해 산다. 그래서 쇼펜하우어도 "다른 사람의 의견에 대한 자신의 민감도를 최소한으로 끌어내려야 한다"고 지적한 것이다.

고독이 두렵다고 해서 지나치게 외적인 표상에 관심을 기울이지 말자. 고독은 두려운 것이 아니며 혼자 있을 때야말로 마음의 평화를 찾을 수 있다. 이는 혼자일 때만 온전한 자신이 될 수 있어서다.

생각하는 방법을 익혀라

사람은 혼자 있을 때 더 고차원적인 생각을 한다. 또한 오로지 혼자 있을 때에만 자신의 내면을 볼 수 있으며, 자연스러운 평온을 체험한다. 혼자 있을 때는 혼잣말을 하거나, 책을 정독하거나, 마음속 문제를 직시하는 등 편히 무엇이든 할 수 있다. 사실, 인생 경험이 쌓일수록 꽤 많은 이가 혼자 있고 싶어한다. 이에 대해 쇼펜하우어는 일정 연령이 되면 고독을 갈망하며, 이 같은 변화는 아주 자연적인 현상이라고 여겼다.

경험이 늘수록 혼자 있고 싶어 하는 원인을 따져보면, 다음과 같다. 우선 사람은 생각이 풍부해질수록 더 이상 고독을 두려움의 대상으로 느끼지 않는다. 그래서 오롯이 자기 자신과 함께할 때, 굳이 다른 누군가와 같이할 필요성을 느끼지 못한다. 뉴턴은 혼자 있을 때 만유인력의 법칙을 생각해냈다. 설마 뉴턴 한 사람만 땅으로 떨어지는 사과를 보았겠는가? 보통 사람 눈에는 그저 평범하고 자연적인 현상 같아도, 지혜로운 사람에게는 연구해야 할 세상의 진리로 여겨졌기에 가능한 일이다. 이처럼 생각과 사상이 풍부하며 사고하는 방법까지 알고 있다면, 자신의 생각만으로도 충분히 만족감에 도달할 수 있다.

가진 것을
즐겨라

Schopenhauer

우리는 우리가 무엇을 가졌는지에 대해서는 거의 생각하지 않는다. 대신 우리
에게 무엇이 없는지를 늘 생각한다.

한 여성이 병에 걸려 정상적으로 걸을 수 없게 되었다. 설상
가상으로 언어 능력마저 잃어버렸다. 그런데도 그녀는 강인
한 의지력으로 대학 졸업장을 손에 쥐었다. 졸업 후에는 한 주
간지의 편집자가 되었다. 이렇게 긍정적이고 열심히 사는데
도 그녀에게는 친구가 없었다. 그녀를 업고 다니며 도움을 주
려는 사람이 없어서였다. 하지만 그녀는 절대 사람들을 비난
하지 않았다.

주간지에 게재되는 그녀의 글은 온기가 가득해 독자들로부
터 많은 사랑을 받았다. 팬레터도 전국 각지에서 답지했다. 그

중 한 독자가 '불공평한 운명에 원망하지 않은 적은 없겠죠?'라고 물어왔다. 그녀는 이렇게 답했다.

'나에게는 빛나고 아름다운 머릿결이 있습니다. 나의 부모님은 나를 사랑하시고요. 나의 두 눈은 초롱초롱하죠……'

그리고 맨 마지막에 다음의 구절을 적었다.

'나는 내가 가진 것만 봅니다.'

그녀의 달관한 태도는 많은 사람을 감동시켰다.

맞다. 늘 자신에게 없는 것만 보려 한다면, 원래 가지고 있던 것조차 서서히 자기 곁에서 떠난다. 자신이 지닌 것을 아끼고 사랑하고 향유하면, 그것 역시 행복이다.

인생이 뜻대로 되지 않을 때 많은 사람이 자신도 모르게 '상황이 나아지면, 결과도 달라질까? 행복해질 수 있을까?'라는 질문을 던진다. 그런데 이런 경우를 보자. 가정생활에 충실한 남편을 두고도 늘 내 남편이 더 잘생겼으면 좋겠다고 생각한다면? 착하고 철이 든 딸이 있는데도 늘 그 아이가 아들이 아니어서 아쉬워한다면? 이러한 넋두리는 영원히 자신이 가질 수 없는 것만 바라는 행동에 불과하다.

이런 부질없는 생각을 하지 않으려면, 운명이 자신에게 준 모든 것을 받아들이고 그 안에서 향유하는 게 가장 좋다. 아무리 간절히 원해도 자신의 상황이 바뀌거나 시간이 거꾸로 되돌아갈 리 만무하니, 자신에게 없는 것 때문에 낙담하거나 도망치거나 마음속으로 부르짖지는 말자.

인생에서는 좋은 것이 나쁜 것이 될 수도, 나쁜 것이 좋은 것이 될 수도 있다. 늘 자기에게 없는 것만 생각하면 영원히 행복할 수 없는 이유다.

아침마다 거울에 자기 얼굴을 비춰보며 얼굴 상태를 신경 쓰는 소녀가 있다. 어느 날 소녀의 이마에 작은 여드름이 돋아났다. 소녀는 여드름을 발견하자마자 한숨을 내쉬었다. 결국 하루 종일 여드름이 신경 쓰여 기분이 썩 좋지 않았다. 이 소녀의 불만은 다른 소녀들의 불만과 같다고 할 수 있다. 충분히 예쁜데도 늘 눈이 좀 더 컸으면, 코는 더 오뚝했으면, 피부가 더 윤기 있었으면 등의 불만을 갖는 것과 같은 맥락이다. 이는 하얀 종이에서 아주 작은 점을 발견했을 때, 이 작은 점에만 주목하다가 결국 흰 종이 자체가 쓸모없어졌다고 생각하는 것과 같은 이치다. 그런데 우리는 상당히 많은 순간 이와 비슷한 이유로 기분이 상한다.

무언가가 더 이상 내 것이 아니게 되면, '내게는 ~가 더 있다'라고 생각해야 한다. 쇼펜하우어는 일생 동안 지니고 있던 물건의 가짓수가 많지 않았다. 그런데도 그는 충분히 누리며 살았다. 그 자신이 받아들일 수 있는 것만 지닌 덕분이었다. 쇼펜하우어는 '우리는 자신이 무엇을 가졌는지에 대해서는 거의 생각하지 않는다. 그 대신 우리에게 무엇이 없는지를 늘 생각한다'라고 지적하였다.

다른 사람을 통해 희망을 얻으려고 하지 말자. 아울러 인생은 그 자체만으로도 우리에게 피할 수 없는, 그리고 너무나 많은 재난과 번뇌를 준다. 또한 잘못된 방식으로, 이를테면 음주나 모임을 통해 소위 '행복'처럼 보이는 것을 얻으려 한다면 영원히 행복해질 수 없다.

자신이 지닌 것에 더 많이 주목하라

자신이 지닌 것에 감사하면 삶이 더 행복해진다. 길고 긴 인생에서 우리는 많은 것을 얻고 또 잃는다. 그 삶을 느끼고 체험하는 것은 혼자서 해야 한다. 즉, 우리는 모두 고독하게 홀로 앞으로 나아가는 존재다. 그런데도 늘 다른 사람이 가진 것만 부러워하며, 심지어 수단과 방법을 가리지 않고 빼앗으려하거나 그것들을 좇는다면, 결국 자신을 잃어버리고 만다. 이는 이득은커녕 손해만 막심한 결과다.

자신이 지닌 것에 더 많이 주목하자. 그러면 혼자 있을 때도 답답하거나 불행하지 않다. 더욱이 자신의 불쾌한 기분을 풀기 위해 일시적 쾌락을 선택하는 일도 발생하지 않는다.

쇼펜하우어의 이론들에서 알 수 있듯이, 높은 곳에 있을수록 고독해지며 자신이 지니게 되는 것도 적어진다. 인생이란 원래 얻는 것과 잃는 것의 무한 반복이다. 이때 인격이 고상한 사람은 불행을 줄이는 데 주목하지, 감각기관이 주는 쾌락을 좇지는 않는다.

자신의 가치가
고독감을 결정한다

Schopenhauer

뛰어난 사람은 모두 마흔 살이 넘으면, 어느 정도 사람에 대한 증오에서 벗어나기 힘들다. 왜냐하면 아주 자연스럽게 자신을 기준으로 다른 사람을 판단하고 점점 실망하기 때문이다. 생각에서든 감정에서든 사람들을 자신과 동일한 선상에 두지 않고 훨씬 못한 수준으로 간주하기 때문에 자기보다 못한 사람들과 왕래하는 걸 원치 않는다. 일반적으로 혼자 지내는 이유, 즉 자기 자신을 벗 삼는 것에 대한 흥미 또는 증오는 그 자신의 내적 가치에 의해 결정되기 때문이다.

많은 사람이 무료한 사교 모임에 뛰어드는 이유는 고독을 참아낼 능력이 결핍되어서다. 고독은 그들에게 공허감과 초조감을 느끼도록 한다. 쇼펜하우어는 말했다.

"이러한 부류의 사람은 인간 본성에 관한 관념 중에서 각자

아주 작은 조각의 내용들만 가지고 있다. 이들은 다른 사람으로부터 많은 걸 보충 받아야 한다."

쇼펜하우어의 말과 반대로 인류 자체가 독립적인 통일체라면, 굳이 다른 부분의 조각들을 찾아가며 자신에게 자극을 주려 하지 않을 것이다.

"마치 피아노처럼, 그는 절대 교향악 악기의 일원이 아니다. 그는 독주에 더 적합하다. 만약 그에게 정말로 다른 사람과의 협주가 필요하다면, 그가 주선율을 연주하고 다른 사람은 반주만 하게 될 것이다."

쇼펜하우어의 지적처럼 자신의 생각이 충분히 풍부하면, 혼자서도 '연주'가 가능하다. 다만 종종 고독 그 자체가 무서워서가 아니라 생각이 결핍된 탓에 고독과 대면하는 게 두려운 것뿐이다. 하지만 일반적으로 보면, 사교 모임에 열중할수록 정신세계는 더욱 빈약해지기만 한다.

그래서 쇼펜하우어는 "비범한 사상을 지닌 사람은 다른 사람들 사이에 끼어 있을 필요는 없다"라고 지적했다. 그렇다. 재능 있는 많은 이가 다른 사람의 시선을 지나치게 의식하느라 자신의 가치를 확신하지 못하고 있다. 정작 정말로 지혜로운 사람은 실제로 모두 고독한데 말이다.

위대한 사람은 대부분 고독 속에서 성장한다. '고독은 개인의 열광, 열광은 군중의 고독'이라는 말도 있지 않은가. 이는 바보 100명이 모임을 갖는다고 해서 총명한 사람을 만들어낼 수는 없는 것과 같다. 성공한 사람의 고독감은 일반인보다 훨씬 강렬하다. 자신이 많이 가졌을수록 다른 사람이 자신에게 줄 수 있는 게 적기 때문이다. 탁월한 정신세계를 지닌 사람은 자신의 가치를 확신하므로, 타인과 사귀기 위한 타협을 하지 않는다. 즉, 개인의 가치가 결핍되어 있을 때에나 쉽게 다른 사람과 영합하려 하며, 자신이 더 많이 참는 것이다. 이는 다른 사람에게 인내심을 발휘하는 게 훨씬 쉬워서다. 쇼펜하우어는 말했다.

"이 세상에서 정말로 가치 있는 것은 절대 사람들로부터 주목받지 못한다. 남들의 주목을 받는 것은 주로 가치가 결핍된 것이다."

가치를 지닌 사람은 일반적으로 은둔을 좋아한다. 게다가 이들은 어느 정도 자신의 욕구를 줄이면서도, 자신의 자유를 최대한으로 확대할 수 있다.

우리는 모든 걸 자기 힘으로 해야 한다고 말한다. 이는 사람이 본래 고독한 존재임을 설명하는 말이다. 어떤 문제에 직면했을 때, 누구도 대신 해결해줄 수 없다. 오로지 혼자서 해결해야 한다.

고독은 줄곧 있어왔다. 그런데 일부 사람은 기분이 우울할 때만 고독을 느낀다. 사실 이와 같은 상태는 진정한 고독이 아닌, 단순히 순간적인 적막감에 불과하다.

정신적 가치가 고독을 결정한다

일반적으로 정신적 가치가 높을수록 고독을 좋아한다. 이는 결코 그들이 고독을 필요로 해서가 아니다. 오히려 자신의 생활에서 겪은 경험 및 경험에 대한 사고와 종합적 결론에 의거한 것이다. 정신적 가치가 높은 이는 대다수 사람, 비참하고 불쌍한 본질을 드러낸 사람들에게 실망감을 느껴 교류를 원치 않기 때문이다.

타고르는 "이 세상에서 우리와 대화를 나눌 가치가 없는 사람이 너무 많다"라고 말했다. 지혜로운 사람은 정신적 가치가 결핍된 사람과의 교류를 쓸데없는 일로 여긴다. 그들은 일찌감치 자신의 정신적 가치가 일부 사람과 다르다는 점을 알았기에 고독을 좋아하게 된 것이다. 이들에게서 고독을 향한 갈망이 나타난 시점은, 정신적 가치가 결핍된 사람들과 신체적으로 분리되기 시작하면서부터다.

고독은 창작의 자극제가 될 수 있다. 특수한 재능을 지닌 사람은 많든 적든 고독감을 느낀다. 고독 속에서 당신의 마음에 자양분을 주고, 자신만의 가치로 자신의 고독을 해소해보자. 더 이상 고독이 홍수나 맹수처럼 느껴지지 않을 것이며, 오히려 대단히 자연스러운 일로 다가올 것이다.

바꿀 수 없다면
맘껏 즐겨라

Schopenhauer

자신이 우월하다고 느끼는 편이 우리의 정신에 만족감을 준다. 그러므로 누구나 자신에게 우월감을 느끼게 해주는 것과 자연스레 가까이하게 되어 있다. 일반적으로 남자 중 우둔하고 무지한 사람이 환영받을 것이며, 여자 중 외모가 아름답지 않은 여성이 다른 사람에게 호감을 줄 것이다.

샤오미는 남자 친구와 헤어진 후 퇴근이 가장 두려운 일이 되었다. 연인과 함께 지낸 자신의 작은 집에 들어서면, 고독이 그녀의 모든 감각을 순식간에 집어삼켰기 때문이다. 그래서 그녀는 각종 모임에 가입해 회사 동기, 동창, 동창의 친구 등을 만났다. 그녀의 초청을 받은 이들은 그녀와 함께 새벽까지 음주가무를 즐겼다. 하지만 모임이 끝나면 또다시 혼자 시간을 보내야 했다. 그녀는 더 신나게 놀수록 집에 돌아온 후 더욱 쓸쓸해진다는 사실을 깨달았지만 여전히 빈번한 모임을 통해 자신의 고독을 억누르려 했다.

잦은 모임 때문에 그녀는 날마다 흐리멍덩한 상태로 출근하기에 이르렀다. 업무상 차질이 자주 발생했고 상사에게 욕먹는 일도 많아졌다. 그녀는 원래 모두에게 인정받는 우수 사원이었다. 그녀를 아깝게 여긴 상사가 그녀에게 진심으로 충고를 건넸다. 그녀는 다시는 방종한 생활을 하지 않겠노라 다짐했지만 고독 속에만 계속 머물러 있자니 고통이 배가하는 것만 같았다. 그녀는 계획을 짜 고독과 함께 즐기기로 했다. 우선 유용한 지식을 익히기로 하고는 퇴근 후 그림을 배우러 다녔다. 집으로 돌아온 후에는 그림 공부나 독서를 했다. 이제 그녀에게 집은 더 이상 두려움의 공간이 아니었다. 오히려 다른 사람이 귀찮게 하지 않는 공간에 있는 게 편안해졌다. 그녀는 자신의 취미를 살려 주말이면 길거리로 나가 행인들의 초상화를 그려주기도 했다. 이로써 그녀의 삶은 다시 충실하고 아름다워졌다.

고독은 두려운 것이 아니다. 오히려 사람이라면 누구나 마주해야 하는 것이다. 고독한 상황을 바꿀 수 없다면, 그 상황을 최대한 즐겨보는 건 어떨까? 샤오미처럼 차분한 마음으로 고독을 즐겨보는 것이다. 삶이 우리에게 성장의 기회를 주려고 고독을 준 것임을 깨닫게 될 것이다.

고독과 대면했을 때 누군가는 고통과 무료함을 체험한다. 그런데 누군가는 아름다운 경험을 맛본다. 오늘날 젊은 사람들은 자극을 좇아다닌다. 그래서 자신의 세계를 시끌벅적하게 만들어놓는다. 시끌벅적함으로 고독을 채우려 하는 것이다. 그러나 마음은 오히려 더 공허해지며, 그 후 다시 고독해지는 악순환에 빠진다.

'누군가 만약 젊은 시절 혼자 있는 것에 적응하거나, 혼자 있는 것을 좋아하게 되면, 금광을 획득한 것과 같다.'

이는 혼자 지내는 것에 깊은 이해를 지닌 쇼펜하우어의 말이다.

삶은 우리에게 무수한 난제를 던져준다. 그래서 자신이 1초 전에는 비록 수많은 별의 호위를 받는 달과 같은 존재였을지라도, 1초 후에는 하늘에 모든 것을 빼앗긴 존재로 전락할 수 있다. 외적인 것들은 소실될 가능성이 있으며, 우리는 그것이 사라지는 것을 막을 수 없다. 바꿀 수 없는 사실에 침식당하면 더욱 고독해질 뿐이다. 반면 고독을 직시하면, 고독을 향유하면서 고독을 갈망하게 된다.

무릇 지혜로운 사람이라면, 고독을 확실히 인식하고 있다. 개인의 잠재력이 고독 속에서 자극받고 발현되기 때문이다. 쇼펜하우어는 말했다.

"혼자 있는 것은 심지어 일종의 자연적이고도 모든 사람에게 적합한 상태다. 고독은 아담처럼 원초적이면서도 자기 본성에 맞는 행복과 즐거움을 모든 사람에게 다시금 향유하게 해준다."

요즘 많은 젊은이가 고독을 견뎌내지 못하는 탓에, 이 화려한 세상에서 날로 들뜨고 경솔해지고 있다. 그래서 쇼펜하우어는 "청년이 가장 먼저 수강해야 할 것은 고독을 받아들이는 수업이다. 고독은 행복과 안락의 원천이기 때문이다"라고 조언했다.

고독을 받아들이는 연습을 해보자. 천천히 실행으로 옮기다 보면, 고독을 즐기는 방법을 익힐 수 있을 것이다.

자신에게 확신을 가지면 자신을 통제할 수 있다

쇼펜하우어의 일생은 적막 속에서의 투쟁이라 할 수 있다. 그도 처음에는 적막에 저항했다. 그러다 지독한 자부심이 자기 운명의 주인은 자신이라고 확신하도록 만들었다. 즉, 절대로 고독이 그를 선택한 게 아니었으며, 오히려 스스로 고독을 찾아낸 것이었다.

"내가 차츰 적막을 받아들이자, 사교적 모임이 갈수록 싫어졌다. 그래서 이 눈 깜짝할 새 지나가버리는 인생에 나 자신을 완전히 헌신하기로 결심했다."

고독과 대면한 쇼펜하우어는 드디어 혼자 힘으로 자신을 치료했다. 그는 세상의 위대한 사상가들을 자신의 대화 상대로 삼았다.

쇼펜하우어처럼 진정한 철인이 될 때까지, 날마다 철학자와 대화해보자. 고독할 때 그 대화 상대를 쇼펜하우어로 삼고 자신을 받아들여보자.

Schopenhauer,
Arthur

Chapter 6

붙잡아둘 수 없는 시간을
충분히 이용하라

시간은 무한하고 생명은 유한하다. 아무런 의미 없는 일에 자신의 삶을 낭비해서는 안 된다. 이런저런 공상을 하거나, 대부분의 시간을 무료하게 흘려버리거나, 시간 가는 줄도 모르고 유흥에만 빠져 있는 것은 참 의미 없는 행동이다. 자신의 생명을 책임지고 시간을 공경해야 한다.

시간은 무한하나
생명은 유한하다

Schopenhauer

시간은 무한하지만 사람의 생명은 유한하다. 사람은 유한한 시간으로 무한한

시간에 맞서기 위해 번식이라는 수단을 선택했고, 이로써 자기 생명의 시간을

연장하려 했다. 인류의 번식 본능이 바로 여기서 나온 것이다.

쇼펜하우어의 인생 여정 중, 전기는 세상의 인정을 받지 못한 시기였다. 쇼펜하우어의 말년은 드디어 세상의 인정을 받은 시기였다. 세상 사람들이 《여록과 보유》를 통해 깨달음을 얻은 덕분이었다. 그런데 쇼펜하우어는 당시 사람들의 심경을 벌써 30년이나 앞선 시점에 자신의 저서에 모두 기술했다.

쇼펜하우어의 일흔 살 생일 때, 수많은 명사가 생일 축하를 위해 그를 방문했다. 유럽 각지로부터 생일 축하 편지 또한 쇄도했다. 쇼펜하우어에게 성공이 찾아왔지만, 이미 많이 늙어

버린 후였다. 이처럼 시간은 가장 잔혹하면서도 가장 공평하다. 권세와 신분에 굴복하지 않고 강자의 편을 들어주지도 않는다. 오로지 자신의 규칙에 따라 아무런 소리도 내지 않고 움직인다. 그 누구도 시간의 조화를 바꿀 수 없다.

쇼펜하우어는 자신의 저서 서문에 이렇게 적었다.

'하루 종일 걸으려는 사람이 저녁까지 걸었다면 거기서 만족해야 한다.'

그렇다. 우리의 유한한 생명이 인생 매 순간마다 눈부시게 빛나지는 않는다. 어릴 적에 아무 근심 걱정 없이 행복하게 살았어도, 중년에 이르러 실의에 빠질 수 있다. 삶의 마지막 순간 회한으로 가득 찬 눈물과 함께 어릴 적 아름다웠던 시절을 회상하며 위안을 삼으려 할 수도 있다. 젊은 시절 실패했어도 중년에 고군분투해 노년 무렵 느지막이 성공한다면, 인생에 아름다운 마침표를 찍을 수도 있다.

쇼펜하우어도 '인생은 반드시 작열하는 석탄으로 만들어진 궤도 위에서 쉼 없이 내달려야 한다'라고 기술했다. 생명은 끊임없이 생장하고 번영하며, 영원히 멈추지 않는다. 번식의 경우도 그 의의를 강요와 복제가 아닌 계승과 전승에 두고 있다.

우리는 유한한 생명의 시간을 아끼고 사랑해야 한다. 또한 한 바퀴 돌아와 다시 시작하는 윤회는 결국 다른 사람의 인생이므로, 지금의 우리와는 무관한 것임을 명심해야 한다.

시간과 삶의 주인이 되자

인생은 아름다운 풍경과 같다. 역경에 처했든 행복의 후광 아래서 유유자적하든, 유한한 삶을 저버리지 않기 위해서라도 우리는 우리에게 행복을 주는 모든 기회를 전력으로 움켜쥐어야 한다. 노력해 쭉쭉 뻗어나감으로써 당당히 하늘을 이고 선 나무가 되어야 한다.

행복에 대한 정의는 각자 다르다. 사람마다 시간을 활용하는 방식도 다르다. 사람마다 시간과 삶의 가치도 다르다.

성공을 행복으로 여기는 사람은 일과 생활 양면에서 전략을 짤 것이고 높은 곳까지 쉼 없이 올라갈 것이다. 매 단계마다 롤모델을 내세워 성공 촉진제로 쓸 것이다. 계획을 엄격히 시행해 나아가다가, 기회가 오면 단숨에 움켜쥘 것이다. 이것이 그들 시간과 삶의 가치이다.

작은 부를 이루고 자연에 살면서 수신(修身)을 행복으로 여기는 사람은 안정적인 일, 차 한 잔과 독서, 나무 그늘에서의 휴식, 빗속의 산책, 사랑하는 사람과의 결혼, 올바른 인생살이 등을 추구할 것이다. 이들은 이러한 삶과 시간에 그 가치를 둔다.

자신이 어떤 상태에 있든, 삶의 궤적은 우리 자신에 의해 결정된다. 자신이 시간과 삶의 주인이 되어야 한다.

▼

인생의 매 단계에서 본분을 다하라

시간은 매정히 흐른다. 어린 시절의 시간은 축구장의 땀방울과 함께 어디론가 가버렸다. 의욕으로 가득했던 청년 시절의 시간은 부끄러운 손가락을 빠르게 놀리는 와중에 스쳐지나간다. 석양이 아름다운 노년의 시간은 우리 얼굴에 굵게 새겨진 주름 속에서 순식간에 미끄러지며 사라진다.

삶의 모든 단계에서 우리는 시간과 경주하며, 매 단계의 모든 일을 제때 처리해야 한다. 학생 때는 착한 학생, 열심히 공부하는 학생, 자신의 소질을 쌓는 학생이 되어야 한다. 청년기에는 투지로 불타오르는 전사가 되어 성공과 명예를 위해 싸워야 한다. 노년에는 삶의 경지를 갈고닦아 얻은 풍성한 정신적 결실을 자손에게 넉넉히 남겨주어야 한다.

누구나 정해진 단계의 정해진 일을 완수해야 한다. 치우쳐서도, 실수를 저질러서도, 건너뛰어서도 안 된다. 그래야만 가장 완벽한 인생, 제대로 된 인생을 살 수 있다.

유한한 삶의 시간에서 올바른 일을 하라

쇼펜하우어는 사람의 숙명을 의지가 낳은 필연으로 여겼고, 도덕 기반의 전통적 관점에서 인간의 행복과 만족을 보았으며, 홉스의 논리를 채용해 인류 전체의 생존과 발전을 위한 필요 때문에 도덕이 생겨났다고 보았다. 인류 전체의 생존 의지가 더욱 잘 보호되고 유지되자 사람들 사이에 도덕관념이 생겨났다고 본 것이다. 물론 도덕관념 형성의 선결 조건은 짧은 인생을 평안히 지내기 위해 계속 올바른 일을 하는 것이다.

우리는 유한한 생명을 살고 있으므로 올바른 일을 많이 해야 한다. 이는 평생 나 자신을 찾아가고 자신의 목표를 갱신해야 함을 뜻한다. 쇼펜하우어는 "욕망은 절대 사그라지지 않으며, 욕구는 무궁무진하다. 그런데 만족감은 아주 잠깐이다"라고 말했다. 뜻 있는 젊은이라면 반드시 욕망을 지녀야 한다. 이 욕망은 성공, 사랑, 아름다운 삶에 대한 것이다. 욕망이 생기면 목표는 더욱 명확해지고 능력을 한층 더 발휘할 수 있다. 이상적인 상태를 위해, 우리는 세상에 진실하고 완전한 나 자신을 내놓아야 한다. 그러기 위해 청춘, 땀, 심혈을 바쳐 매일 근면 성실해야 하며, 온 힘을 다해 위를 향해 나아가야 한다.

올바른 일을 할 때는 반드시 마음에서 우러나와야 하며, 모든 애정을 쏟아부어야 한다. 청쿵 그룹의 회장 리카싱(李嘉誠)처럼 말이다. 리카싱은 사업이 전환점을 맞을 때마다 올바른 결정을 내렸다. 플라스틱 공장에서 부동산 시장으로, 또다시 전력 사업에 이르기까지, 그는 사업 전환을 적기에 시항한 덕에 홍콩 제일의 부자가 될 수 있었다.

시간은 무한하고 생명은 유한하다. 아무런 의미 없는 일에 자신의 삶을 낭비해서는 안 된다. 이런저런 공상을 하거나, 대부분의 시간을 무료하게 흘려버리거나, 시간 가는 줄도 모르고 유흥에만 빠져 있는 것은 참 의미 없는 행동이다. 자신의 생명을 책임지고 시간을 공경해야 한다.

지혜로운 사람은
시간을 활용한다

Schopenhauer

평범한 사람은 시간을 어떻게 소모할지를 궁리하고, 재능 있는 사람은 어떻게

든 시간을 활용한다.

쇼펜하우어는 세상에 두 종류의 사람, 즉 평범한 사람과 재
능 있는 사람이 있다고 했다. 사람의 종류에 따라 시간도 두
종류로 나뉘는데, 평범한 사람이 흘려버리는 시간과 재능 있
는 사람이 이용하는 시간이 그것이다. 어쩌면 쇼펜하우어는
시간을 쓰는 방법에 따라 사람을 두 종류로 나누었는지도 모
른다. 즉, 평범한 사람이 시간을 낭비할 때 재능 있는 사람은
시간을 충분히 활용하므로, 평범한 사람은 더욱 평범해지고
재능 있는 사람은 더 우수해져, 결국 사람은 두 종류로 나뉠
수밖에 없다.

학교 성적이 보통인 아이가 있다. 반에서 줄곧 중간 정도의 성적을 유지하며, 등수가 높지도 낮지도 않은 상태의 학생이다. 그의 부모는 아이에게 기대하는 바가 크다. 아이가 일류 대학에 들어가기를 바라지만, 지금 성적으로는 좋은 대학에 들어갈 가능성이 희박하다는 사실도 잘 알고 있다.

아버지와 어머니는 아이와 허심탄회하게 대화를 나눠보기로 했다. 저녁 식사 후, 우선 아버지의 일장 훈계가 시작되었다. 아버지의 말이 끝나자 어머니가 말을 이어나갔다.

"우리 위층에 사는 샤오원을 보렴. 너랑 같은 학년이고 성적도 오 등 아래로 내려가본 적이 없어. 그런데 너는 왜 항상 중간에만……."

그러자 아이가 말했다.

"내가 중간 등수에 머물지 않으면, 그애가 어떻게 오 등을 하겠어요?"

부모는 잠시 할 말을 잃고 말았다.

아이의 말은 '세상에 2등이 없으면, 1등도 존재할 수 없다'는 논리였다. 평범한 사람이 없으면 우수한 사람도 없는 것처럼 말이다. 평범함과 우수함, 이는 세상에 필연적으로 존재하는 두 가지 산물이다. 그런데 이를 시간이라는 기준에서 보면, 어떨까? 지혜로운 사람이 지혜로울 수 있는 이유는, 우수함과 시간의 기여도 간의 상관관계를 제대로 알아서다. 반면 우둔한 사람은 시간과 우수함 사이의 상관관계를 이해하지 못한다. 할 일이 없을 때 무료한 시간을 어떻게 극복해야 하는지 모르는 것이다. 이들은 게임을 하거나, 차를 마시거나, 노래를 부르는 등의 행동으로 시간을 소모한다. 그리고 시간이 빨리 지나갔으면 하고 바란다. 반면 어떤 사람들은 할 일이 없을 때, "기회는 이때다!"라며 자신을 위해 또는 남을 위해 의미 있는 일을 한다. 이것이 바로 시간을 단순히 소모하는 것과 제대로 이용하는 것의 차이다.

그렇다면 당신은 지혜로운 사람인가, 아니면 우둔한 사람인가? 그렇다면 어떻게 해야 시간을 낭비하지 않고 제대로 이용할 수 있을까?

시간 활용은 여가를 포기하는 게 아니다

꽉 막힌 사무실에서 하루 종일 컴퓨터만 들여다보며 일하는 이들은 시간이 지날수록 피로해지고 마음의 활력마저 잃어간다. 특히 두뇌 노동시간이 늘어나면, 사람은 더 쉽게 피곤해진다. 두통, 눈의 뻑뻑함, 의기소침, 슬럼프 등이 찾아오고 결국 업무 효율이 떨어진다.

피로가 밀려든다면 가장 먼저 컴퓨터, 의자, 꽉 막힌 협소한 사무실을 떠나보자. 밖으로 나가 바람도 쐬고 주변 풍경도 감상해보는 것이다. 과도하게 집중되었던 주의력을 분산해주고 마음의 긴장을 풀어주며 노동의 피로를 풀어줄 수 있기 때문이다. 분명, 바람 쐬는 행동은 시간을 허비하는 것이 아니다. 오히려 시간을 제대로 활용하는 것이다.

즉, 노동과 휴식의 결합이야말로 시간관리의 참 의미다. 업무 효율과 시간 이용 효율을 높이고 싶다면, 활력을 충전하고 정신을 맑게 유지해보자.

10분을 우습게 보지 말자

10분 동안 대체 무엇을 할 수 있을까? 10분 동안 아주 잘된 콩트를 읽으며 인생의 깨달음을 얻을 수 있다. 책상을 깔끔히 정리할 수도 있으며, 사무실 환경을 개선할 수도 있다. 간단한 맨손 체조나 팔다리를 풀어주는 운동을 함으로써 육체와 정신을 더욱 건강하게 단련할 수도 있다. 영어 단어를 외울 수도 있다. 부모님과 전화 통화를 할 수도 있으며, 밀린 메일을 확인할 수도 있다. 10분 동안 할 수 있는 것은 아주 많다.

생활과 업무 사이사이에는 조각난 10분이 정말 많이 산재해 있다. 그런데 아무것도 할 수 없는 시간이라는 생각에 대개 그냥 시간을 흘려보낸다. 그중 일부는 자신에게 유용한 일을 찾아서 한다.

짧은 토막 시간이 잘 활용되지 않는 이유는 낭비하려는 심리가 너무 강해서다. 이는 무의식적인 방종과 태만 때문에 자기 앞에서 시간이 흘러가고 있는데도 아무런 감흥을 느끼지

▼

못해서다. 이러한 시간이 누적되는 동안 10분이 지닌 가치를 전혀 인식하지 못하게 되어서다.

골든아워를 잡아라

골든아워는 어떤 일을 하는 데 최적의 시간을 말한다. 예컨대 하루의 계획은 새벽에 하라는 격언대로라면, 하루의 골든아워는 새벽이다. 만약 모 업계의 판매 성수기가 겨울이라면, 이 업계 관계자들에게 골든아워는 겨울이다.

골든아워를 제대로 거머쥘수록 추진하는 일이 성공할 확률은 더욱 높아진다. 따라서 가장 먼저 자신의 골든아워를 객관적인 시각에서 인식해두어야 한다. 다음으로는 하루 중의 골든아워를 놓치지 말아야 한다. 일은 적게 하고 더 높은 효율을 거두기 위해서다.

현재를 살면
모든 것에서 승리한다

Schopenhauer

과거에 사는 사람도 없고, 미래에 사는 사람도 없다. 현재야말로 생명이 확실히 점유하고 있는 유일한 형태다.

쇼펜하우어는 오로지 미래만 계획하고 고려하거나, 또는 과거의 회상에만 머물러 있어서는 안 된다고 했다. 현재야말로 유일하게 진실하고 확실한 것이라고 했다.

미래는 상상력을 요하며, 계획이 필요하다. 과거는 회상이 필요하며, 최종 평가가 필요하다. 이는 모두 지혜로운 사람이 지녀야 할 덕목이다. 하지만 현재라는 시간을 오로지 과거의 회상이나 미래에 대한 상상에만 써버리고 지금에 대해서는 아무런 관심도 갖지 않은 채 흘려보낸다면, 우리에게 시간은 아무런 의의가 없다.

▼

지혜로운 사람은 미래를 생각하고 과거를 추억하는 사이에서 적절한 균형을 이룰 줄 안다. 그래야만 지금 이 순간과 과거, 미래가 서로 방해하는 일이 없기 때문이다.

미래를 향한 동경은 인간이 지닌 훌륭한 품성이다. 하지만 미래를 동경하는 데만 몰두해 늘 앞만 바라본다면, 진실한 현재를 간과하게 된다. 미래를 동경하는 사람은 겉으로 보기에는 계획을 세워두며 원대한 이상을 품은 것처럼 보인다. 하지만 실제로는 다른 사람뿐만 아니라 자신도 속이는 것에 불과하다. 그러므로 미래를 동경만 하는 사람은 어쩌면 죽을 때까지 자신이 동경한 것을 이루지 못할 것이다.

어느 날 마을에 말끔하게 차려입은 이방인이 찾아왔다. 그는 만나는 사람마다 자신이 이 마을에 투자할 것이라고 말했다. 마을에는 고층빌딩과 5성급 호텔을, 마을 외곽에는 공장을 짓겠다고 호언장담했다. 게다가 산꼭대기의 산림을 개발해 여행지로 만들겠다는 등등의 계획을 늘어놓았다. 마을 사람들은 그가 내놓은 마을 발전 청사진으로 흥분에 휩싸였다. 마을에 나타난 어느 부호가 마을 사람들을 부자로 만들어주려 한다는 소문이 어느새 집집마다 파다하게 퍼져나갔다.

마을 사람들은 이방인을 재물신처럼 여기며 극진히 대접했다. 그가 식당에 가면, 식당 주인은 최고의 음식과 술을 내오고도 돈 한 푼 받지 않았다.

일주일이 지났을 무렵에도 이방인은 사람을 만날 때마다 자신의 마을 개발 계획을 언급했다. 사람들은 그의 말만 들어도 흥이 났다. 그러던 중 어느 호사가가 질문을 던졌다.

"언제 착공할 예정입니까?"

이방인이 대답했다.

"곧 시작합니다. 곧요!"

그로부터 며칠이 더 지났는데도 이방인은 투자 시점과 착공 날짜에 관한 질문에 "곧 됩니다" 하는 말만 반복했다.

결국 한 사람이 그가 사기꾼이란 의심이 들어 경찰에 신고했다. 경찰이 조사해보니, 이방인은 정신분열증 환자로 밝혀졌다.

아름다운 미래를 상상만 하며 동경해서는 안 된다. 그러면 진실한 현재를 놓치고 만다. 현재를 간과한 채 미래만 동경하면, 우리는 저 이방인처럼 아무런 일도 이룰 수 없을 뿐만 아니라 남들에게 멸시를 당한다. 미래의 일은 진실이 아니며, 미래의 모습은 모두 현재 자신의 행동으로 결정됨을 명심하자. 가장 진실한 시간은 현재뿐이다. 우리가 존재하는 시점은 바로 지금, 이 순간이기 때문이다.

현재가 가장 진실한 시간이다

과거의 시간은 이미 지나갔다. 미래의 시간은 아직 오지 않았다. 혹시라도 과거의 불행에서 빠져나오지 못하고 번뇌한다면, 미래에 대해서도 항상 근심과 걱정으로 불안할 것이다. 그러면 진정한 행복과 즐거움을 체감할 수 없다.

살다 보면 평생 후회할 몇 가지 일은 있게 마련이다. 그럼에도 과거와는 이별을 고하자. 미래에 대해서는 동경해도, 우려와 걱정을 해도 다 괜찮다. 미래는 아무도 예측할 수 없기 때문이다. 이제 우리가 할 수 있는 가장 현명한 선택은 현재의 시간을 진지하게 대하는 것뿐이다.

위선적인 자부심을 내려놓자

위선적인 사람은 허풍을 좋아한다. 자신의 찬란했던 역사를 이야기하고 자신의 미래와 관련한 발전 전망을 내놓는다. 과거와 미래에 대한 묘사에 상당히 많은 시간을 쏟아붓는다. 그 이유는 현재보다 자신의 과거가 훨씬 좋았기 때문이다. 현재의 상황이 실제로는 좋지 않아 언급을 꺼리는 것이다. 이런 행동이 심해지면, 현재는 과거보다 못한 것이 되어버린다. 현재라는 시간을 직시하지 않기 때문이다.

자부심이 강한 사람은 종종 자신을 이 세상의 일부가 아니라고 생각한다. 세계도 자기 한 사람만을 위한 세계요, 천하도

자기 한 사람만을 위한 천하라고 생각한다. 자신을 너무 높이 평가해 현실을 객관적으로 인식하지 못한다. 현재에 살고 있으면서도, 마음은 다른 시간을 향하고 있다. 그래서 현재를 제대로 활용하지 못한다.

위선을 내려놓아라. 자부심을 버려라. 그러면 정신적으로 편안해질 것이다. 현재를 제대로 살면서 현재의 모든 것을 누릴 수 있다.

무작정 기다리다가
모든 것을 잃지 말라

Schopenhauer
기다림은 게으른 변명이며, 태만에 대한 핑계이다.

쇼펜하우어는, 진정한 천재는 고독한데, 이는 절대 바뀌지 않는 사실이라고 했다. 그가 대학에서 강의할 때였다. 그는 자신의 과목을 헤겔의 수업 시간과 겹치도록 해놓았다. 학생들이 '장기적'인 안목으로 자신의 사상과 작품을 봐주기를 바란 것이다. 하지만 유감스럽게도 학생들은 쇼펜하우어의 과목을 외면했고 그의 시도는 실패하고 말았다!

20여 년이라는 시간 동안 철학을 연구했는데도 사람들로부터 인정받지 못한 것이다. 이제 그는 더 이상 누군가가 자신을 인정해줄 때까지 기다릴 수 없어서 강의를 접고 대학을 떠났다. 그러나 자신의 학술 연구만은 멈추지 않았다.

기다림은 연약함의 표현이다. 얻지 못한 것이므로 기다리는 것이다. 기회와 승진을 기다리고, 하늘에서 복이 떨어지기를 기다린다. 어쩌면 기다리는 와중에 원하는 것을 얻을 수도 있다. 하지만 그러는 동안 우리는 엄청난 시간을 소모해버리게 되니, 결국 득보다 실이 많을 수 있다. 만약 기다림을 선택하지 않는다면, 용감하게 쟁취하러 나선다면, 우리는 더 짧은 시간 안에 원하는 결과를 얻을 수 있다. 그리고 남은 시간 동안 더 많은 일을 할 수 있다.

쇼펜하우어가 대학을 떠나기로 결심했을 때, 더 이상 기다리지 않기로 마음먹었을 때, 그는 기다림은 시간 낭비이며 기다림이라는 시간을 더 유용하게 쓸 수 있음을 알았다. 그가 계속 대학에 남는 길을 택했다면, 언젠가는 학생들이 그의 사상과 관점을 객관적으로 보기 시작했을 것이다. 그가 용감하게 쟁취하는 방법을 택했다면, 사람들에게 인정받는 날이 더 빨리 왔을지도 모른다.

쇼펜하우어는, 기다림은 게으른 변명이며 태만에 대한 핑계라고 말했다. 그렇다면 게으름과 기다림은 같은 결과를 낳을까?

기다림은 아무것도 하지 않으면서 어떤 일이 자연스레 발생하기를 바라는 행위이다. 게으름은 그냥 고생하지 않고 마음 편히 있으려고 본래 해야 할 일을 아예 하지 않는 것이다. 이로써 두 단어가 완전히 다른 뜻을 지녔음을 알 수 있다. 그런데 둘 사이에는 공통된 특징이 있다. 바로 '아무것도 하지 않는다'라는 점이다. 그러므로 어떤 상황에서든 기다림은 곧 게으름인 것이며, 모두 시간을 허비하는 행위이다.

항상 시간을 끌며, 일을 제때 처리하지 않는 사람이 있다. 이런 사람은 본래 하루면 끝날 일을 다음 날까지 미룬다. 사실, 이것도 일종의 기다림이라고 볼 수 있다. 물론 이 사람을 향해 자기 일에 노력하지도 않고 적극적이지도 않다고 비난할 수는 없다. 그냥 심리적인 습관이기 때문이다.

이 밖에도 기다림이 '남아도는 시간'을 소모하는 것이 아닌 유형이 있다. 이런 유형의 사람들은 일 앞에서 머뭇거리고 결정을 내리지도 못하고 일 주변만 빙빙 돌고 아예 행동 자체를 하지 않는다. 그 결과 일을 제때 마치지 못하는 것은 물론 기회를 놓치고 실패한다. 심지어 있던 것마저 잃는 불상사까지 자초한다.

쉬운 일부터 먼저 하라

너무 어려운 일에 부닥치면 발이 묶여 기다려야만 하는 경우가 생긴다. 어디서부터 손을 대야 할지 몰라서다. 이때는 쉬운 일부터 시작하는 것도 좋은 방법이다. 쉬운 일부터 해결해 나아가다 보면, 그 처리 과정에서 돌파구를 발견할 수도 있다.

대책 없이 기다리지 않아도 되며, 더 효율적으로 일을 완수할 수 있다.

가장 자신 있는 것부터 하라

일할 때 맹목적으로 달려들어 갈팡질팡하는 사람이 있다. 이는 실행 중인 일이 낯설어서일 수도 있다. 또한 정작 자신을 제대로 파악하지 못한 탓에, 자신이 어디에서 능력을 발휘하는지, 자신 있게 처리할 수 있는 부분은 어디인지 모르기 때문일 수도 있다.

맹목적으로 달려들어 갈팡질팡하는 현상은 창업자들에게서 흔히 볼 수 있다. 이들은 창업에 대해, 심리적으로나 감정적으로 한껏 고무되어 마치 잘해낼 수 있을 것처럼 말한다. 하지만 대체 어디서부터 어떻게 손을 대야 할지 몰라, 무작정 창업 기회만 노리는 상태로 돌입한다. 앞뒤 재지 않고 달려들었기 때문이다.

자신이 가장 잘할 수 있는 일부터 하자. 그래야 시간을 가장 효과적으로 이용해 일의 효율을 높일 수 있다.

실행력을 강화하라

습관적인 기다림은 주로 실행력이 떨어진 탓에 생긴다. 무슨 일이든 막상 하려다가 머뭇거리면서 장시간 숨죽인다. 반면 실행력이 강한 사람은 신속하고 단호하다. 이들의 인생 사전에는 마치 '기다림'이라는 단어가 아예 없는 듯 보인다.

속히 실행력을 강화하는 게 좋다. 문제에 부닥치면 즉시 처리하러 나서는 것이다. 어떤 일을 하는 데 열흘이 주어졌다면, 실제로는 엿새면 충분한 경우가 있다. 이때 '시간은 아직 많이 남았는데, 마감일에 맞춰 시작하자'라는 생각 따위는 아예 버려라. 당장 과감하게 착수해 일을 일사천리로 완수해보자.

결과를 예상해보자

일을 할 때, 어떻게 했을 때 어떤 결과가 나올지를 예상해보자. 그러면 일을 시작하기 전에 '어떤 일이 생기면 어떻게 일을 처리하고……' 등의 세부적 대책을 세울 수 있다. 또한 일을 일찍 끝냈을 경우 발생하는 장점과 완성하지 못했을 경우 발생할 문제점 등을 사전에 면밀히 예상해볼 수 있다. 특히 자신의 기분이 저조할 때 앞서 언급한 방법을 대입해보면, 실행력도 강화하고 불필요한 기다림 또한 줄일 수 있다.

시간은 자신을 제대로 사용하는 사람을 홀대하지 않는다

Schopenhauer

시간은 자신을 제대로 사용하는 사람에게 친절하다.

여가 시간을 어떻게 대하고 있는가?

누군가에게 여가 시간은 좋은 기회이다. 하고 싶었던 일을 하며 취미를 개발하고 발전시킬 수 있고 친구들과 우의를 다질 수도 있다. 그런데 누군가에게 여가 시간은 부정적인 시기다. 한가로움이 자신의 생각을 잠식해버릴 수 있어서다.

쇼펜하우어는 일부 보통의 사람에게 한가함이란 할 일이 없고 무료하고 답답한 상태이므로, 그들은 비는 시간을 걱정하며 한가해지는 걸 두려워한다고 생각했다. 그래서 이들은 저급한 취미인 유희를 통해 일시적인 만족감을 얻는다고 보았다. 그리고 이 저급한 유희로 시간을 보내느라 '쓸모없는 사람'으로 전락한다고도 지적했다. 평범한 사람은 한가한 시간이 생기는 걸 두려워하는데, 그 이유는 한가한 시간을 활용할 줄 몰라서라고도 말했다.

쇼펜하우어는 지혜로운 사람에게 여유 시간은 하늘이 준 선물이며, 인생길에서 만난 활짝 핀 꽃 한 송이라고 했다. 또한 한가로운 시간의 가치를 한 바구니의 기름진 흙으로 비유해 설명했다. 흙에서 꽃이 피고 결실을 맺는 것, 어떤 꽃이 피고 어떤 열매가 맺을지는 자신이 흙에 씨앗을 심을 의지가 있는지, 그리고 어떤 씨앗을 심으려 하는지에 달렸다는 것이다. 즉, 쇼펜하우어가 말한 지혜로운 사람은 여유 시간을 효율적으로 사용해 가치를 만드는 이다.

시간관리 전문가가 학생들에게 한 가지 시범을 보였다. 유리잔에 2/3 정도의 물을 채운 후, 돌을 하나씩 잔 안으로 떨어뜨렸다. 유리잔 안의 물이 차오르자, 그가 학생들에게 질문을 던졌다.

"이 잔이 다 찬 건가요?"

"가득 찼습니다!"

모두 한목소리로 대답했다. 그러자 시간관리 전문가는 이맛살을 찌푸리며 다시 물었다.

"정말 그런가요?"

그는 작은 유리구슬 몇 개를 잔 안의 돌과 돌 사이로 떨어뜨렸다. 잔에서 물이 흘러넘치기 전까지 구슬을 계속 넣은 그가 다시 물었다.

"이 잔이 다 찼나요?"

"아직 안 찼습니까?"

한 학생의 대답에 시간관리 전문가는 고개를 끄덕였다. 그가 이번에는 물을 돌멩이 사이사이로 흘려보냈다. 그러자 잔에서 물이 흘러넘쳤다.

시간관리 전문가가 학생에게 물었다.

"오늘 여러분은 무엇을 배웠나요?"

한 학생이 일어나 대답했다.

"시간은 스펀지 같다. 그러니 시간을 만들어내려면, 어떻게든 시간은 쥐어짜낼 수 있다는 뜻 같습니다."

시간관리 전문가는 고개를 가로저었다.

"틀렸습니다. 이번 실습이 우리에게 주는 교훈은 이렇습니다. 만약 여러분이 잔에 돌멩이부터 넣지 않고 모래나 작은 구슬을 먼저 넣어뒀다면, 돌멩이를 넣을 공간은 없었겠죠."

이 말에는 시간을 제대로 활용하는 진리가 담겨 있다. 우리는 시간이 귀하니 매 일분일초를 아껴야 한다는 정도는 알고 있다. 여기에 더 나아가 시간을 제대로 쓰지 않는다면, 똑같은 시간에 다른 사람이 더 가치 있는 일을 더 많이 해낼 것이라는 점도 함께 알아둬야 한다.

▼

한가로운 시간을 효율적으로 사용하자

한가로운 시간을 자기 성장을 위한 재화로 삼고 가치 있고 의미 있는 일을 해보자.

가끔은 갑작스레 한가로운 시간이 생기기도 한다. 오후에 고객을 접대하기로 했는데, 고객에게 급한 일이 생겨 약속을 취소한다는 전화가 올 수도 있다. 이때 대체 무엇을 해야 할까? 어쩌면 그 시간을 어떻게 보내야 할지 몰라 갈팡질팡하다 흘려보낼 수도 있다.

우리는 일부 예견했거나 혹은 예상치 못한 여유 시간을 파악해둬야 한다. 그리고 언제든지 여가 시간에 할 만한 일 정도는 준비해두어야 한다. 차가 예정보다 늦게 도착할 때 혹은 만나기로 한 사람이 늦을 때 잡지나 책을 읽을 수도, 친구에게 문자를 보내거나 전화를 걸 수도, 아니면 이런저런 일에 대한 계획을 구상하는 등의 일을 할 수 있겠다.

시간을 합리적으로 안배하자

시간의 중요성을 인식하고 있다면 시간을 합리적으로 안배하는 방법을 알아야 한다. 그래야 제한된 시간 내에 더 많은 일을 할 수 있으며, 가치 있는 일을 더 많이 창조해낼 수 있다.

우선 매일 시간을 안배하고 기록한다. 그런 후 할 일과 하지 말아야 할 일을 선별한다. 그다음 다시 유형별로 나누고, 동일

유형의 일들은 시간을 합치거나 분류한다.

이제 중요한 일부터 안배한다. 그런 후 중요하지 않은 일에 쓸 시간을 배분한다. 평소에 자질구레한 일부터 처리했다면, 정작 중요한 일은 처리하지도 못했을 것이다. 그러니 중요한 일부터 처리하도록 시간을 짜야 한다.

시간을 제대로 활용한다는 것이 단순히 시간을 꽉 채워 사용함을 의미하지는 않는다. 일을 경중과 완급에 따라 나누며, 모든 일이 순서대로 착착 진행되도록 안배한 후 이 일들을 자신의 시간표 안에 합리적으로 배치하는 것을 의미한다.

과잉 수면은
죽음에게 빚을 지는 것이다

Schopenhauer

잠은 죽음의 이자이다. 잠을 많이, 오래 잘수록 이자 상환 기간이 늘어난다.

쇼펜하우어는 개인의 즐거움 원천은 세 가지에서 온다고 했다.

첫째, 인체의 신진대사가 주는 즐거움이다. 이를테면 먹고 마시고 소화하고 휴식하고 잠을 자는 것 등이다. 이러한 유형의 즐거움은 사람이라면 누구나 지니고 있는 것으로, 전 국민적인 오락이라고 할 수 있다.

둘째, 신체 근육량이 주는 즐거움이다. 예컨대 각종 스포츠, 힘겨루기, 전쟁 등이 있다. 이 분야의 즐거움은 당연히 운동선수나 군인 등에게서 주로 나타난다. 군인 혹은 운동선수가 마음이 갑갑할 때 사력을 다해 몸을 단련하는데, 이는 격렬한 운동이 갈망을 충족시켜주고 마음의 답답함을 해소해주기 때문이다. 물론 일부 일반인에게서도 이러한 양상이 나타날 수 있다.

셋째, 생각이 주는 즐거움이다. 이를테면 관찰과 사고, 독서, 글쓰기, 학습, 발명, 음악 감상 등이다. 이런 유형의 즐거움은 두뇌 노동자에게서 집중적으로 나타난다.

개인의 시간과 정력은 유한하기에 어느 한쪽이 지나치게 강화되면 다른 쪽은 자연스레 약화된다. 그 결과 긍정적인 작용을 유발하기도, 부정적인 작용을 유발하기도 한다.

예컨대 신체 근육량이 주는 즐거움이 나머지 두 가지 요인보다 강할 때, 그 신체는 더욱 건강해질 것이다. 운동선수라면 훨씬 더 좋은 건강 상태를 보일 것이다. 생각이 주는 즐거움이 나머지 두 가지보다 강하면 더욱 지혜로워지며, 더 좋은 소양을 지니게 될 것이다. 철학자나 사상가라면 생각과 관련해 더 많은 성취를 이룰 것이며, 위대한 사람이 될 수도 있다. 두 가지 경우는 긍정적인 작용을 불러일으킬 수 있다. 신체적인 근육량과 생각이 주는 즐거움을 추구할 때는 공통적으로 시간을 충분히 활용할 수 있기 때문이다.

그런데 신진대사가 주는 즐거움이 다른 두 가지보다 강하고 동시에 제삼의 상황이 발생하면, 사람은 해이해지고 타락하고 심한 경우 우매해질 수 있다. 즐거움의 원천이 오로지 먹고 마시고 배설하고 잠자는 데 집중되어 있는 사람을 가정해 보자. 그는 운동량과 사유하고 학습하는 시간을 모두 줄일 것이다. 그러면 자연스레 사회로부터 괴리된다. 그런데 이 사람이 이미 어긋나버린 사회의 리듬에 다시 자신을 맞추려는 행동, 즉 제삼의 상황이 발생했다고 해보자. 아마도 원래의 리듬으로 돌아가려면, 무척 많은 시간과 노력을 기울여야 할 것이다. 또한 신체 근육량, 사유 및 학습 능력도 갑자기 고도로 강화시켜야만 할 것이다. 그러면 과잉 수면이 발생하고, 이 때문에 많은 시간을 소모하게 된다.

쇼펜하우어는 '잠은 죽음의 이자다. 잠을 많이, 오래 잘수록 빚의 이자 상환 기간이 늘어난다'라고 말했다. 물론 의지, 가치관, 생각도 없고 사회와 가정, 심지어 자신에게조차도 관심이 없는 사람이라면, 과잉 수면을 취해도 아무 상관없다. 그런데 정상적이고 적극적인 마음 자세를 지닌 사람, 이상과 꿈 그리고 가치관을 지녔으며 책임감이 있는 사람이라면, 과잉 수면으로 인한 부작용을 겪어서는 안 된다.

정확한 생각과 의식을 지녀라

과잉 수면으로 시간을 버리는 사람의 유형은 일반적으로 두 가지다. 잠을 장시간 자는 걸 좋아하는 경우, 과도한 수면이 습관으로 굳어진 경우다. 이들이 과잉 수면을 하는 이유는 제대로 된 생각과 의식이 부족해서다. 이들은 '세상 사는 데 조금 더 편하고 싶다', '인생은 즐기는 과정이다', '하늘이 무너져도 다른 누군가가 해결할 테니 나는 걱정 안 해'라고 생각한다. 사실, 잠은 몸과 마음을 편안히 해주기 때문에 누구나 취해야 한다. 다만, 인체가 필요로 하는 것보다 많은 시간을 잘 필요는 없다. 몸과 마음이 편하고 행복한 인생을 살아야 하는 건 맞지만, 이것은 과잉 수면을 통해서 얻을 수 있는 게 아니다. 인생에는 수면으로 얻는 몸과 마음의 편안함보다 더 좋은 것이 많다. 단지 멀리 내다보는 안목이 없어 찾아내지 못하고 있을 뿐이다.

대학교 과정은 중·고등학교 과정보다 구속과 통제가 훨씬 느슨하다. 그래서 학습 분위기가 상대적으로 자유롭다. 이런 자유로운 환경에서 기숙사 방을 함께 쓴 리하오라는 친구가 생각난다. 아침이면 기숙사 방 친구들은 일찍 일어나 수업에 갈 준비를 했다. 그런데 리하오는 여전히 침대에 누워 잠을 자고 있었다. 그러면 친구 하나가 수업에 들어가라며 그를 깨웠다. 그런데 그때마다 그는 침대에서 일어나지 않고 "오늘 수업은 재미없는 거야. 안 갈 거야. 잘래", "오늘 강사가 마음에 안 들어. 그냥 잘래" 하며 온갖 평계를 댔다. 그는 잠을 자느라 결석하는 일이 잦았다. 아니면 늦게 일어나는 바람에 첫 번째 수업은 넘기고 다음 수업부터 강의를 듣곤 했다.

이렇게 대학생활을 한 리하오는 졸업시험을 그야말로 겨우 겨우 간신히 통과했다. 사회에 나가 직업을 찾을 때도 동기들은 대우 좋고 전공을 살린 직장에 단번에 취직했지만 그는 좀처럼 직장을 구하지 못했다. 잠만 자느라 공부를 못 했기에 전공 지식이 많이 부족했고 생각과 의식도 뒤떨어져 있었던 것이다. 결국 그는 직장을 잡지 못해 고향으로 돌아갈 수밖에 없었다.

사람은 꿈과 책임감을 지녀야 한다. 이러한 요소는 우리에게 영예, 성공, 자아 가치를 실현하게 해준다. 무엇보다 더 고차원적인 몸과 마음의 평화, 행복을 느끼게 해준다.

신체를 더욱 건강히 하자

신체는 삶의 근본이다. 건강한 신체는 우리를 이 아름다운 세계에서 더 오래 살고, 더 오래 행복을 향유하게 해준다. 또한 더 효율적이면서 즐겁게 자신이 좋아하는 일을 하도록 해준다. 우리가 인생의 일정 시간과 정력을 신체 단련에 할애해야 하는 이유다.

신체는 대변혁을 위한 본전이며, 이 본전은 일정 시간을 투자해야만 적립된다. 그러므로 일정 시간을 투자하지 않으면, 본전은 오히려 줄어들 수밖에 없다. 신체를 더 건강하게 해야 한다는 의식은 쇼펜하우어가 말한 신체 근육량을 통해 즐거움을 얻어야 한다는 생각과 맞닿아 있다. 신체를 더 건강하게 하면 훨씬 더 다채로운 즐거움과 행복을 얻을 수 있다.

수면이 인생의 주체가 될 수 없으며, 과잉 수면도 인생의 본질이 될 수 없다. 잠자는 시간이 늘어날수록 죽음에 내줘야 하는 이자만 늘어날 뿐이다. 다시 말해, 잠 때문에 진 인생의 빚을 갚으려면 훗날 더 많은 시간과 정력을 들여야만 비로소 그 빚을 상환할 수 있다. 인생의 시간을 합리적으로 이용하는 것이야말로 개인 삶이 지닌 가치의 중요성을 제대로 구현하는 것이다.

'신선도 유지 시간'을
지켜라

Schopenhauer

빈번한 반복 탓에, 수많은 최초가 우리가 보기에 중요한 사물을 점차 가치 없

는 것으로 변하게 했다.

어떤 일을 새로 시작하면, 신선하고 재미있으며 자극적이
라 적극적이고 진지하게 임한다. 심지어 밥 먹는 것도 잊어가
며 그 일을 하는데, 이 시기에는 시간 이용 효율도 매우 높다.
하지만 같은 일을 매일, 매년 반복하면, 시간이 흐를수록 무료
하고 심지어 가치 없게 여겨진다. 그 일을 위해 더 이상 시간
을 투자하고 싶지 않아 게을러지며, 결국 시간 이용 효율도 갈
수록 떨어진다.

많은 이가 이와 같은 기분을 느껴보았을 것이다. 특히 공정
작업에 종사하는 사람일수록 더욱 그렇겠다. 사실, 앞서 언급

한 현상은 정상적인 반응이다. 쇼펜하우어도 '빈번한 반복 탓에, 수많은 최초가 우리가 보기에 중요한 사물을 점차 가치 없는 것으로 변하게 했다'라고 지적했다.

이전에 전혀 해보지 않았던 일은 흥미를 유발한다. 그래서 신선한 일을 재미있게 수행할 수 있고, 모든 시간을 기꺼이 쏟아부으려 한다. 반면 이미 익숙하고 많은 정보를 알고 있는 일에는 처음처럼 자극을 받지 않는다. 그래서 태만해지며, 그 일을 하며 보내는 시간 역시 무료하고 지루하다고 느낀다.

평소 생활에서든 일에서든 반드시 그리고 오랜 기간을 들여 해야 하는 일이 있다. 이것은 오늘날 사회가 바라는 우수 인재에 대한 요구 조건이기도 하다. 물론 일부는 새로운 자극을 추구하면서 심리적 욕망을 충족해간다. 그런데 이들은 사회가 원하는 틀에 맞춰 일하는 사람이 아니다. 예컨대 자주 직장을 바꾸면서 새로운 업무만 하려는 사람처럼 말이다. 이런 사람은 일반적으로 사회에서 가장 우수한 부류는 아니다. 대개는 사회 저층에 속하는데 성공하기 어렵다. 왜냐하면 이들이 사용한 시간 대비 가치가 너무 낮기 때문이다. 또한 빈번하게 새로운 직장을 찾느라 너무 많은 시간을 허비하며, 새 직장에 적응하느라 많은 시간을 쓰기 때문이다. 겉보기에 그들은 매우 바쁘고 충실하게 사는 것 같지만 실제로는 자신의 가치를 전혀 올리지 못하고 있는 것에 불과하다.

그렇다면 어떻게 해야 계속 반복되는 일을 할 때, 이 일이 가치를 지니게 하면서 시간도 제대로 활용할 수 있을까? 가장 좋은 방법은 '신선도 유지 기간' 내에 일을 마무리하는 것이다. 자신이 일하고 있는 시간이 '신선'하다고 생각하면, 하는 일이 가치 없다는 느낌은 들지 않을 것이다.

사물의 내재를 심도 있게 연구하라

빈번한 반복으로 사물이나 일이 가치 없다고 느껴지면, 그 사물이나 일의 내재(內在)적 상태를 적극적으로 연구해보는 것도 좋다. 이를테면 자신이 공장에서 부품 조립을 맡고 있다고 해보자. 이때 자신이 맡고 있는 부품 공정, 기계 전체의 구조에 대한 연구와 학습이 자기 업무의 내재적 상태 연구에 해당한다. 이렇게 하면 자신의 작업 시간이 얼마나 중요한지, 얼마나 가치 있는지를 깨달을 것이며, 나아가 여가 시간에도 관련된 일을 더 하려 할 것이다.

사물의 상태를 바꾸어라

매일 같은 시각에 일을 시작하고 마감하는 반복된 일상은 사람을 매우 지치게 만들 수 있다. 심지어 자신이 나무토막처럼 느껴지거나, 어제 아침과 오늘 아침의 차이점을 분간하지 못하도록 만들 수도 있다. 그런데 자신의 시간이 이 정도로밖에 인식되지 않는다면, 그 시간은 이미 가치가 없다.

그렇다면 이를 개선하기 위해 노력해야 한다. 아침에 30분 정도 일찍 일어나 간단한 운동을 하거나, 아침 식단을 바꾸거나, 출근방식을 바꾸는 등 일상에 변화를 줘보자. 반복되는 규칙이 없도록 일상을 바꾸면, 이 변화가 매우 재밌게 느껴진다. 그러면 하루하루가 새롭고 신선하다. 아울러 모든 하루가 의미 있게 다가와, 자신의 시간이 가치 있게 여겨진다.

짧은 인생,
감사히 소중하게 여기자

Schopenhauer

인생이 얼마나 짧은지 이해하기 위해, 개인은 반드시 길고 긴 삶의 길을 걸어 봐야 한다.

쇼펜하우어는 《여록과 보유》에서 어린 시절에는 모든 사물이 신기하게 느껴져 그것을 의식 속으로 받아들이느라 하루가 유난히 길게 느껴진다고 말했다. 마찬가지로 혼자 여행할 때의 하루는 집에서 가만히 있는 나흘보다 훨씬 길게 느껴진다. 즉, 여행에서의 하루와 집에서 가만히 있는 하루가 같은 길이일지라도, 감각적으로는 완전히 다른 길이로 느껴지는 것이다. 그런데 나이가 들어서도 어릴 때와 똑같은 감각과 인상을, 더군다나 장시간 받아들여야 한다면, 우리의 지능이 피로감을 느낄 것이다. 그래서 나이가 들수록 시간이 점점 더 짧아진다고 느끼게 된다. 마치 가속도가 붙은 것처럼 말이다.

일정 연령대에 들어서면 '아! 눈 깜짝할 사이에 몇 년이 후딱 지나갔네!' 하며 비로소 흘러가는 시간의 긴박함을 느끼게 된다. 그래서 쇼펜하우어가 '인생이 얼마나 짧은지 이해하기 위해, 개인은 반드시 길고 긴 삶의 길을 걸어봐야 한다'라고 지적한 것이다.

'부모 말을 들으면 자다가도 떡이 생긴다'라는 속담이 있다. 인생의 선배가 우리에게 주는 조언에는 지혜와 원칙이 어느 정도 담겨 있기에 나온 말이겠다. 아직은 어려서 인생이 얼마나 짧은지 느끼지 못할 수도 있다. 그러나 나이 들어가다 보면, 인생이 얼마나 짧고 시간이 얼마나 긴박하게 흘러가는지 절실히 느끼는 때가 온다. 그때는 무언가를 하고 싶어도 시간이 모자라거나, 아예 시간이 허락되지 않을 수도 있다.

그러니 미래를 위한 대비를 하기 바란다. 아직 젊을 때, 아직 인생의 절반이 더 남아 있을 때, 인생이 얼마나 짧은지를 깊이 깨닫고 시간을 귀히 여기며 아끼자.

왕화는 대학에 들어간 후 영화 보는 걸 유난히 즐겼다. 영화가 전공은 아니었지만 여가 시간에 단편극을 찍었다. 많은 시간과 노력, 돈이 들었지만 실질적인 이익은 없었다. 그는 늘 말했다.

"내가 늙어서 대학 다닐 때 '이런 경력도 쌓았구나'라고 회상하게 된다면, 분명 대단한 일을 한 기분일 것 같아."

몇몇 친구는 왕화를 전혀 이해하지 못했다. 그의 취미는 단순히 시간 낭비이며, 장래에 전혀 도움이 되지 않는다고 여겼다. 하지만 그는 꿋꿋이 자신의 취미를 이어갔다.

대학 졸업 후 동기·친구들은 전공에 맞춰 일을 찾았지만, 왕화는 뜻이 맞는 친구 몇과 함께 영화 작업실을 차렸다. 홍보를 통해 기업과 기관의 의뢰를 받았고 일반 광고와 공익 광고 등을 찍을 수 있었다. 첫해, 영화 작업실은 돈 한 푼 벌지 못했다. 오히려 5만 위안을 고객에게 물어줘야 했으며, 설상가상 파트너도 하나둘 떠나기 시작했다. 친구들은 그에게 영화 작업실은 포기하고 직장을 잡아 안정적으로 생활하라고 권했다. 나중에 시간이 나면 좋아하는 일을 다시 하라고 했지만 그는 확고부동했다.

"인생은 짧아. 그러니 의미 있고 가치 있는 일을 해야겠지."

두 번째 해, 왕화의 영화 작업실은 여전히 돈을 벌지 못했고 친구로부터 빌린 2만 위안마저 모두 바닥나고 말았다. 그러자 친구들이 재차 포기를 권했다. 우선 먹고사는 문제부터 해결한 후에 다시 하라고 말했다. 그런데도 그는 자신의 의지를 꺾지 않았다.

"어떤 사람들은 의미 있는 일을 하나도 못한 채 늙어. 나는 내가 하고 있는 일이 가치 있다고 생각해!"

세 번째 해, 다행히 영화 작업실로 조금씩 일이 들어오기 시작했다. 그리고 서른 무렵 왕화는 업계에서 어느 정도 이름을 알린 영화 광고 제작자가 되었다.

확신을 가진 일은 진지하게 노력하라

쇼펜하우어는 노년에는 시간이 마치 쏜살같아 너무 짧게 느껴져, 삶을 의식하는 것도 날로 옅어진다고 말했다. 아직 젊을 때 확신하는 일이 있다면, 진지하게 노력하며 실행해나가기를 바란다. 기다렸다가 나중에 한다는 생각은 부디 접기 바란다. 계속 미루다 보면, 몇 년 후에는 하고 싶은 열정조차 사질지도 모른다. 애당초 확신했던 일도 나이 들어 하려면 몸이 따라주지 않는다.

많은 젊은이가 주저하고 머뭇거리는 잘못을 범하고 있다. 확신에 찼음에도 이리 재고 저리 재며 이해득실을 따진다. 그 일과 관련해 충분히 능력이 있는데도 자신이 과연 잘해낼 수 있을지를 너무 오랫동안 걱정만 한다. 주저하고 머뭇거리는 데 지나치게 많은 시간을 낭비하느라 일은 진척이 없다. 이 얼마나 인생을 헛되이 사는 것인가!

모든 일을 제대로 처리하고 그 가치를 느껴라

이왕 시작한 일은 제대로 처리해야 한다. 일을 처리하는 단계마다 그 일이 자신에게 지니는 가치를 느껴야 한다. 매 순간마다 과할 정도로 소중하게 아끼는 마음을 담아 일의 단계를 밟아가자. 아직 젊어서, '인생은 짧다'라는 말이 와 닿지 않는다고? 젊었을 때야말로 인생의 가치적 측면에서 짧은 인생에 대해 생각해보고, 유한한 시간 안에서 모든 일을 더욱 의미 있게 만들어 나아가야 한다. 이로써 하는 일 하나하나마다 자신에게 지닌 가치를 충분히 느끼고, 짧은 인생을 더욱 다채롭고 찬란하게 만들어야 한다.

젊을 때 허송세월하지 않아야
노년에 후회하지 않는다

Schopenhauer

노년이 되어 가장 큰 안위는 청춘의 모든 역량을 영원불멸의 사업에 헌납했다
는 사실을 깨달은 것이었다.

쇼펜하우어의 일생은 끊임없는 학습 그 자체였다. 그는 철
학뿐만 아니라 다른 분야에 대해서도 심도 있게 연구했고 깊
은 이해와 인식을 가졌다. 미학, 음악, 회화, 시가, 오페라 등이
모두 그의 연구 대상이었다. 그가 섭렵한 지식의 폭만으로도
그의 일생이 얼마나 충실했으며, 그가 얼마나 폭넓은 취미를
지닌 철학가였는지를 알 수 있다.

그의 저서와 출판물이 발표된 시점을 다시 한 번 살펴보자.

1813년, 대학에서 논문 '충족 이유율의 네 겹의 뿌리에 관하여'를

발표

1816년, 《시각과 색채에 관하여》 완성

1819년, 《의지와 표상으로서의 세계》 완성

1836년, 《자연에서의 의지에 관하여》 완성

1839년, 《인간 의지의 자유에 관하여》 완성

1840년, 《도덕의 기초에 관하여》 완성

1841년, 《윤리학의 두 가지의 근본 문제》 완성('인간 의지의 자유에 관하여', '도덕의 기초에 관하여' 두 논문을 묶어서 출판한 책)

1851년, 《여록과 보유》 완성

쇼펜하우어는 투철한 시간관념 덕분에 서른 살에 자신의 대표작 《의지와 표상으로서의 세계》를 완성했으며, 그 후로도 많은 저서를 집필할 수 있었다. 다음과 같이 가정해보자. 자신이 쇼펜하우어이고 여든이 넘은 나이에도 자신의 모든 시간을 원했던 일에 쏟아붓고 있다고 말이다. 아울러 어느 정도 명예와 지위도 얻고 막대한 영향력을 지닌 작품도 완성했으며, 자신이 가장 좋아하는 철학에 대해 깊이 연구했고 흥미를 느끼는 분야도 모두 섭렵했다고 말이다. 어떤 기분이 드는가? 자랑스러움? 긍지?

쇼펜하우어가 느낀 기분은 저 정도의 단어로는 부족할 것이다. 쇼펜하우어에게 철학은 그의 사업이었고 그가 섭렵한 기타 분야는 취미였다. 자신의 청춘을 사업과 취미에 모두 쏟아부었다는 사실만으로도 쇼펜하우어는 자랑스러웠을 것이며, 큰 위안을 받았을 것이다. 결국 쇼펜하우어가 느낀 가장 큰 감정은 바로 만족감이다.

사람들은 한창 청춘일 때 자신에게 시간이 넘친다고 생각한다. 그래서 시간을 낭비해도 되며, 하고 싶은 일만 해도 되고, 하기 싫은 일은 안 해도 된다고 생각한다. 청춘과 능력을 낭비하는데 위대한 사람이 될 수 있겠는가!

중국 문학의 거장 루쉰은 시간을 귀하게 여기기로 유명했다. 열두 살의 그가 서당에 다닐 때, 아버지가 중병에 걸렸다. 그런데 나이가 너무 어린 형제를 둔 루쉰은 직접 가게에 나가 장사하고 약국으로 뛰어가 아버지 약을 사 오고 어머니를 도와 가사일까지 했다. 그런 와중에도 그는 공부 시간과 집안일이 겹치지 않도록 늘 꼼꼼하게 시간을 안배했다. 그 덕분에 그는 매일 시간을 빼 서당에 가 공부하거나, 흥미를 갖고 있던 일들을 할 수 있었다. 그는 말했다.

"시간은 해면(海綿)에 스며든 물처럼, 자신에게 시간을 짜낼 의향만 있다면, 늘 생기게 마련이다."

루쉰은 젊은 시절 여러 분야에 관심이 있었다. 글쓰기 외에도 민간 예술, 회화 등의 분야를 좋아했다. 폭넓은 취미와 관심 때문에 이것들을 익히는 데 더 많은 시간이 필요했고, 그래서 그에게는 시간이 더욱 중요해졌다. 그의 환경은 그리 좋지 않았지만 그는 매일 한밤중까지 일하고 잠시 눈을 붙이면서도, 다음 날 일찍 일어나 자신이 좋아하는 일을 했다.

젊을 때 시간을 허비하지 않으면 노년에 넉넉한 재산과 명예를 얻게 되며, 삶에 대한 후회도 줄어든다. 노년이 되어 가진 재산과 명예는 젊은 시절의 시간과 맞바꾼 것임을 명심하자. 루쉰처럼 충실하게 청춘을 지내면 견실한 사업과 영예, 그리고 성공이 뒤따른다.

젊어서 노력하지 않으면 나이 들어 후회해도 소용없다

이는 중국 속담이다. 옛사람들의 생각은 현대인들만큼 개방적이지도, 심도 있는 철학과 사상을 담고 있지도 않다. 하지만 옛날 사람들도 젊었을 때 노력하지 않고 시간을 허비하면, 늙어서 슬퍼해도 소용없다는 사실만큼은 잘 알고 있었다. 한번 지나간 청춘은 다시 돌아오지 않으며, 누구나 청춘은 오직 한 번뿐이다.

쇼펜하우어의 모든 저서에는 심오한 의미가 깃들어 있어, 대단히 막대한 영향력을 끼친다. 이처럼 대대손손 전해지는 글을 쓰려면, 얼마나 많은 시간과 정력을 기울여야 했을까. 쇼펜하우어는 매일 학습했고 지식을 쌓고 자신의 이론을 검증했다. 만약 쇼펜하우어가 노력과 학습을 게을리했다면, 그는 책을 쓸 만큼 충분한 지식도 얻지 못했을 것이며, 결국 저서도 완성하지 못했을 것이다. 그러면 오늘날 우리가 쇼펜하우어를 알 수나 있었겠는가!

사업 마인드를 수립하고 흥미를 유발하자

사업 마인드는 적극적으로 노력하고, 시간을 충분히 이용하고, 청춘을 아끼도록 하는 중요한 요소다. 사업 마인드가 강한 사람은 오로지 사업만 생각하므로 자연스레 시간을 아낄 수밖에 없다. 특히 젊은 사람이 강력한 사업 마인드를 세우면, 청춘의 질을 높이는 데 도움 된다. 또한 흥미 유발법을 이용하면, 사업할 때 나타나는 피로감을 줄일 수 있다. 마치 운동을 오래 했으면 휴식을 취해주어야 하는 것처럼, 피로감을 느낄 때 자신이 흥미를 가진 것에 몰두하며 피로를 줄이는 방법이다. 이 역시 청춘을 효과적으로 운영하는 방법이다.

원망은
가장 어리석은 항의 방법이다

Schopenhauer

세상을 원망할 목적으로 비하할 필요는 없다. 사람들이 뭐라 불평하든, 결국

세상은 굳건히 선 채 잘 돌아갈 것이기 때문이다.

소음을 좋아하는 이가 있을까? 특히 오늘날, 건축 현장의 기계 소리, 바닥과 벽을 뚫거나 때리며 나는 진동 소리, 도로 위의 자동차 경적 소리 등은 그야말로 골칫덩이다.

쇼펜하우어는, 소음은 사상가의 적이라고 선언했다. 그의 관점을 요약해보면 다음과 같다.

위대한 사람은 온 정신을 사고하는 데 집중해야만 위대한 사상을 낳을 영감을 받을 수 있다. 마치 볼록렌즈처럼 빛을 한데 모아야 하는 것이다. 그런데 위대한 사람도 일단 정신이 분산되면 평범

한 사람으로 전락해버려 위대한 사상을 낳을 수 없다.

쇼펜하우어는 위대한 사람이나 철학자가 아닐지라도 소음의 영향을 받으면 정상적인 사유 능력을 잃는다고 말했다. 그 역시 소음 때문에 불평불만을 쏟아낸 적이 있다. 특히 마부가 마차의 속도를 높이기 위해 말들에게 채찍을 휘두르는 소리는 그를 불안하게 만들었다. 그런데 그는 이를 원망해봤자 아무 소용없다는 걸 깨달았다. 원망은 현 상황을 개선시킬 수 없을뿐더러, 시간만 낭비하는 행동이었기 때문이다. 쇼펜하우어는 이렇게 말했다.

"세상을 원망할 목적으로 비하할 필요는 없다. 사람들이 뭐라 불평하든, 결국 세상은 굳건히 선 채 잘 돌아갈 것이기 때문이다."

시간은 모든 사람을 공평히 대한다. 시간은 매우 귀하니 마땅히 아껴야 한다. 그러니 원망한다고 현 상황이 개선되지 않고 도리어 자신에게 나쁜 영향만 준다면, 굳이 시간을 낭비해가면서까지 원망할 필요가 있을까!

우리는 거의 매일 주변 누군가의 원망하는 소리를 듣는다. 그런데 자주 원망하는 사람은 시간을 제대로 이용할 줄 모를뿐더러 시간을 질질 끄는 습관까지 있다.

"어떻게 된 일이지? 왜 입사한 지 얼마 안 된 나에게 이런

▼

일을 시키느냔 말이야! 이런 기술은 써본 적도 없는데!"

네트워크 테크놀로지 회사의 신입 사원이 출근하자마자 투덜댔다. 그의 불평은, 최근 소프트웨어를 만들기 위해 신기술을 사용하기로 한 회사의 결정 때문에 모든 엔지니어가 신기술을 배워야 하는 데서 비롯되었다.

사실, 신입 사원이든 기존 사원이든 입장은 다를 게 없었다. 그런데 이 신입은 기존 사원들이 실전 경험도 풍부하고 기본기도 잘 다져져 있으니, 신기술은 그들만 배우면 된다고 생각했다. 자신은 우선 회사에 적응한 후 신기술을 배우는 게 순서라고 여겼다. 어차피 학교에서 배운 기술도 아직 써보지 못했는데 지금 배우는 입장으로 돌아가라니, 거부감이 든 것이다.

얼마 후 기술 매니저가 그를 불러 최근의 학습 상황과 어려운 점은 없는지를 물었다. 그러자 그는 대담하고 솔직하게 말했다.

"매니저께서 제게 이 업무를 배정해주신 건 불합리한 처사라고 생각합니다. 전 입사한 지 반년도 안 되었기에 회사 업무 속도도 따라가기 벅찹니다. 전에 쓰던 기술 사용법도 제대로 익히지 못했는데 신기술을 배우라고 하시니, 저는 받아들이기 힘듭니다."

매니저는 신입이 이렇게나 불만에 가득 차 있을 줄은 생각지도 못했다. 그는 신입에게 그저 회사에 적응하라고만 말해두었다.

▼

그로부터 1년 후, 그 신입은 여전히 같은 자리에서 똑같은 연봉을 받고 있었다. 반면 그와 함께 입사한 동기들은 이미 승진한 상태였다.

그 신입 사원은 직장에서 더 많은 발전을 이룰 수도 있었다. 그런데 상사에게 불만을 그대로 드러내고, 일과 관련해 각종 핑곗거리를 찾는 바람에 정체할 수밖에 없었다.

원망으로는 문제를 해결할 수 없다. 시간 낭비에 부정적인 감정만 커질 뿐이다.

자신의 소중한 시간을 제대로 이용하고 싶다면 원망을 버리고 끊어라. 원망을 극복하기 위해 다음에서 제시하는 방법을 따라보자.

냉정하게 사고하고 적극적으로 행동하자

부정적인 감정 혹은 부당하다고 생각하는 일과 마주쳤을 때, 경솔하게 원망을 표현해선 안 된다. 우선 격한 감정을 억누르고 냉정함을 유지한 후, 부당함의 원인을 분석해보자. 왜 이렇게 되었는지, 적극적인 자세로 문제를 전방위적으로 살펴보자.

원망은 대부분 부정적인 기분에 사로잡혀 있을 때 발생한다. 예를 들어, 전자상거래를 이용했는데 가짜 물품이 배달되었다고 해보자. 기분이 상한 채 불만과 원망을 끊임없이 쏟아내고만 있을 텐가? 판매자에게 연락해 논리적으로 설명하고 환불을 요청하는 편이 더 낫다. 소비자보호법 등 법적 근거를 이용해 자신의 정당한 권익을 찾아도 좋다. 이처럼 행동하면 문제를 더 효율적으로 해결할 수 있을 뿐만 아니라 부정적인 감정도 제어할 수 있다.

자신을 변화시키되 변화시키지 못하는 건 받아들여라

불공정한 일을 당했을 때, 우선 자신을 바꿀 수 있는지부터 객관적으로 분석해보자. 만약 가능하다면, 자신을 적극적으로 바꾸어가자. 이를테면 자신의 임금이 적게 지급된 사실을 알았다면, 신속히 재무부서에 찾아가 임금 정산 내역을 맞춰보고 문제를 해결하는 것이다.

자신이 바꿀 수 없는 일이라도, 일단은 현실을 받아들이자. 예컨대 대기오염이 날로 심해지는데, 이는 개인이 노력한다고 해서 개선될 일이 아니다. 그러니 당장은 현실을 받아들이고 필요할 때 자신의 의견을 제시하라. 시도 때도 없이 불만과 원망을 쏟아내서는 안 된다.

Schopenhauer,
Arthur

Chapter 7

타인에게 현혹되지 말고
독립적으로 사고하라

독립적 사색이 생명의 의의를 제대로 드러내든, 생명의 의의를 제대로 드러내기 위해 우리가 독립적인 사색을 하든, 무엇이든 상관없다. 우리가 정신 똑바로 차리고 살면서 사람으로서의 가치를 실현하고, 사회에 공헌하기 위해 자기 생명의 의의를 구현한다면, 어떻게 표현하든 결국은 같은 것 아닐까?

독립적인 사색과
삶의 의미

Schopenhauer

근본적으로 말하자면, 우리의 독립적이고 자주적인 사색만이 진정으로 진리와 생명력을 지닌다. 그것들만이 우리에게 반복적으로 깨달음을 주기 때문이다.

'그의 철학을 좋아하는 사람이 어느 쪽에도 치우치지 않고 독립적이고 자주적으로 철학을 이해하길 바란다.'

이는 1860년 폐렴으로 세상을 떠난 쇼펜하우어의 유언이다.

독립적이고 자주적인 사색은 쇼펜하우어가 일관되게 주장한 내용이기도 하다.

그렇다면 독립적이고 자주적인 이해란 무엇일까? 이는 독립적으로 사색하는 것이다. 독립적 사색은 자신의 사고를 중심으로 하며, 타인의 말에 휩쓸리지 않고 자신의 관점을 지니되, 자신이 이미 낸 결론에 만족하지 않는 것이다.

독립적으로 사색하려면, 우선 세 가지를 이행해야 한다.

첫째, 질의 능력이다. 이때의 질의란 모든 사물에 의심을 품는 태도가 아니다. 합리적 질의, 즉 근거 있는 질의를 의미한다. 둘째, 독립적이고 실사구시(實事求是)적인 판단 능력이다. '어느 쪽에도 치우치지 않아야' 하며, 어떤 일에든 가급적 냉정하고 이지적으로 사유해, 공평하고 공정하며 객관적으로 판단할 수 있어야 한다. 아울러 주관적인 감정을 최대한 배제한 채 사고해야 한다. 셋째, 진리를 추구하는 능력이다. 이는 독립적 사색 중 가장 관건이 되는 능력이다. 진리를 추구하는 능력이 공상과 의문에 머물렀던 생각을 현실적 이론의 성과로 전환해주기 때문이다. 만약 뉴턴이 단순히 왜 사과가 공중으로 치솟지 않고 땅으로 떨어졌는지에 대해 의문만 가졌다면, 만약 라이트 형제가 수백 년 전 사람들과 마찬가지로 왜 사람은 하늘로 날아오르지 못할까 하는 의문만 지녔다면, 만유인력의 법칙이나 오늘날의 비행기는 절대 세상에 나오지 못했을 것이다. 그들은 질의와 객관적 판단 후, 한층 더 깊이 연구하고 진리를 추구하는 과정을 거쳤기에 최종 답안을 얻을 수 있었던 것이다. 또한 문제의 존재 의의를 발굴해냈기에 이들이 진정 거인이라 불리는 것이다.

독립적인 사색을 하려면, 남의 말에 휩쓸려서는 안 된다. 이는 타인의 관점이나 그들의 결론을 참고할 가치가 없다는 뜻이 아니다. 단지 상대적 개념에서의 독립을 의미한다. 뉴턴은 큰 성공을 거둘 수 있었던 이유를 자신이 거인의 어깨 위에 서 있었던 덕분이라고 말했다.

사유는 많든 적든 개인의 사고 습관과 성장 배경, 교육 환경, 독서 기호 등에 영향을 받는다. 이러한 것들이 쌓이면, 자신의 사고가 정확한 방향으로 나아가게 할 수도, 또는 잘못된 방향으로 이끌어 궁지에 빠뜨릴 수도 있다.

'각주구검(刻舟求劍)'의 고사에서 초나라 사람은 과연 검을 찾았을까? 그는 주관적인 추측으로 일을 처리했다. 남들은 그를 비웃었지만 혹시 그가 자기 나름의 독립적인 생각과 판단을 했다고 볼 수 있지 않을까? 뉴턴은 독립적 사색으로 과학계의 일대 거장의 반열에 올랐다. 하지만 초나라 사람의 독립적 사색은 오히려 그를 천여 년 전 고사에 등장하는 반면교사(反面教師)의 대상으로 전락시켰다.

사색할 때 주관적 시각에서 벗어나는 방법

초나라 사람과 뉴턴은 똑같이 독립적 사색의 과정을 거쳤는데도 왜 다른 결과를 얻었을까? 이는 사람마다 각기 다른 환경에서 영향을 받았기 때문이다. 그렇다면 어떻게 해야 좋은 결과를 도출할 수 있을까? 쇼펜하우어는 해결책을 이미 알고 있었다.

쇼펜하우어는 독서를 좋아했지만, 죽은 독서는 반대했다. 즉, 많은 책을 읽고, 오랫동안 고독한 생활을 하며, 독립적으로 사색해, 많은 깨달음을 얻어야 하는 것이다. 쇼펜하우어는 광범위한 분야에 걸쳐 지식을 섭렵했다. 문학에서 예술까지, 또 철학에서 의학까지, 모든 것에 관심을 가졌다. 그 결과 이 위대하고도 천재적인 철학가는 서른 살에 이미 불후의 명작, 《의지와 표상으로서의 세계》를 썼다. 동시에 철학가로서의 사명을 완수하고 자신에게 주어진 생명의 의의를 구현했다. 이를 통해 쇼펜하우어는 우리에게 많이 보고 듣고 사색해 넓은 시야를 가져야 마음에 속박되지 않으며, 목적지를 향해 정확히 걸어 나아갈 수 있다고 알려주었다.

독립적 사색과 생명의 의의

독립적 사색은 생명의 의의를 제대로 드러나게 해준다. 바꿔 말하면, '생명의 의의가 제대로 드러나도록 만들기 위해서는 독립적 사색을 해야 한다'는 것이다. 여기에는 목적이 다른 두 가지 명제가 있다. 바로 '어떻게 선택하는가'와 '자신에게 달렸다'이다.

우리는 태어나면서부터 모두 다르게 태어난다. 그런데 왜 누구는 대중 속에서 소멸해버리고, 또 누구는 광채를 발하며 주목받는 것일까?

▼

그 이유는, 어떤 사람들은 자신이 평범해지는 것을 달가워하지 않기 때문이다. 그들은 자신의 가치 실현을 위해 노력하며, 자신만의 재능을 드러낸다. 그들의 노력과 사회에 대한 공헌은 칭찬받아 마땅하다.

또 어떤 사람들은 타고난 사색가이기 때문이다. 이들이 사색하는 목적은 광채를 뽐내거나 이름을 날리기 위해서가 아니다. 사색은 단지 그들의 생활방식일 뿐이다. 이들의 사상이 낳은 결실은 세인들의 시선을 끈다. 이를테면 노자와 장자, 쇼펜하우어처럼 말이다. 이들은 사회에 지대한 공헌을 했기에 마땅히 고마워하고 존경해야 한다.

독립적 사색이 생명의 의의를 제대로 드러내든, 생명의 의의를 제대로 드러내기 위해 우리가 독립적인 사색을 하든, 무엇이든 상관없다. 우리가 정신 똑바로 차리고 살면서 사람으로서의 가치를 실현하고, 사회에 공헌하기 위해 자기 생명의 의의를 구현한다면, 어떻게 표현하든 결국은 같은 것 아닐까?

순전히 독서로만 배운 진리는
절대 내 것이 아니다

Schopenhauer

순전히 독서로만 얻은 진리는, 우리 몸을 놓고 빗대자면, 의족, 의치, 밀랍으로 만든 코, 이식한 피부와 같다. 반면 독립적 사색으로 얻은 진리는 우리의 타고난 신체와 같다. 따라서 독립적 사색을 통해 얻은 진리만이 비로소 우리 것이 될 수 있다.

순전히 독서로만 얻은 진리는 절대 자신의 것이 아니라는 쇼펜하우어의 관점은 어떤 의미일까? 독서를 할 필요가 없다는 뜻일까? 아니다. 죽은 독서를 해서는 안 된다는 뜻으로, 독서와 사색을 함께해야 한다는 뜻이다. 독서와 사고에 능했던 쇼펜하우어는 나이 서른에 자신의 철학 체계를 구축했다.

루쉰의 《나래주의(拿来主義)》에 다음과 같은 말이 있다.

'하지만 우리는 그들이 보내온(送來) 물건에 놀라 자빠지

▼

고 말았다. 가장 먼저 영국의 아편, 독일의 고물 총과 대포, 프랑스의 향분(香紛, 화장품 파우더), 미국의 영화, 일본의 완전국화(完全國貨, 100% 국내 제조라는 뜻)라고 인쇄된 각종 소형 물건들이 있었다. 그러자 깨인 청년들마저도 서양의 물건에 공포심이 일었다. 사실 이 공포는 그 보내온 것 때문이었지, 가져온(拿來) 것 때문이 아니었다. 그러므로 우리는 머리를 써야 하며, 눈을 밖으로 돌려 직접 취해야 한다!'

'그러므로 우리는 머리를 써야 하며, 눈을 밖으로 돌려 직접 취해야 한다!'는 독서에도 그대로 적용할 수 있다. 맹목적인 죽은 독서는 다른 사람이 종이에 인쇄한 글자를 자신의 얼굴 앞에 들이미는 것에 불과하다. 자신이 직접 선택하고 선별하지 않은 것은 좋고 나쁨의 구분 없이 모두 받아들이기 십상이다. 게다가 단순히 읽기만 하는 행위가 오래 이어지면, 생각이 경직되어 읽어도 곧 잊고 만다. 독서를 하고도 의미 있는 내용이 머릿속에 남지 않거나, 가치를 지닌 무언가를 창조해내지 못하는 것이다.

그러므로 독서를 잘한다는 의미는 '머리를 쓰고 눈을 밖으로 돌려 직접 취하는' 것과 일맥상통한다. 독서를 제대로 하려면 자신이 어떤 책을 읽는지 사색할 필요가 있다. 또한 책을 읽고 난 후에는 사상적 영감을 얻는 데 도움 된 것과 자신의 현 상황 및 그 속에서 사색해 알아낸 가치 있는 것들을 결합시켜야 한다.

▼

자기 실천으로 얻은 재능은 자신을 위해 써라

송나라의 유명한 시인 육유(陸游)가 자기 아들을 교육할 때 '동야독서시자율(冬夜讀書示子聿)'이라는 시를 지었다.

옛사람들은 학문을 닦는 데 온 힘을 기울였고(古人學問無遺力)
젊고 혈기 왕성할 때 공부해야 늙어서라도 이룰 수 있다(少壯功夫老始成).
책에서만 얻은 지식은 깊이가 없으니(紙上得來終覺淺)
하나라도 제대로 알려면, 실천해보아야 한다(絶知此事要躬行).

이 시는 의미의 단위가 두 개의 층으로 되어 있다. 하나는 지식의 습득은 노력을 통해서 온다는 점이다. 또 하나는 이치를 깨닫는 방법은 책이 아닌 실천에 있다는 점이다. 즉, 실천으로 얻은 것만이 진짜 자신의 것이라는 의미다.

순전히 독서로만 얻은 진리는 절대 자신의 것이 아니다. 조괄(趙括)은 수많은 병서를 읽어 갖은 병법과 계략을 꿰뚫고 있었다. 하지만 그가 단 한 번이라도 전투에서 이긴 적이 있는가? 시중에 떠도는 각종 요리 레시피만 읽어보고 세계적인 유명 셰프가 되었다는 이야기를 들어본 적이 없다. 전쟁터에서 명장이 되고 싶다면 반드시 참전해봐야 하고, 유명 셰프가 되고 싶다면 반드시 연기를 뒤집어쓰며 뜨거운 불 앞에서 음식 조리를 해보아야 할 것이다.

▼

진실만 추려내 자신을 위해 쓰자

단순히 책을 읽는 행위로 얻은 진리는 절대 자기 것이 아니라는 말은 어떤 의미일까? 책에 있는 것은 아무 쓸모가 없다는 뜻일까? 절대 아니다. 인류의 문명과 역사의 전승만 봐도 여러 책에 담긴 문자를 통해 이루어지지 않았던가! 대철학가인 쇼펜하우어가 이처럼 저급한 오류를 범했을 리 만무하다. 그는 독서에 능해야 하며, 독서를 할 때는 반드시 '자신에게 유용할 것'이라는 목적이 충족되어야 한다는 뜻을 피력한 것이다.

제대로 독서하는 사람은 책 속 내용을 무조건 받아들이지는 않는다. 그들은 쓸모없는 것은 버리고 정수만 받아들인다. 또한 거짓은 버리고 진실만 추려내며, 질의하고 판단한다. 이는 일련의 사색 과정이요, 실천 과정이다. 이를 통해 얻은 것이야말로 비로소 자기 것이 되며, 쓸모 있다.

사고하는
독서

Schopenhauer

책을 아무 생각 없이 혹은 쉬지 않고 읽으면, 다 읽고 난 후 마음속에 남는 내용이 없다.

쇼펜하우어는 우리에게 다음의 내용을 일러주고 있다.

'배움과 사상을 결합해 사고(思考)하는 독서를 하라. 문제의식, 목적을 가지고 책을 읽어라. 그래야 제대로 된 독서를 하게 되어 그 속에서 얻는 것이 있다. 그 얻은 것을 통해 자신만의 원칙이 형성되어 자신에게 유용해진다.'

정치가 마오쩌둥은 위대한 문학가, 학자이기도 했다. 마오쩌둥은 또한 독서광이었는데, 그는 독서할 때 학습과 생각의 결합을 중시했다. 그는 독서하고 학습할 때, 자각적인 비판의식으로 비교 분석하고 독립적으로 사고해야 책 내용에 휘둘리지 않고 참된 진리를 얻을 수 있다고 했다.

사고하는 독서를 통해 어떤 역사적인 사건이나 인물을 평가한다면, 자신만의 독특한 관점으로 바라보게 될 것이며, 이로써 뭇사람과는 다른 지혜가 드러날 것이다. 일례로 조조에 대한 마오쩌둥의 평가를 보자. 일반적으로 조조의 이미지는 악역이다. 중국 경극에서도, 조조는 항상 흰색 얼굴로 등장한다. 간웅(奸雄)의 이미지로 나오는 것이다. 하지만 마오쩌둥은 조조에 대해 여러 차례 긍정적인 평가를 내렸다. 이를테면 '대단한 정치가이자 군사전략가이며, 훌륭한 시인이다', '조조는 천하 대란 때 등장한 비범한 사람이자 초세(超世)의 호걸이다' 등이다. 조조라는 역사적 인물을 객관적이고 공정하게, 실사구시로 재평가한 것이다. 이처럼 마오쩌둥은 역사라는 관점에서 전면적이고 변증법적으로 분석함으로써 우리에게 제대로 독서하는 방법, 즉 '독서는 독립적으로 사고해야 한다'라는 점을 일깨워주었다.

마오쩌둥은 평생 책을 읽으면서 깨달은 바를 세 가지로 요약했다. 이를 '삼요(三要)'라고 하며, 요독서(要讀書, 독서를 해야 한다), 요회의(要懷疑, 의문점이 있어야 한다), 요제출의견(要提出意見, 자기 의견을 내놓아야 한다)이다.

세상에 태어나면서부터 모든 것을 다 아는 사람은 없다. 그러므로 사람은 독서해야 하며, 독서로 세상을 이해하고 시야를 넓혀야 한다. 하지만 독서가 오로지 읽는 행위로만 그쳐서는 안 되며, 용감히 질의하며 의문점도 제시해야 한다. 세상 사람들은 상나라의 주왕(紂王)이 극악무도해 하늘을 거스르는 정치를 했다고 평한다. 그런데 정말로 그에게서 배울 점이 하나도 없었을까? 마오쩌둥은 주왕의 공로도 기술했다.

'주왕은 대단한 능력자로, 문무에 모두 능했다. 그는 동쪽과 남쪽을 다스렸고 동이와 중원을 더욱 공고하게 통일했다. 그러므로 역사에 공을 세운 인물이다.'

용감히 의문을 제기하고 자신만의 의견이나 관점을 제시하는 것, 이것이야말로 죽은 독서가 아닌 제대로 된 독서다.

책의 내용을 다 믿어버리면, 안 읽느니만 못하다

어떤 사람들은 자신이 독서광임을 자랑스러워한다. 게다가 학식이 깊은 사람과 이야기를 나눌 때면, 반드시 '책에서', '어떤 책에서 어떻게 나와 있는데'라는 말을 덧붙인다. 자신이 하는 말에 근거를 내세우는 것이다. 하지만 다른 사람 눈에는 탁상공론가로 비친다.

중국 청나라 건륭제 때, 광동 순무(명·청 시기의 지방장관)가 황제에게 상서로운 동물을 올렸다. 황제는 크게 기뻐하며 문무백관을 데리고 동물을 보러 갔다. 황금빛을 띤 동물은 큰 사슴을 닮은 몸통에 한 개의 뿔, 소를 닮은 꼬리가 있었다. 그러자 화곤(和珅)이 황제에게 경하의 말을 올렸다.

"폐하, 감축드리옵니다. 이 상서로운 동물은 바로 백년에 한 번 나올까 말까 한 기린(麒麟)이라는 동물이옵니다!"

건륭제가 크게 기뻐하며 물었다.

"어찌 그러한가?"

화곤은 동한(東漢) 시대의 허진(許愼)이 쓴 한자 해설서《설문해자(說文解字)》의 내용을 인용해 답했다.

"기(麒)는 어진 동물로, 큰 사슴의 몸통에 소의 꼬리, 하나의 뿔을 지녔다고 되어 있습니다. 그리고 린(麟)은 암컷을 이른다 하옵니다."

그러자 옆에서 듣고 있던 기소람(紀小嵐)이 웃음을 참지 못하고 입을 뗐다.

"화대인은 학식이 그리 넓은데도 이 상서로운 동물의 몸에 있는 금빛 비늘이 무엇인지는 말을 못 하시는구려?"

화곤이 주저하며 대답하지 못하자 기소람이 말을 이었다.

"그냥 금 조각을 붙여놓은 코뿔소 아니오!"

사실 탁상공론가는 본 것을 잘 기억해두었다가 '사용'할 줄 안다. 최악인 사람은 아무 책이나 마구 읽고는 아무것도 기억하지 못하는 사람이다. 얻는 것이 없으니 결국 시간을 낭비하는 셈이기 때문이다.

물론 서적은 인류 문명 전승의 매개체이며, 많은 사람에게 여전히 신성한 것이다. 하지만 책의 내용도 사람이 엮었기에 어느 정도는 주관적이고 편파적이며 국한적이다. 즉, 자기 생각을 거치지 않고 무조건 책 속의 내용만 따르면, 마른 나무토막과 별반 다를 게 없다. 더 나아가 책 속 내용만 따르고 그대로 따라 하는 사람은 훗날 더 큰 부작용만 겪을 것이다.

맹자도 '책의 내용을 다 믿어버리면, 안 읽느니만 못하다(盡信書則 不如無書)'라고 경고했다. 맹자의 이 가르침은 시대와 지역을 막론하고 통용될 수 있다. 그러니 독서를 통해 배웠다면 독서 후 독립적으로 사고할 줄도 알아야 한다.

배움과 사고를 결합해야 한다

공자는 독서와 학습을 이렇게 요약했다.

'배우기만 하고 생각하지 않으면 얻는 것이 없고, 생각만 하고 배우지 않으면 위태롭다(學而不思則罔, 思而不學則殆).'

이는 책을 읽기만 하고 사고하지 않으면 사람은 길을 잃게 되며, 사고만 하고 책을 잃지 않으면 생각에 미혹될 뿐 얻는 것이 없다는 의미다. 그러므로 독서란 배움과 사고의 결합이라는 결론이 나온다.

독서와 사고는 상호보완적 관계에 있다. 독서는 시야와 견문을 넓혀준다. 또한 사고력 증진을 위한 소재와 문제 해결의 영감을 제공한다. 사고는 답을 찾기 위해 진리를 탐색하도록 해준다. 그런데 책을 읽기만 하고 사고하지 않으면, 책 속의 각종 관점에 좌지우지되고 미혹되어 주관을 잃는다. 고차원의 지혜를 사용할 여지가 사라지는 것이다.

한편 생각만 하고 독서하지 않으면, 내용을 '구성'하는 능력이 결여되어 방향 설정을 하지 못한다. 그러면 생각과 사고는 결국 헛된 공상으로 전락할 뿐이다.

영양가 없는 책은
안 읽느니만 못하다

Schopenhauer

저질의 책은 우리의 정신과 사상에는 독약이다.

    지금까지 쇼펜하우어의 음성을 따라 독서에 대한 그의 마음가짐과 견해, 방법에 대해 알아보았다. 쇼펜하우어는 줄곧 독서와 독립적인 사고를 결합해 맹목적인 독서를 지양하라고 강조했다. 또한 다독을 하더라도 책에서 유용한 지식을 취하라고 말했다. 그는 오로지 읽기만 하는 독서는 독립적 사색을 하지 않기 때문에 사유 능력을 빼앗겨 남의 생각이 우리 자신의 머릿속을 헤집어놓는다고 생각했다. 그는 오로지 읽기만 하는 것은 집중력을 분산시키기 때문에 시간이 지나면 읽었던 내용 중 기억에 남는 것이 하나도 없어 결국 시간만 낭비하는 셈이라고 지적했다.

▼

즉, 책을 무조건 많이 읽는다고 좋은 것은 아니다. 독서는 양이 아니라 질이 중요하다. 그러므로 영양가 없는 책을 읽을 바에는 차라리 안 읽는 편이 낫다. 영양가 없는 책은 우리의 정신과 생각을 좀먹는 독약이다.

그렇다면 어떤 책이 영양가 없는 책일까? 예전에 어떤 글에서 책을 네 가지로 분류해놓은 것을 본 적 있다. 첫 번째는 재밌고 영양가 있는 책, 두 번째는 영양가는 있지만 재미없는 책, 세 번째는 재밌지만 가벼운 책, 네 번째는 영양가는 있지만 가벼운 책이었다. 나는 위의 네 종류의 책을 빼고는 전부 영양가 없는 책이라고 생각한다. 바쁜 세상, 영양가 없는 책을 읽어 무엇하겠는가?

독서할 때 한 분야를 파라

빼어난 산문으로 '당송팔대가(唐宋八大家)'로 불리는 소동파, 송사(宋詞)의 호방한 기풍의 선두주자였던 소동파, 시로 유명한 황정견(黃庭堅)과 함께 '소황(蘇黃)'이라 불렸던 소동파, 빼어난 그림 실력으로 '북송사대가(北宋四大家)'로 꼽히는 소동파, 유학으로 일대 학파를 창시한 소동파는 중국 만년의 역사에서 한 번 나올까 말까 한 천재로 불린다. 서양의 '시간 여행자일지도 모르는, 시대를 초월한 천재'로 불리는 다빈치도 화가, 수학자, 천문학자이자 발명가로 다재다능했다. 두 사람 모두 여러 분야에서 두각을 드러낸 천재로 학식이 깊고 넓었으며, 생각의 깊이가 남달랐다. 그런데 역사상 소동파나 다빈치와 같은 인물이 몇이나 될까? 저들과 같은 천부적 다재다능이 없다면, 하나의 영역을 열심히 갈고닦는 것도 좋다. 그러면 풍성한 성과를 거둘 수 있을 것이다.

이리도 장황하게 늘어놓은 이유는 '집중', 즉 독서할 때는 집중해야 한다는 점을 말하기 위해서다. 독서의 최종 목표는 자신만의 체계적인 지식 네트워크를 구축해 이것이 쓸모 있도록 만드는 데 있다. 많고 많은 책의 바다에서 오로지 한 종류의 책만 읽어도 평생 다 못 읽는다. 그런데 왜 하나의 분야를 정해놓지 않고 이 책, 저 책 읽는가?

앞서의 네 가지 서적 분류 방법을 참고해, 개인 상황에 맞게 책의 종류를 분류해보자. 평범한 우리는 역사에 등장하는 거인들처럼 많은 분야에서 최상위 수준으로 올라설 수는 없지만 하나의 영역에 대해서는 정통할 수 있다. 그러니 영양가 없는 책을 제외한 나머지 서적 중 자신에게 도움 되는 분야의 책을 선택한 후, 필요 없는 분야의 책은 과감히 포기하자. 호기심이 강하다면, 영역을 가리지 않을 것이다. 그래서 이것저것 많은 책을 읽을 테지만, 결국 그중 절반도 이해하지 못할 것이며, 시간이 지나면 또 거의 잊어버릴 것이다. 자신이 읽고도 내용을 잊은 책은 읽을 필요가 없는, 영양가 없는 책이라 할 수 있다.

독서는 노동과 휴식의 결합이어야 한다

독서는 가급적 한 분야를 파고들어야 하며, 영양가 없는 책은 안 읽느니만 못하다고 했지만, 이 말이 절대적으로 옳지는 않다. 사람은 정서의 동물이므로 주기적으로 스트레스를 풀어주고 긴장을 완화해주어야 하기 때문이다. 어떤 사람들은 스트레스를 줄이기 위해 재미있고 가볍게 웃으며 볼 수 있는 책을 선택할 것이다. 이는 비난할 바가 아니다. 독서와 학습은 노동과 휴식이 적절히 결합되어야만 최고의 시너지 효과를 내기 때문이다.

책보다는 생활이 먼저,
해석본보다는 원문 먼저

Schopenhauer

첫 번째 충고는 '삶이 서적보다 선행'되어야 하며, 두 번째 충고는 '해석본보다 원문을 먼저' 보아야 한다는 점이다. 즉, 경험이 사고와 인식보다 선행되어야 한다.

이는 쇼펜하우어의 독서법이다. '삶이 책보다 먼저고, 원문을 주해보다 먼저 읽어야 하며, 경험을 해야 사고와 인식이 생긴다'는 것이다.

경험은 생활에서 나오며, 실천에서도 나온다. 생활은 곧 현실이며, 실천하면 참 지식이 생긴다. 그래서 생활 및 실천과 괴리된 사색은 사상누각과 같아 타인에게 믿음을 주지 못한다. 가장 간단한 철학 지식들만 살펴보아도, 실천이 진리를 검증하는 유일한 표준임을 바로 알 수 있다.

▼

우리가 경험하는 것은 모두 실천과 연관되어 있다. 우리가 실천하면서 알게 된 사물에 대한 가장 순수한 인식은 시간을 거쳐 우리 안에서 가다듬어져 이론으로 전환된다. 이러한 이론은 사람들의 반복적 사고를 거쳐 실천으로 옮겨진다. 또한 이론은 가공·정리되어, 문자로 변환된다. 실천과 경험은 근원과 흐름의 관계에 있는데, 이때 실천은 근원이고 경험은 흐름이다. 근원이 있기에 원활한 흐름이 이어지는 것이다.

생활이 책보다 중요하다지만, 책도 중요하다

흔히 경험은 직접 경험과 간접 경험으로 나눈다. 직접 경험은 실생활에서 실천을 통해 얻은 사물에 대한 견해와 인상이다. 간접 경험은 다른 사람 또는 책을 통해 얻은 지식과 경험으로, 누군가의 실천과 평가를 거쳐 도출된 이론적인 경험이다.

쇼펜하우어는 생활이 책보다 먼저라고 했다. 이는 직접 경험만 중요하다는 뜻이 아니다. 옛 철학자들의 '젊고 혈기 왕성할 때 노력하지 않으면, 늙어서 슬퍼할 일이 생긴다', '독서의 역사는 사람을 지혜롭게 한다', '서적은 인류 진보의 계단'이라는 격언처럼, 선현들은 다독(多讀)을 좋아하며, 독서로 간접 경험을 늘려, 언젠가는 쓸모 있는 것으로 만들라고 했다.

독서와 관련해 쇼펜하우어가 반대한 것은 맹목적인 죽은

독서뿐이다. 즉, 그는 독서를 하고도 활용할 줄 모르고 이론으로 전환시켜 실천으로 옮기지 못하는 상태를 경계한 것이다.

의사가 되려면 수많은 이론과 지식을 알고 있어야 한다. 의학 서적 속 각종 증상과 처방약, 약품명, 한약과 서양 의약품이 지닌 특성 등을 모두 외워야 한다. 그런데 이것들을 모두 외우려면 분명 머리가 좋아야 한다.

예를 들어보자. 의사가 되기를 바라는 사람이 있다. 그는 의사가 될 몇 가지 자질을 제대로 갖추고 있었다. 더군다나 한번 보면 절대 잊어버리지 않는 능력까지 있었다. 그는 단시간 안에 중국 의학, 서양 의학 등 모든 의학 서적을 암기해버렸다. 하지만 문제가 터지고 말았다. 막상 임상 수업에 들어가 피를 본 그는 현기증이 났다. 의학용 인체 표본을 보고는 바로 토하고 말았다. 설상가상으로 각종 한약 약재를 구분해내지 못했다. 이론을 실천으로 옮길 수 없는 전형적인 경우다. 수많은 책을 읽으며 보낸 시간을 저버리고 만 것이다.

마찬가지로 유명 식당에서 요리를 배우고 연마한 사람이 유명 조리장이 되는 것은 보았어도, 각종 요리 레시피만 외우고 유명 요리사가 되는 경우는 보지 못했다. 이론도 중요하지만 정작 중요한 것은 실천으로 옮기는 것이다.

경험이 사고와 인식을 선행한다는 말은
우리가 숭배하는 과학적 예견과 배치되는가?

예견(豫見)이란 얼핏 주관적 의식의 산물처럼 보인다. 그래서 반드시 과학이라는 글자를 덧붙여야 한다. 장기간에 걸친 생산적 실천 중 사물의 발전은 일정한 규율에 의해 진행된다. 이때 사람들이 세상을 인식하는 수단과 도구가 일정 규율에 부합하기만 하면 반드시 성공하고, 부합하지 않으면 실패한다.

이로써 우리는 실천을 하는 와중에 객관적 규율이 주관적 적극성을 결정한다는 사실을 인식한다. 그런데 주관은 수동적으로 결정되지 않는다. 그래서 지혜를 갖춘 인류의 주관적 적극성은 객관적 규율을 틀 안에서 계속 조정 및 개선을 해나갈 수 있다. 즉, 인식의 기초 위에서 부단히 사물의 본질로 접근해가며, 더 나아가 추리와 판단을 하는 것이다. 바로 과학적 예견을 위해서 말이다. 결국 과학적 예견 역시 일종의 간접 경험으로, 그 근원은 여전히 실천이다.

미치광이와
성인

Schopenhauer

위대한 영혼은 이 세상에서 독백하는 것, 즉 자기 자신에게 말하는 것을 더 좋아한다.

평생을 고독하게 산 쇼펜하우어는 이 세계가 자신에게 맞지 않다고 말했다. 그는 평생 처자식도 없이 살았는데, 괴팍하고 오만하게 느껴질 정도로 자기 자신감에 차 있었다. 그는 대단히 재능 있었으나 자신만의 세계에서 혼자 살았으며, 이 때문에 적지 않은 풍문에 시달렸다. 정작 그 자신은 소문 따위는 신경 쓰지 않았지만! 어쩌면 쇼펜하우어는 자신을 이해할 수 있는 사람이 없으니, 자신과만 이야기를 나눌 수밖에 없었으리라. 그래서 그는 자신도 모르는 새 사람들에게 미치광이라 불렸을 것이다. 하지만 시간이 지난 후 그는 오히려 모두에게 성인(聖人)으로 추대되었다.

'천재와 바보는 종이 한 장 차이다.'

이는 '미치광이와 성인은 종이 한 장 차이'라고 조합해보아도 논리적으로 맞는 것 같다.

이렇게 말하는 이유는 미치광이와 성인 사이에 서로 맞아떨어지는 부분이 있어서다. 예를 들어, 이들 모두 세속에 눈을 돌리지 않는다. 차이가 있다면, 성인은 세속의 시선을 전혀 신경 쓰지 않는 반면, 미치광이의 눈에는 아예 세속이라는 것 자체가 없다. 또한 이들 모두 자신의 세계에 빠져 있다는 공통점이 있다. 하지만 성인은 머리가 빠르게 회전하면서 우주의 본원에 대해 생각하는 데 반해, 미치광이는 길에서 음식을 얻고자 집중하고 있을 뿐이다. 성인과 미치광이는 모두 정신이 나간 행동을 한다. 만약 성인이 잉크에 만두를 찍어 먹고 있다면, 그건 생각하는 데 정신이 팔려서다. 하지만 미치광이가 잉크에 만두를 찍어 먹고 있다면, 그건 그가 무지하기 때문이다.

성인의 세계는 풍부하다. 그들은 진리에 집착하므로 자기가 고독한 줄 모른다. 한편 미치광이는 일반인들에게는 알다가도 모를 대상이며, 아무도 그들을 이해하지 못한다. 실제로 미치광이는 정작 자기가 무엇을 하고 있는지 스스로도 모르며, 자신의 다음 행동을 예측하지 못한다. 성인은 천지(天地)의 정신에 자신을 의탁하는 데 반해, 미치광이는 천지간에 영혼의 그림자 자체를 두지 않는다.

▼

어떤가? 성인과 미치광이 사이는 정말 한 뼘 정도의 차이만 있을 뿐 아닌가? 여기서 그 차이라는 것은 '생각'의 거리다. 바로 이 생각의 차이 때문에 미치광이와 성인이 확연히 구분되는 것이다. 이른바 '작은 차이가 큰 차이를 만든다'는 말이다.

가짜 미치광이가 진정한 성인이다

또 다른 종류의 미치광이가 있다. 예를 들어, 아직 전구를 발명하기 전의 에디슨, 상대성이론을 내놓은 아인슈타인, 다이너마이트를 내놓기 전의 노벨 등이다. 이들은 성인과 딱 한 발짝, 즉 성공까지 딱 한 번의 실험이 남아 있고, 규명되기까지 몇 차례의 수학 연산만 남겨놓은 인물이다.

쇼펜하우어는 "위대한 영혼은 이 세상에서 독백하는 것, 즉 자기 자신에게 말하는 것을 더 좋아한다"라고 말했다. 일반인들은 그들의 행동을 기괴하게 여겨 이해하지 못할뿐더러 조롱하고 심지어 모욕을 준다. 그런데 막상 그 이상한 사람들이 '성인'으로 올라서면, 세상 사람들은 한꺼번에 합죽이로 변한다. 이는 미치광이로 보이는 사람 중 가짜 미치광이, 즉 진짜 성인도 숨어 있어서다.

미치광이? 아니면 성인?

미치광이와 성인은 대체 어떻게 판별할까?

어떤 성인은 평생 미치광이 취급만 받다가 사후에야 비로소 위대한 사상가로 밝혀질 수도 있다. 그렇다면 이는 시대적 비극이다. 반대로 어떤 미치광이가 성인으로 추대되어 모두들 떠받들고 있다 해보자. 그가 미치광이라는 사실은 언젠가는 밝혀질 것이다. 이것 역시 마찬가지로 시대적 비극이다.

미치광이인지 성인인지를 둘러싼 문제는 몇천 년 동안 이어져온 논쟁거리다. 이때 관건은 종지부를 찍어줄 결과다. 그런데 결과를 기다리는 과정이 너무 어렵다. 누가 미치광이인지 성인인지를 밝히기까지 혹은 어느 성인이 진짜인지 아닌지를 두고 검증하는 데는 몇천 년이 걸릴 수도 있다. 어떤 사람은 자신이 미치광이와 성인 중 어느 쪽인지 정확히 알 수도 있다. 그런데 어떤 사람은 자신의 정체성조차 모르고 살 수 있다. 이 역시 대단히 비극적인 일이 아닐 수 없다.

"남들이 날 보고 정신 나갔다고 비웃는데, 나는 저 사람들 생각이 고루하다고 비웃는다"라고 할 정도로 주변의 시선에도 아랑곳 않는 대범함, 안 된다는 걸 알지만 그래도 하겠다는 용기와 책임감, 평온한 세계에서 쉼 없이 진리를 탐구하는 집념과 의지, 세상의 시선과 간섭에 휘둘리지 않는 의연함을 가지고 있다면 성인의 대열에 들어갈 가능성은 있을 것이다.

▼

지혜를 쌓는 것도 중요하지만, 실천이 더 중요하다

Schopenhauer

지혜로운 사람에게는 일반 사람보다 훨씬 더 많은 독서, 관찰, 학습, 심사숙고 및 자기 훈련이 필요하다. 결국 그에게는 아무에게도 방해받지 않는 여가가 필요하다.

쇼펜하우어는 지혜로 충만한 사람이었다. 그의 인생 6/7 시간은 아무에게도 방해받지 않는 여가 시간이었다. 그는 이 시간 동안 홀로 독서하고 관찰, 학습, 심사숙고 및 자기 훈련을 했다. 그리하여 삶의 마지막 10년은 드높은 명망 속에서 살 수 있었다.

현대사회에서는 생활 곳곳에 '지혜'가 가득 차 있다. 지혜는 국가와 민족을 불문하고 장려하는 덕목이다. 그래서 모두가 지혜로운 사람이 되려 한다.

우리는 종종 학식이 깊고 넓은 사람에게 지혜롭다는 단어를 사용한다. 그런데 과연 이것이 참된 지혜일까? 지혜는 단순히 지식만 일컫는 게 아니다. 사람의 소질과 능력을 포함한다. 지혜로운 사람은 일반인은 보지 못하는 지혜를 발휘해야 할 지점을 찾아내며, 지혜가 발휘되어야 하는 순간 머릿속에서 무언가가 번뜩인다.

지혜를 단순히 지식으로 보는 사람이 있다. 이들은 지식이 많을수록 훨씬 지혜로워진다고 생각한다. 하지만 정말로 그럴까? 오늘날 우리는 정보가 넘쳐나는 시대에 살고 있다. 우리 주위를 둘러싸고 있는 각종 정보와 여러 통로를 거쳐 모인 정보가 우리의 머릿속으로 속속 들어오고 있다. 얼핏 보기에 우리는 날마다 새로운 지식을 받아들이고 있는 것 같다. 그런데 우리를 과연 지혜롭다고 말할 수 있을까? 그렇지 않다. 우리가 알고 있는 정보가 다양하고 풍부해졌다지만, 이는 단순히 배운 지식이 늘어난 것뿐이다. 이를 두고 절대 지혜로워졌다고 할 수 없다. 반면, 세상에는 아는 것은 많지 않은데 만능인 사람이 있다. 우리는 그들을 지혜로운 사람이라고 부른다. 이렇듯 지혜는 지식의 양보다는 문제 해결 능력이 관건이다.

어떤 사람들은 지혜와 총명함을 동일시한다. 이는 정말 잘못된 생각이다. 사실, 지혜와 총명함이라는 단어만 놓고도 이 둘 사이의 차이점을 명확히 구분할 수 있다. 총명함은 긍정적 의미와 부정적 의미로 모두 쓸 수 있다. 즉, 중성적 개념의 단어다. 하지만 지혜는 순수하게 긍정의 의미만 담고 있다. 총명함은 사람을 이롭게 하기도 사람에게 해를 입히기도 한다. 이를테면, '총명함이 지나쳐 자기 꾀에 넘어갔다'라고 하는 경우처럼 말이다. 반면 지혜는 통찰하는 능력으로, 모든 사물을 명확히 보도록 만든다. 그러므로 지혜로우면 부정적인 영향을 받을 여지가 없다. 또한 총명함은 개인적인 것인데 반해 지혜는 개인을 넘어서서 이기적이지 않은 의식(意識)을 나타낸다.

독서는 지식을 쌓게 해주지만 사고는 지혜를 얻게 해준다

앞서 지혜가 일종의 능력이라고 설명했다. 마찬가지로 지혜를 얻는 방법도 일종의 능력이다. 우리는 생활 곳곳에서 지식을 얻을 수 있다. 그중에서도 유익하고 영양 가치가 있는 책은 지혜를 얻는 중요한 경로다. 프랑스 작가 로맹 롤랑(Romain Rolland)은 말했다.

"단순히 책을 읽기 위해 독서하는 사람은 없다. 책에서 자신을 읽고 자신을 발견하고 자신을 살펴보기 위해서 독서하는 것이다."

우리는 책을 읽으면서 사고한다. 즉, 독서하는 중에 사고의 과정이 형성되고 사고하면서 지혜가 성장한다.

좋은 책 한 권이 사람에게 얼마나 많은 영향을 미칠까? 한 권의 좋은 책을 읽는 건 인품이 고매한 사람을 곁에 두고 대화하는 것과 같다. 책과 대화하면, 지식을 쌓고 사고하는 방법을 배우고 인격을 도야(陶冶)하고 정신적 행복을 얻을 수 있다. 우리의 지혜도 그만큼 늘어난다.

지혜와 실천은 하나다

지혜라는 능력을 시각화하는 방법은 바로 실천이다. 지혜와 실천은 떼려야 뗄 수 없는 한 몸이다. 지혜와 실천을 분리한다면, 지혜는 온전한 지혜가 아니다. 실천으로 옮기지 않는 지혜는 사상누각과 같아 아무런 의의를 지니지 않는다.

실천은 생각을 행동으로 옮겨 결실로 바꾸는 것이다. 지혜는 '해야 할 일'을 알려주며, 실천은 '어떻게 해야 하는지'를 알도록 한다. 지혜와 실천의 결합은 곧 이론과 실제의 결합이다. 이론만 있고 실천으로 옮기지 않으면, 그 이론은 '공상'에 불과하다. 마찬가지로 이론 없는 실천은 '맹목적 행위'일 뿐이다.

이렇듯 지혜와 실천은 상부상조의 관계에 있다. 그래서 이론만 중시하다 보면, 실제와 맞지 않는 맹목적인 행동이 되어 효율은 떨어지고 힘만 배로 든다. 마찬가지로 이론적 기초가 뒷받침되지 않은 채 현실적 경험에만 의지해 행동하면, 창의력이 발휘될 수 없다. 어떤 일을 추진할 때는 가장 먼저 이론이 되는 목표와 방향을 설정해야 한다. 동시에 실천할 진일보된 방법과 추진력이 필요하다. 둘 중 하나라도 없으면 일이 진척되지 않는다.

지혜는 현재를 파악하고 미래를 예측하는 능력이며, 실천은 지혜를 통해 얻은 결론을 실천으로 옮기는 능력이다. 그런데 실행할 때 제대로 해내지 못한다면, 판단이 아무리 정확해도 제대로 된 결과에 도달할 수 없다. 그러므로 지혜와 실천은 양쪽 모두 완벽해야 하며, 지식을 쌓아야 하듯 지혜도 쌓아야 한다.

실천은 자신이 쌓은 지식과 지혜를 검증하는 과정이기도 하다. 그러므로 실천 없는 탁상공론을 해서도 안 되며, 현실과 괴리된 집행 불가능한 이상을 설정해서도 안 된다. 우리가 살면서 얻은 경험과 교훈은 실천을 거쳐야만 인생의 지혜로 전환된다. 그리고 실천적 검증을 통해 지니게 된 진정한 지혜는 다시 실천의 가이드라인이 된다.

우리의 삶 곳곳은 지혜의 불꽃으로 가득 차 있다. 끊임없이 사고함으로써 지혜가 주는 행복을 누리면 인생이 원만해진다. 이것이야말로 지혜에 담긴 진정한 의의다.

귀에 거슬리는
친구의 충고

Schopenhauer

친구들은 자신이 진실하다고 말한다. 하지만 사실 진실한 쪽은 적이다. 우리는 적의 공격과 지적을 오히려 몸에 좋은 쓴 약으로 여겨야 하며, 이로써 자신에 대해 더 많이 이해해야 한다. 어려운 시절을 함께해주는 친구가 드물다고 하는데, 정말 그럴까? 오히려 그 반대다. 우리가 누군가와 친구가 되면, 그 친구에게 고난이 찾아들고, 친구는 우리에게 돈을 빌려달라고 말한다.

쇼펜하우어의 글 중 '친구에 관하여'에 나오는 구절이다. 쇼펜하우어는 철학가 특유의 이지(理智)와 날카로운 시각으로 친구 사이의 은밀하고 미묘한 관계를 논하였다. 사람 사이의 미묘한 관계를 두고 쇼펜하우어는 다음과 같이 충고했다.

"조금 전 내게 일어난 엄청난 불행이나, 나의 개인적인 어떤 약점을 다른 사람에게 몽땅 털어놓는 것만큼 그 사람을 기쁘게 하는 일은 없다."

좋은 약은 입에 쓰나 몸에 이롭고, 충언은 귀에 거슬리나 행실에 이롭다. 누구나 다 알고 있는 인간의 도리지만, 막상 직접 실행으로 옮기려면 기꺼이 받아들이기가 쉽지 않다. 기분을 상하게 만드는 쇼펜하우어의 위 명언을 처음 접한 대다수가 썩 유쾌하지 않은 반응을 보이는 것처럼 말이다. 하지만 이 역시 쇼펜하우어의 지적이 진언임을 다른 시각을 통해 확인할 수 있음이다.

쇼펜하우어의 세세한 분석에 우리는 다음의 사실을 부인할 수 없다. 바로 마음속으로는 어느 정도 생각하고 있었지만, 막상 자기 입으로는 말하기 껄끄러운 생각을 그가 콕 짚어냈음을 말이다. 그렇다고 그의 지적을 인정하자니 유쾌하지 않을 것 같다. 이제껏 숭배되어왔던 우정이 그의 눈에는 고작 미화된 것에 불과하니 말이다.

그의 지적대로라면, 사람과 사람 사이에는 진실한 친구가 없는 걸까? 그래서 진언(眞言)을 적에게서나 들을 수 있는 걸까? 독립적으로 사유하는 정신이 똑바르다면, 분명 그렇지 않을 것이다.

친구의 진언

진언은 친구에게서도 들을 수 있다. 역사 속 직언하는 신하들 중 위정(魏征)을 보자. 위정은 당태종에게 늘 직언을 올렸다. 그런 위정의 말을 당태종은 기꺼이 들어주었다. 그 덕분에 둘은 역사에 남을 군신관계가 될 수 있었다. 이와 같은 사실은 당태종이 위정의 죽음을 애석해한 사실만 보아도 잘 알 수 있다.

"동(銅)으로 거울을 만들면 의관을 바르게 할 수 있고, 역사를 거울로 삼으면 나라의 흥망성쇠를 알 수 있으며, 사람을 거울로 삼으면 득과 실을 분명히 할 수 있다. 위정이 세상을 떠났으니, 짐은 거울을 잃었도다."

당태종의 말은 친구, 스승, 신하의 입장에서는 최고의 평가일 것이다. 적의 지적과 공격은 진언이기는 하지만, 자신의 결점을 들춘 것에 불과하다. 그러므로 친구가 해준 선의의 비평을 적의 말보다 더 잘 새겨들어야 한다. 왜냐하면 친구는 나와 하나의 진영에서 같은 목표를 향해 나아가는 사람이기 때문이다. 또한 친구가 적보다 나 자신을 더 잘 이해하고 있으며, 내가 발전할 수 있도록 더 잘 도와줄 수 있어서다.

그런데 이상하게도 친구보다는 적의 진언이 받아들이기 더 쉽다. 그 이유는 자신과 감정적 연대가 아예 없는 사람의 지적이기 때문이다. 반면 친구의 권고는 자신의 마음을 위축되게 한다. 그래서 친구의 말이 유독 신경이 쓰이고 귀에 거슬리는 것이다. 친구에게 들은 것이 '귀에 거슬리는 진언'인 까닭이다.

낙관주의자의 마음으로 귀에 거슬리는 충고를 대하라

직언은 귀에 거슬리지만 세상에서 가장 가치 있는 말이다. 그러니 낙관주의자의 마음으로 귀에 거슬리는 충고를 대하자. 충고는 친구가 나에게 미움받을 각오를 하고 건넨 의견이다. 따라서 열린 마음으로 친구의 선의가 담긴 비평을 귀담아 들어야 하며, 충고를 받아들이고 반성하고 개선하여 다시는 동일한 잘못을 범하지 않아야 한다. 또한 진정한 친구가 곁에서 자신을 보살펴주고 일깨워주고 바른 길로 인도해주고 있다는 사실에 기뻐해야 한다.

혹시라도 친구가 건넨 진심 어린 충고에 반감이 일고 미워하는 마음이 생겼다면, 이는 친구의 아름다운 마음을 저버리는 행동에 다름 아니다. 이로써 그 친구를 잃을 수도 있는데, 이는 자신에게는 막대한 손실이다. 자신의 결점을 반성할 기회는 물론, 자신을 발전시킬 기회마저 잃었기 때문이다. 한 명의 좋은 스승이자 내게 이로운 친구마저 잃었기 때문이다.

충고는 귀에는 거슬리나 행하는 데는 이롭다

충고는 곧 직언이다. 귀에 거슬리는 충고를 들은 뒤에는 훌륭한 결실이 따른다. 세상을 살면서 뜻대로 되지 않는 일도 많다. 그런데 귀에 거슬리는 충고 하나 받아들이지 못한다면, 어떻게 꿈을 이룰 것이며, 사업에서 성공을 이룰 수 있겠는가?

▼

맹자는 '하늘은 누군가에게 큰 임무를 맡기기 전에 반드시 그의 포부를 시험하며, 힘들고 굶주리게 하며, 궁핍하게 한다'라고 말했다. 고난과 고통은 성공의 어머니라는 격언도 있다. 그 어떤 성취든 이루기 위해서는 각종 수련과 시험을 거쳐야 한다. 이는 모두 타인의 의견을 경청한 결실이기도 하다. 자신의 발전을 위해, 더 큰 성취를 이룩하기 위해 우리 같은 보통 사람은 진언을 많이 들어야 한다.

다시 쇼펜하우어의 말로 돌아가보자. 그가 내린 결론은 이지적이고 객관적인 철학가로서의 시각에서 도출되었다. 하지만 모두 알다시피, 그가 비관주의자이기 때문에 마치 세상에는 진정한 우의란 존재하지 않는다고 생각하는 것처럼 비친다. 곰곰 따져보면 그의 말에는 '진실한 우정은 너무 희소하니, 진정한 우의를 보여주는 친구를 만났다면 소중히 여기라'는 당부가 숨어 있는 것 같다. 즉, 그의 진짜 목적은 사람들에게 '귀에 거슬리는 말'을 하려는 게 아니라, 그가 내린 결론에 사람들이 반박하도록 유도하려던 것은 아니었을까?

나는
내 생각의 주인이다

Schopenhauer

어떤 일을 하든 안 하든 우리는 거의 대부분 타인의 시선부터 고려한다. 우리가 겪은 걱정과 두려움의 절반 이상이 타인의 시선을 의식한 데서 나왔음을 알려면, 우리 자신을 자세히 관찰해봐야 한다. 타인의 시선은 우리에게 쉽게 자존심(왜냐하면 이것은 병증처럼 민감하기 때문이다), 모든 허영, 자부심, 과시, 체면에 상처를 입히는 원인이기 때문이다.

쇼펜하우어는 어려서부터 괴팍했고, 청년 시기에는 아버지의 강압으로 상업의 길에 들어섰으며, 어머니와의 관계 악화로 가족의 연을 끊고 지냈다. 서른 살 때 그는 자신의 대표작 《의지와 표상으로서의 세계》를 완성했지만 사회로부터 인정받지 못했다. 그러자 자신이 이 시대에 맞지 않는 것이 아니라, 이 시대가 자신에게 맞지 않는 것이라고 말하기도 했다.

그의 마음에 자리 잡은 적막감이 얼마나 깊었는지, 그리고 얼마나 강한 긍지를 지니고 있었는지 알 수 있는 대목이다.

쇼펜하우어는 이 세상에 자신을 이해해주는 사람이 없기에 고독했다. 그는 자기만의 세상을 외롭게 걸어가며, 선의든 조소든 타인의 의견에는 아랑곳하지 않았다. 그는 자신에 대한 생각을 고수한 덕분에 외부에서 오는 모든 것에 저항할 수 있었다. 그는 평생의 고독으로 다음의 사실을 증명했다. 자신의 사상을 고수할 것이며 영광 따위나 누리려고 자부심을 내려놓지는 않겠다고 말이다.

그렇다면 스스로에게 물어보자.

'나는 대체 무엇을 할 수 있는가?'

'의심과 조소, 심지어 위압과 맞닥뜨렸을 때, 자신 있게 내 의견을 고수할 수 있을 것인가? 아니면 다른 사람이 만든 생각의 노예가 될 것인가?'

사마천의 《사기(史記)》 중 〈제나라 태공 세가(齊太公世家)〉 전기를 보자. 이 전기에서 제나라 태사 일가가 죽음을 무릅쓰고 역사를 기록한 사실이 나온다.

최서(崔杼)의 입장에서는 당연히 임금을 시해한 자라는 오명을 역사서에 남기고 싶지 않았을 것이다. 그래서 최서는 사람을 시켜 태사를 살해했다. 하지만 태사의 아우는 새로운 사관으로 부임한 후 죽음을 무릅쓰고 역사서에 기록을 남겼다.

'최서가 임금을 시해하다.'

그러자 최서는 태사의 동생마저 죽였다. 태사의 두 번째 동생이 다시 사관으로 부임했고 그 역시 역사서에 기록했다.

'최서가 임금을 시해하다.'

분노한 최서는 태사의 두 번째 동생도 죽였다. 태사에게 남자 형제가 더 이상 남지 않게 되자, 그의 친척 동생이 사관이 되었다. 그는 역사서에 똑같은 글을 남겼다.

'최서가 임금을 시해하다.'

그러자 최서는 드디어 타협하기로 마음을 바꾸었다. 올곧은 사관은 그 어떤 핍박에도 굴복하지 않는다는 사실에 최서는 몸서리쳤다.

'비록 당신이 우리를 죽일 수 있을지언정, 우리가 목숨 걸고 지키는 진리만큼은 절대 없애지 못할 것이다.'

이러한 태사 일가의 저항에 최서가 백기를 든 것이다.

진실을 지키려는 사관의 정신에 존경심과 감탄이 절로 솟는다!

자기 의견을 고수하고 외부의 간섭을 받지 말자

외부의 간섭을 받지 않고도 자기 관점을 고수하기란 여간 어려운 게 아니다. 만약 나의 생각과 관점이 다수의 것과 일치한다면, 그건 행운이다. 이 경우에는 자신의 생각을 다른 사람에게도 손쉽게 전파할 수 있고, 자신이 원하는 결실을 수월하게 맺을 수 있다.

하지만 대개의 경우 자신의 생각과 대다수의 입장은 다르다. 진정한 진리는 소수가 쥐고 있는 경우가 대부분이다. 게다가 능력이 뛰어난 사람은 대부분 동행자가 없다. 이는 쇼펜하우어가 진정으로 지혜로운 사람은 찬사를 받지 못한다고 말한 것과 일맥상통한다.

자신의 생각과 대다수의 생각이 다를 때 시련이 닥친다. 만약 자신의 생각이 권력자의 생각과 배치된다면, 시련의 크기는 훨씬 더 커진다. 자신의 생각이 다수에게 인정받지 못하면 조소, 고립, 무시를 받으며 고독 속에서 평생을 살아가야 할수도 있다. 자신의 생각을 받아들이지 않는 권력자를 만난다면, 목숨까지 내놓아야 할 수도 있다. 제나라의 태사 일가나자신의 신념을 지키려다 화형에 이른 조르다노 브루노처럼 말이다.

하지만 자신이 할 수 있는 한 최대의 의지로 모든 간섭에 저항하고, 최대한의 용기로 모든 간섭을 견뎌낼 수 있다면 그야 말로 지혜로운 사람이라 할 수 있다.

자신의 의견을 고수해 자기 생각의 주인이 되어라

사람이 사람다울 수 있는 것은 남과 다른 생각을 하는 독립적 인격을 지녔기 때문이다. 그런데 자신의 의견을 고수하는 행동은 일종의 큰 도박일 수 있다. 자기 의견이 진리라는 답안이 나오기 전까지 진리의 여부를 알 수 없기 때문이다.

답안이 나오기까지 기다리는 동안 사색과 실천, 그리고 자신의 관점에 완벽을 기하는 노력의 과정을 거쳐야 한다. 어쩌면 기다림의 끝이 자신의 바람과는 상반될 수도 있다. 하지만 생명의 의의만큼은 관철시켰다고 할 수 있다. 이는 독립적이고 자유로운 개체로서 자신의 생각이 자신의 주인이 되도록 한 것이므로 마땅히 자랑스러워해야 할 것이다.

'하늘'의 뜻을 생각하고
'세속'의 언어로 말하라

Schopenhauer

독립적으로 사고할 수 있는지 여부는 우리의 바람만으로는 결정할 수 없다. 우리는 언제든 앉아서 책을 읽을 수 있지만, 그렇다고 언제고 가만히 앉아서 사고할 수 있는 건 아니다. 다시 말해, 생각은 마치 손님과 같다. 언제든 우리가 바랄 때 손님을 부를 수 없고 그들이 와주길 가만히 기다릴 수밖에 없는 것처럼 말이다. 즉, 외적 기회와 내적 정서 및 정신의 집중 정도가 교묘하게도 완벽히 조화롭게 맞아떨어진 순간에 어떤 일과 관련해 생각이 자동적으로 전개되는 것이다.

쇼펜하우어는 고작 10년의 인생을 남겨놓고 비로소 세상 사람들에게 중요한 인물로 각인되기 시작했다. 그의 유명세는 '온 유럽이 이 책을 안다'라는 말로도 알 수 있다. 그는 이탈리아의 시인이자 인문주의자인 프란체스코 페트라르카

(Francesco Petrarca)의 명언 '하루 종일 걸으려는 사람이 저녁까지 걸었다면, 거기서 만족해야 한다'라는 구절을 인용해 자신의 늦은 성공에 대한 감회를 술회하기도 했다. 쇼펜하우어는 철학적 성취를 이루고도 사람들에게 인정받기까지 30년을 기다려야 했다. 이 30년 동안 그가 집필한 모든 저작의 내용은 자신의 첫 저작의 해석본이자 연장선상에 있었다.

'하늘'의 뜻을 생각하고 '세속'의 언어로 말하라는 말이 있다. 이는 누구나 쉽게 이해할 수 있게 설명하라는 뜻으로, 쇼펜하우어의 '마치 위대한 천재처럼 사고하고 보통 사람처럼 말하라'는 말과 일치한다. 인간의 생각은 세속을 뛰어넘은 영역까지 다다를 수 있다. 하지만 우리 몸은 여전히 홍진(紅塵) 세상에 머물러 있으므로 다시 현실로 돌아올 수밖에 없다.

'하늘'의 뜻을 생각하고 '세속'의 언어로 말하라는 말에는 한 겹의 의미가 더 있다. 위대한 진리에 담긴 깊고 풍부한 뜻을 찾으려면 전문적인 지식의 축적과 천재적인 두뇌가 필요하다는 점이다. 이때 가장 중요한 요소는 홀연히 찾아오는 영감이다. 에디슨은 '99퍼센트의 노력과 1퍼센트의 영감'을 말했다. 이 말을 두고 세상 사람들은 노력이 가장 중요하다고 해석한다. 물론 노력도 중요하다. 하지만 단 1퍼센트의 영감이 영원히 찾아오지 않으면, 성인으로 올라서기까지 겨우 한 발짝만 남겨둔 채 평생 미치광이에 머물러 있어야 한다.

▼

앞서 쇼펜하우어가 영감에 대해 말한 것처럼, 진리를 담은 생각은 아무 때나 불러낼 수 있는 것이 아니어서 무조건 기다릴 수밖에 없다. 즉, 자신의 의지대로 이루어지지 않는 부분이 있는 것이다.

진정한 지혜는 실천에서 온다. 우리가 진정한 지혜를 찾으려는 최종 목표도 실천하기 위해서다. 모든 사람이 '하늘'의 뜻까지 생각하는 능력을 지닌 것은 아니다. 보통 사람은 눈앞에 있는 진리를 보고도 못 본 체하거나 그냥 스쳐 지나가 버린다.

자신이 생각해낸 '하늘'의 뜻에 가치를 부여하고 현실적인 의의를 지니도록 하고 싶다면, 반드시 '세속'의 언어로 말해야 한다. 다시 말해, 일반 대중도 알아들을 수 있을 만큼 쉬운 말로 풀어야 한다는 뜻이다. 위대한 아인슈타인도 자신의 상대성이론을 알리기 위해 세속적인 각종 학술교류회와 좌담회에 많이 참여한 것처럼 말이다.

'천재처럼 사고하고 보통 사람처럼 말하라'는 쇼펜하우어의 말에는 두 가지 내용이 담겨 있다. 그런데 이 두 가지 내용에는 일련의 관계가 숨어 있다. 즉, 독서, 사고, 드러내기, 보급 및 전파라는 각각의 단계를 향해 점층적으로 나아가고 있다.

▼

생각하기 위한 여건을 마련하라

'양의 누적으로 질적 비약을 이루어라'라는 말은 가장 쉽고 많이 알려진 철학 원리다. 이 원리는 독서와 사고의 관계에 적용할 수 있다. 즉, 독서의 양이 쌓이면 사고의 질도 비약적으로 높아진다. 무수히 많은 독서를 통해 얻은 생각이 변환에 변환을 거쳐 혁신이라는 최종 경지에 이르면, 이것이 곧 '하늘'의 뜻과 맞닿은 생각이 된다. 그러므로 우리는 불시에 찾아오는 생각을 언제든지 맞이할 수 있도록 생각을 위한 최적의 여건을 마련해야 한다. 그 여건이란 바로 사고를 동반한 독서, 지행합일, 관련 지식 습득과 더불어 이러한 것들의 생활화이다.

누적과 사고, 또는 누적과 영감은 각기 다른 것이 끌어당기는 관계에 있다. 누적된 양이 임계점에 다다르면 영감도 자연스레 따라온다. '집 밖을 나서지 않아도 천 리 길에 다다르지 않은 곳이 없다'는 경지에 이르는 것이다. 이때 한 걸음씩 성실히 밟으며 여건을 쌓아가야만, 천 리 밖 풍경을 자기 앞에 두고 볼 수 있다.

사고를 위한 여건을 마련하려면, 정말 오랜 시간 공을 들여야 한다. 특히 온 마음과 정신을 쏟아부어야 한다. 육체적 노동, 배가 등가죽에 들러붙는 것 같은 배고픔, 궁핍 등 신체적인 노력을 기울이고 고통을 겪는다 해도 여전히 하나가 더 필요하다. 바로 강력한 인내력이다.

▼

쇼펜하우어는 세상의 인정을 받기까지 그 긴 세월 동안 홀로 고독과 적막을 견뎌내야 했다. 30년간의 고독과 적막감이라니, 상상이 되는가? 대개 한 번, 두 번, 세 번, 심지어 백 번의 실패까지는 받아들일 수 있을 것이다. 하지만 과연 천 번째 실패까지 견뎌낼 수 있을까? 평생 고독 속에 살아야 한다면, 게다가 그동안 영감이 방문도 하지 않는다면, 그런데도 여전히 처음 먹었던 마음을 유지할 수 있을까?

1877년부터 에디슨은 호광등(Arc Lamp)을 내구성이 더 좋은 백열등으로 바꾸는 실험을 시작했다. 그런데 이 실험에는 가격이 저렴하고, 연속 천 시간 동안 연소가 가능하며, 2천 도가 넘는 고온에도 견딜 수 있는 필라멘트 소재가 필요했다. 실험은 쉽지 않았다. 적합한 소재를 찾기란 모래사장에서 바늘 찾기였다. 하지만 에디슨은 하나씩 실험해 나아갔고 3년 동안 1,600여 종의 각기 다른 재료로 실험을 진행했다. 3년간 필기한 자료만 200여 권이 넘었고, 무려 4만여 페이지에 달했다. 매일 여덟아홉 시간씩 일했지만 그래도 실패했다. 실의에 빠진 그의 조수는 실험을 그만두려 했다. 하지만 에디슨은 포기하지 않았다.

하루는 손이 가는 대로 아무거나 집어 들고는 실험을 했다. 빈랑나무로 만든 부채였다. 에디슨은 부채에서 대나무로 된 부챗살 하나를 빼내어 또 실험을 했다. 그리고 이번 실험에서 드디어 성공을 거두었다. 이로서 싼 가격의 죽(竹)필라멘트

전등이 나왔다. 이후로도 계속 개선을 거쳐 텅스텐 필라멘트로 된 전구가 만들어졌다. 3년 동안 1천여 회에 이르는 실패를 겪었지만 에디슨에게는 별것 아니었다. 그의 최대 고비는 알칼리 축전지를 만들 때였다. 그는 알칼리 축전지를 만들기 위해 10년을 들였다. 실패만 무려 5만 회에 이르렀다. 그리고 끝내 성공을 거두었다.

가벼움이 만연한 작금의 사회에서 만약 3년 동안 무언가에 몰두하고, 100여 회가 넘는 실패를 견뎌낼 수 있다고 해보자. 그러면 당신은 동년배들보다 더 크고 높은 성취를 이룰 수 있을 것이다.

진리를 위해 태도를 낮춰라

혼자서 애쓰지 않는다면, 그 어떤 문제에서도 진리를 찾을 수 없다. 즉, 노력하는 걸 겁내면 진리를 찾을 수 없는 것이다. 러시아 소설가 이반 투르게네프(Ivan Turgenev)는 "진리는 영원한 부역(賦役), 그리고 심지어 유력한 희생이 있을 때에만 가까워질 수 있다"라고 말했다. 쇼펜하우어는 "진리란 언제든 불러올 수 있는 것이 아니며, 찾아올 때까지 가만히 기다릴 수밖에 없다"라고 말했다.

진리를 찾은 후에는 성인의 행동을 벗어버려야 한다. 그리고 '세속'의 말로 대중이 알아들을 수 있게 말해야 한다. 실천 가치와 보편적 의의를 지녀야만 비로소 진리가 될 수 있으며, 진리가 깃들 수 있다. 이 실천 가치와 보편적 의의야말로 성인이 자기 생명의 의의를 현실화하는 방법이다. 그러므로 성인의 진리는 세속의 말로 표현되었을 때 비로소 실천 가치와 보편적 의의를 지닌다.

잠들기 전에 읽는 쇼펜하우어

초판 1쇄 발행 ┃ 2023년 12월 22일
초판 2쇄 발행 ┃ 2024년 2월 22일

지은이 ┃ 예저우
옮긴이 ┃ 이영주
펴낸이 ┃ 박찬욱
펴낸곳 ┃ 오렌지연필
주 소 ┃ 경기도 고양시 덕양구 삼원로 73 한일윈스타 1422호
전 화 ┃ 031-994-7249
팩 스 ┃ 0504-241-7259
이메일 ┃ orangepencilbook@naver.com
본 문 ┃ 미토스
표 지 ┃ 강희연

ⓒ 오렌지연필

ISBN 979-11-89922-45-0 03100